权威·前沿·原创

皮书系列为
"十二五""十三五""十四五"时期国家重点出版物出版专项规划项目

BLUE BOOK

智库成果出版与传播平台

城市人才蓝皮书

BLUE BOOK OF TALENTS OF CITIES

中国城市外籍人才吸引力报告（2022~2023）

ANNUAL REPORT ON ATTRACTIVENESS OF CHINESE CITIES FOR
FOREIGN TALENTS (2022-2023)

主　编／汤富强　许佳军　王奋宇

社会科学文献出版社
SOCIAL SCIENCES ACADEMIC PRESS (CHINA)

图书在版编目（CIP）数据

中国城市外籍人才吸引力报告.2022~2023／汤富
强，许佳军，王奋宇主编.--北京：社会科学文献出版
社，2023.9
（城市人才蓝皮书）
ISBN 978-7-5228-2217-4

Ⅰ.①中… Ⅱ.①汤… ②许… ③王… Ⅲ.①人才引
进-人才政策-研究报告-中国-2022-2023 Ⅳ.
①C964.2

中国国家版本馆 CIP 数据核字（2023）第 141152 号

城市人才蓝皮书
中国城市外籍人才吸引力报告（2022~2023）

主　　编／汤富强　许佳军　王奋宇

出 版 人／冀祥德
组稿编辑／周　丽
责任编辑／张丽丽
文稿编辑／王　娇
责任印制／王京美

出　　版／社会科学文献出版社·城市和绿色发展分社（010）59367143
　　　　　地址：北京市北三环中路甲 29 号院华龙大厦　邮编：100029
　　　　　网址：www.ssap.com.cn
发　　行／社会科学文献出版社（010）59367028
印　　装／天津千鹤文化传播有限公司

规　　格／开本：787mm×1092mm　1/16
　　　　　印张：18.75　字数：280 千字
版　　次／2023 年 9 月第 1 版　2023 年 9 月第 1 次印刷
书　　号／ISBN 978-7-5228-2217-4
定　　价／128.00 元

读者服务电话：4008918866

编　委　会

主编简介

汤富强 科学技术部国外人才研究中心主任。曾任科技部政策法规与创新体系建设司副司长。长期从事科技、院所和人才改革相关政策研究与宏观管理工作，致力于国家创新体系与制度机制建设，深度参与修订《科学技术进步法》《促进科技成果转化法》等多部法律法规和起草科技评价、科技激励、院士制度等方面系列政策文件，先后在《科学学研究》《中国科学院院刊》等核心期刊发表国家创新体系、科技治理机制、科技体制改革等领域多篇学术论文。

许佳军 科学技术部国外人才研究中心副主任、研究员。研究涉及科普、科技管理、国际科技合作与交流等领域。多年来，组织开展了若干科普政策研究制定工作，曾主持"国家科普示范基地与评价研究"（2006年）、"中国公民科学素质基准制定和测评方法研究"国家软科学计划课题（2013年）、"国家科技合作工作评估措施体系与评价方法研究"（2018年）等若干研究项目；曾主编《公民科学素质蓝皮书：中国公民科学素质报告（2014）》。在《中国软科学》等学术期刊发表数篇研究论文。近年来，组织开展了外国专家建言和中国城市吸引力调查研究工作，连续多年主持"魅力中国——外籍人才眼中最具吸引力的中国城市"主题活动，承担科技部科技人才与科学普及司"外国专家建言"项目（2022年）、科技部外国专家服务司科技创新战略研究专项"外籍人才在华发展及中国城市吸引力现状调查和评价指标体系研究"（2022年）。

王奋宇 北京市长城企业战略研究所高级合伙人、副总经理，中国科技体制改革研究会副理事长。曾任中国科学技术发展战略研究院副院长、研究员，享受国务院政府特殊津贴专家。长期从事社会学、科技发展战略与公共政策等方面的研究工作，在国内外专业刊物公开发表论文多篇，出版专著若干部。主持或参与过大量涉及国家与地方科技发展战略、规划与创新政策、科技体制改革、科技创新治理、人才政策、科技与社会发展等研究项目。

序

千秋基业，人才为本。党的十八大以来，习近平总书记围绕人才工作做出一系列重要论述，提出"聚天下英才而用之"，为新时期引进国外人才工作指明了方向。

2021年9月，习近平总书记在中央人才工作会议上指出，必须实行更加积极、更加开放、更加有效的人才引进政策，用好全球创新资源，精准引进急需紧缺人才，形成具有吸引力和国际竞争力的人才制度体系，加快建设世界重要人才中心和创新高地。而加快建设世界重要人才中心和创新高地，需要进行战略布局。习近平总书记强调，可以在北京、上海、粤港澳大湾区建设高水平人才高地，一些高层次人才集中的中心城市也要着力建设吸引和集聚人才的平台。

党的二十大报告指出，人才是第一资源，要着力形成人才国际竞争的比较优势，把各方面优秀人才集聚到党和人民事业中来。

近年来，我国颁布实施了一系列政策措施，不断加大高端人才引进力度，便利外籍人才在华工作。2017年，外国人来华工作许可制度在全国范围内实施，外国人来华统一办理工作许可，不再区分"外国人入境就业许可"和"外国专家来华工作许可"。2018年3月，全面实施《外国人才签证制度实施办法》，扩大人才签证（R字签证）发放范围，便利高端外籍人才来华。2020年，科技部外国专家服务司与国家外汇管理局经常项目管理司联合推动在北京、上海、广西等7个省份开展外籍人才薪酬购付汇便利化试点工作，简化材料、优化办理流程。

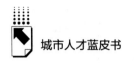

多个城市也出台相关政策，在鼓励外籍人才发挥价值、创新创业等方面进行探索。2018 年，北京市出台相关措施，在外籍人才担任法人、承担科技项目以及提名政府奖项资格等方面实现了突破，同时在海聚工程、海外人才聘任等方面开展试点探索，便利更多外籍高层次人才深度参与北京国际科技创新中心建设。广州市 2021 年明确持有永久居留身份证的外籍人士创办科技型企业与我国公民享有同等待遇，鼓励外籍人员以自有知识产权、技术创办企业。

从中央到地方，诸多政策措施的出台，大大提升了外籍人才来华工作生活的便利度，有效增强了我国城市对外籍人才的吸引力。

自 2010 年以来，由科技部国外人才研究中心组织的"魅力中国——外籍人才眼中最具吸引力的中国城市"主题活动，通过问卷调查等方式，调研在华外籍人才对所在城市工作生活环境和创新创业环境的感受和评价，了解外籍人才在华工作生活的关切和诉求。该主题活动致力于提升外国专家在华工作生活的便利度和满意度，已成为各地改进外国专家工作的重要抓手，促进了各地外国专家服务水平的提升。该主题活动发布了最具吸引力城市和最具潜力城市名单，提升了我国城市的影响力，产生了积极的社会影响，受到了国际社会的广泛关注。

《城市人才蓝皮书：中国城市外籍人才吸引力报告（2022～2023）》从工作便利度、生活便利度、社会环境、城市互评、城市外向度等 5 个方面，系统分析了我国城市对外籍人才的吸引力及其影响因素，重点介绍了杭州、青岛、苏州、西安等城市近年来在扩大开放、深化国际交流与合作、吸引和用好外籍人才等方面的成果，呈现了我国城市开放发展新趋势，希望对从事外国专家服务、国际交流与合作等的专家、学者和工作人员有所帮助和启发。受各城市外国专家数量和层次差别较大、主观评价易受突发事件影响等局限，本书存在一定的不足之处，希望在后续工作中进一步完善，也欢迎读者批评指正。

2023 年是全面贯彻落实党的二十大精神的开局之年，面向未来，广大科技、外专工作者要深入研究、开拓创新，积极打造对世界优秀人才具有吸引力的制度和环境，推动我国世界重要人才中心和创新高地的建设，形成人才国际竞争的比较优势。

本书编委会

2023 年 5 月

摘　要

本报告基于2021年度"魅力中国——外籍人才眼中最具吸引力的中国城市"主题活动调查问卷数据，主要分析了我国41个城市的外籍人才吸引力影响因素，研究了外籍人才对在华工作生活的关注热点，提出了一些吸引外籍人才来华创新创业的政策建议。

本研究采用问卷调查、量化分析等方法，经加权计分、标准化处理得出各候选城市在工作便利度、生活便利度、社会环境等5个维度的得分，最终得出总得分，从而对各城市外籍人才吸引力进行具体分析。根据研究，中国城市外籍人才吸引力呈现如下特征：2021年度最具吸引力的中国城市分布高度契合我国建设世界重要人才中心和创新高地战略布局；经济发展水平和人才引进政策是影响外籍人才来华的两大主要因素；外籍人才在华发展意愿不断增强。

本报告以城市篇的形式分析了杭州、青岛、苏州、西安等4个城市的外籍人才吸引力，通过外籍人才对城市的评价，梳理了4个城市在工作便利度、生活便利度、社会环境等方面的优势和不足，并详细阐述了各城市的科创环境、产业环境、人才制度环境、生活环境等，旨在为各城市完善外籍人才政策、提高外国专家服务水平、提升外籍人才吸引力提供借鉴。

本报告分析了受访外籍人才重点关注和期待改善的问题，如工作、居留许可两证分离导致不便等，并就相应问题提出了建议。本报告通过对城市外籍人才吸引力的研究，旨在为促进中国城市形成完善的外籍人才政策体系和保障措施从而吸引更多的外籍高端人才来华创新创业提供政策依据

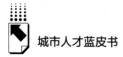

和工作抓手，服务推动世界重要人才中心和创新高地建设，聚天下英才而用之。

关键词： 城市吸引力　外籍人才　工作便利度　生活便利度

目 录 ↖

I 总报告

II 城市篇

Ⅲ 案例篇

Ⅳ 专题篇

总 报 告
General Report

B.1

2021年度外籍人才眼中最具吸引力的
中国城市调查报告*

"外籍人才在华发展及中国城市吸引力现状调查和评价指标体系研究"课题组**

摘　要：　"魅力中国——外籍人才眼中最具吸引力的中国城市"主题活动

---

　*　除特别标注外，本文所有数据、图表资料均来源于2021年度"魅力中国——外籍人才眼中最具吸引力的中国城市"主题活动调查问卷，特此说明。

**　课题组组长：许佳军，科学技术部国外人才研究中心副主任、研究员，主要研究方向为科普、科技管理、国际科技合作与交流等。课题组成员：王奋宇，北京市长城企业战略研究所高级合伙人、副总经理，中国科技体制改革研究会副理事长，主要研究方向为社会学、科技发展战略与公共政策等；徐庆群，科学技术部国外人才研究中心《国际人才交流》《专家工作通讯》总编辑、编审，主要研究方向为国际传播、国际合作与交流等；张晓，科学技术部国外人才研究中心《国际人才交流》执行主编、副研究员，主要研究方向为中国城市外籍人才吸引力、外国人才政策等；李艺雯，科学技术部国外人才研究中心《专家工作通讯》编辑部负责人，主要研究方向为中国城市外籍人才吸引力、外国人才政策等；冯杰，科学技术部国外人才研究中心《国际人才交流》编辑部编辑，主要研究方向为国际人才交流、科研作风学风建设等；李晨炜，科学技术部国外人才研究中心《国际人才交流》编辑部编辑，主要研究方向为国际科技合作与交流、科技人才政策等；宋瑶，北京市长城企业战略研究所国际业务部经理、高级经济师，主要研究方向为国际科技合作、科技人才政策、开放经济等；刘静，北京市长城企业战略研究所高级项目经理，主要研究方向为国际科技合作、科技人才政策、开放经济等；徐渴，北京市长城企业战略研究所开放经济咨询师，主要研究方向为国际科技合作、国际人才发展等。

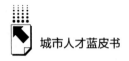

是科技部国外人才研究中心面向在华外籍人才开展的年度活动，是外籍人才了解中国、向中国建言的一个重要渠道，也是各地改进外籍人才工作的重要抓手。本文基于 2021 年度"魅力中国——外籍人才眼中最具吸引力的中国城市"主题活动组织开展情况和最终调查测评结果展开研究分析，介绍了此次活动所采用的指标体系和研究情况，总结了中国城市外籍人才吸引力的几个特征，从五大维度分析了各城市表现并剖析其背后原因，重点选取了第 1~10 名最具吸引力的中国城市和第 11~20 名最具潜力的中国城市情况进行分析，综合考察外籍人才重点关切情况，为中国城市提升外籍人才吸引力提供参考。调查测评结果显示，北京、上海、杭州、苏州、南京等长三角地区城市及深圳、广州等粤港澳大湾区城市等是外籍人才眼中最具吸引力的中国城市，其分布与我国建设世界重要人才中心和创新高地战略布局高度契合；经济发展水平和人才引进政策是影响外籍人才来华的两大主要因素；外籍人才在华发展意愿不断增强。同时，外籍人才对政务、公共服务、生活和社会服务、工作与创业、城市建设等方面也越发关注，提出更多期待和改进建议。

关键词： 魅力中国 外籍人才 人才引进政策

习近平总书记在中央人才工作会议中强调："综合国力竞争说到底是人才竞争。人才是衡量一个国家综合国力的重要指标。人才是自主创新的关键，顶尖人才具有不可替代性。国家发展靠人才，民族振兴靠人才。我们必须增强忧患意识，更加重视人才自主培养，加快建立人才资源竞争优势。"①

---

① 《习近平：深入实施新时代人才强国战略　加快建设世界重要人才中心和创新高地》，中国政府网，2021 年 12 月 15 日，https://www.gov.cn/xinwen/2021-12/15/content_ 5660938. htm? eqid=c437d2e30002cca200000006645b50e4。

党的二十大报告指出，人才是第一资源，要着力形成人才国际竞争的比较优势，把各方面优秀人才集聚到党和人民事业中来。中国是世界第二大经济体，对外开放不断深入，科技创新实力持续增强，经济发展速度和成就世界瞩目，已成为全球人才施展才华的绝好平台。

当今世界，新一轮科技革命和产业变革深化演进，创新驱动成为新发展阶段的底层逻辑，人才作为创新的最核心要素，成为引领区域高质量发展的先导资源。随着国际政治经济格局深刻调整，全球人才竞争博弈加速演变，信息技术发展进一步推动高科技人才全球流动。美、英、德、日、韩等国纷纷聚焦重点领域，通过移民、提供签证便利、设立留学生奖学金等方式，加大高端科技人才引进力度（见附录一）。

近年来，我国陆续颁布支持外籍人才①在华发展的政策措施，不断加大高端人才引进力度。早在2017年，就开始允许符合条件的优秀外籍毕业生直接在华就业，在全国统一实施外国人来华工作许可制度；2018年3月，全面实施《外国人才签证制度实施办法》，提高外国人才签证办理便利度。诸多政策不断出台，进一步提升了外籍人才来华工作生活的便利度，有效增强了我国城市对外籍人才的吸引力。

为推进国际化人才环境建设，科技部国外人才研究中心自2010年起连续举办"魅力中国——外籍人才眼中最具吸引力的中国城市"（以下简称"魅力中国城市"）主题活动，通过问卷调查等方式，调研在华外籍人才对所在城市工作生活环境和创新创业环境的感受和评价，了解外籍人才在华工作生活的关切和诉求。目前已连续12次成功发布"魅力中国城市"主题活动调查测评结果，主题活动逐渐成为外籍人才了解中国、向中国建言的一个重要渠道，为各地外籍人才管理部门提高外国专家管理和服务水平提供了一手调研资料，成为各地改进外国专家工作的重要抓手，产生了广泛的社会影响。

2021年度"魅力中国城市"主题活动于2022年3月启动，按照城市人

---

① 本文所使用的外籍人才、外国人才、外籍专家、外国专家等说法皆指来华发展的外籍人才。

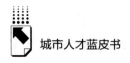

口规模、经济水平、外资活跃度、历年主题活动调查测评结果和中心辐射力5个标准，在全国筛选出了41个城市（不含港澳台）作为2021年度主题活动的调查测评对象。主题活动根据工作便利度、生活便利度、社会环境、城市互评、城市外向度等5个维度设计了52个指标，编制了调查问卷。活动面向在华外籍人才尤其是在41个城市工作生活的外籍人才，通过线上线下两种方式发放问卷。我们邀请诺贝尔奖获得者、中国政府友谊奖获得者、海外高层次人才等高端外籍人才填写问卷，并通过一对一的方式回收外籍人才签字确认的问卷。通过信息平台向其他外籍人才广泛发放问卷，请他们以线上方式填写并提交问卷。经筛选确认，此次活动共收到有效问卷5625份，其中高端外籍人才签名问卷147份，普通线上不记名问卷5478份。根据对两种问卷、五大维度加权统计计算，得出了41个城市的吸引力测评得分。2022年12月，2021年度"魅力中国城市"主题活动调查测评结果发布，根据得分排名，2021年度"魅力中国——外籍人才眼中最具吸引力的中国城市"是北京、上海、杭州、深圳、青岛、广州、苏州、南京、武汉、成都；2021年度"魅力中国——外籍人才眼中最具潜力的中国城市"是西安、济南、重庆、昆明、天津、无锡、烟台、合肥、长沙、厦门。

本文旨在对2021年度"魅力中国城市"主题活动调查测评结果进行分析解读。简要分析外籍人才在华的总体发展情况，重点从工作便利度、生活便利度、社会环境、城市互评以及城市外向度等五大维度分析调查测评结果，并对2021年度"魅力中国城市"主题活动前10名的魅力城市及第11~20名的潜力城市进行指标表现研究，最后从政务、公共服务、生活和社会服务、工作与创业、城市建设等方面总结外籍人才关切重点。

一 指标体系和研究情况

（一）指标体系

基于魅力城市内涵和关键要素的研究分析，结合对外籍人才的调研访谈情况，我们发现工作和生活便利度、社会氛围环境、面向外国人配套服务和设施是外籍人才衡量城市魅力的主要因素。在此判断基础上，2021 年度"魅力中国城市"主题活动组织人才领域学者、社会学家、统计学家、在华外国专家组成专家团队，通过德尔菲法，从工作便利度、生活便利度、社会环境、城市互评、城市外向度 5 个方面确立指标体系，考量测评外籍人才眼中最具吸引力的中国城市。2021 年度"魅力中国城市"指标体系包括 5 个维度共计 52 个指标（见表 1），其中，工作便利度、生活便利度、社会环境、城市互评根据受访对象的主观评价进行计分测评，城市外向度根据城市社会经济发展相关客观数据进行计分测评。

表 1　2021 年度"魅力中国城市"指标体系

维度	指标	维度	指标
工作便利度	工作便利整体满意度	社会环境	社会友好程度
	工作环境		易理解的语言标识
	工作内容		尊重外籍人才宗教信仰和文化习俗
	工作方式		日常生活便利度
	工作压力		社会治安
	培训机会		城市基础设施建设
	薪资待遇		城市景观环境
	升迁机会		城市交通
	劳动保护		文化多样性
	人际关系	城市互评	城市知名度
	科研工作满意度		交流语言顺畅度
	企业工作满意度		科技创新活跃度
	办理工作及居留许可便捷度		气候环境舒适度
生活便利度	生活便利总体满意度		休闲娱乐氛围
	社区生活		消费水平适宜度
	医疗卫生		居民友善度
	子女教育		城市风貌美观度
	休闲娱乐		商旅设施完善度
	网络通信	城市外向度	经济外向度
	交通出行		发明专利授权数量
	物价水平		高新技术企业数量
	文化包容度		R&D 投入占 GDP 比重
社会环境	非歧视外籍人才		外商直接投资占 GDP 比重

维度	指标	维度	指标
城市外向度	城市高校数量	城市外向度	瞪羚企业数量
	当年新增常住人口数量		—
	移动互联网宽带接入用户数量		—
	友好城市数量		—
	独角兽企业数量		

工作便利度方面，设置工作便利整体满意度、工作环境、工作内容、工作方式、工作压力、培训机会、薪资待遇、升迁机会、劳动保护、人际关系、科研工作满意度、企业工作满意度、办理工作及居留许可便捷度等 13 个指标。该部分问卷采用五级量表计分法，请外籍人才对各指标进行满意度打分。

生活便利度方面，设置生活便利总体满意度、社区生活、医疗卫生、子女教育、休闲娱乐、网络通信、交通出行、物价水平、文化包容度等 9 个指标。该部分问卷采用五级量表计分法，请外籍人才对各指标进行满意度打分。

社会环境方面，设置非歧视外籍人才、社会友好程度、易理解的语言标识、尊重外籍人才宗教信仰和文化习俗、日常生活便利度、社会治安、城市基础设施建设、城市景观环境、城市交通、文化多样性等 10 个指标。该部分问卷主要采用二级量表①计分法进行评分。

城市互评方面，设置城市知名度、交流语言顺畅度、科技创新活跃度、气候环境舒适度、休闲娱乐氛围、消费水平适宜度、居民友善度、城市风貌美观度以及商旅设施完善度等 9 个指标。该部分问卷采用排名计分法，请外籍人才按顺序选择表现最好的前三名城市，根据各城市获评第一、二、三名的频次计分。

---

① 二级量表是常用的测量工具，二级量表提供两个相互排斥的回答项目，一般为"是"或"否"，还可以是"同意"和"不同意"等。

城市外向度方面，从经济外向度、发明专利授权数量、高新技术企业数量、R&D 投入占 GDP 比重、外商直接投资占 GDP 比重、城市高校数量、当年新增常住人口数量、移动互联网宽带接入用户数量、友好城市数量、独角兽企业数量、瞪羚企业数量等 11 个方面进行测评。该部分问卷采用客观数据分级计分法，根据不同数据量级分级计分。

（二）候选城市

候选城市选取标准有人口规模、经济水平、外资活跃度、历年主题活动调查测评结果和中心辐射力，根据 5 个标准形成 5 个测评城市入选库，同时进入 3 个及以上入选库的城市即可入选候选城市名单。城市入选标准和入库条件具体要求如下。

人口规模：根据住房和城乡建设部最新发布的《城市建设统计年鉴》数据，选取规模在 Ⅱ 型大城市及以上的中国城市，构成测评城市第一入选库。

经济水平：根据国家统计局城市社会经济调查司最新发布的《中国城市统计年鉴》数据，选取 GDP 发展水平排名前 50 的中国城市，构成测评城市第二入选库。

外资活跃度：根据国家统计局城市社会经济调查司最新发布的《中国城市统计年鉴》数据，选取被调查年度外商直接投资合同项目数排名前 50 的城市，构成测评城市第三入选库。

历年主题活动调查测评结果：根据 2020 年度"魅力中国城市"主题活动调查测评结果，选取入围前 20 的城市，构成测评城市第四入选库。

中心辐射力：选取全国直辖市、省会城市（除港澳台地区），构成测评城市第五入选库。

2021 年度，同时进入 3 个及以上入选库的城市有 41 个，具体名单如表 2 所示。

表2 2021年度"魅力中国城市"主题活动候选城市名单

序号	城市	序号	城市
1	北京	22	南通
2	常州	23	宁波
3	长春	24	青岛
4	长沙	25	泉州
5	成都	26	上海
6	重庆	27	绍兴
7	大连	28	深圳
8	东莞	29	沈阳
9	佛山	30	石家庄
10	福州	31	苏州
11	广州	32	天津
12	哈尔滨	33	武汉
13	海口	34	无锡
14	杭州	35	西安
15	合肥	36	厦门
16	济南	37	徐州
17	昆明	38	烟台
18	临沂	39	盐城
19	南昌	40	扬州
20	南京	41	郑州
21	南宁		

（三）受访外籍人才情况

2021年度"魅力中国城市"主题活动面向候选城市外籍人才发放问卷。发放对象包括两类：第一类是诺贝尔奖获得者、中国政府友谊奖获得者、海外高层次人才等高端外籍人才；第二类是在华发展的一般外籍人才。针对两类对象，分别发放高端外籍人才签名问卷和普通线上不记名问卷。问卷收集工作于2022年7月10日完成，共收集有效问卷5625份。其中，普通线上不记名问卷5478份；高端外籍人才签名问卷147份。受访外籍人才的国籍、年龄、学历、所在单位等分布情况如下。

国籍分布：受访外籍人才广泛分布在东亚（24%）、北美（18%）、欧洲（17%）、非洲（7%）、东南亚（6%）、南亚（5%）等地区，来自美国、韩国、日本、英国、加拿大等发达国家的外籍人才最多，来自乌克兰、白俄罗斯、巴西、菲律宾以及南非等发展中国家的外籍人才较多（见图1）。

图1　外籍人才国籍分布

年龄分布：受访外籍人才年龄主要集中在18~40岁，其中，18~30岁外籍人才占比27%，31~40岁外籍人才占比29%，41~50岁、50岁以上的外籍人才占比均为22%（见图2）。

学历分布：受访外籍人才整体呈现高学历特征，大学本科及以上学历外籍人才占比达到76%，其中，最高学历为大学本科的外籍人才占比35%，最高学历为研究生（硕士）的外籍人才占比27%，最高学历为研究生（博士）的外籍人才占比14%（见图3）。

所在单位分布：受访外籍人才重点集中在中资企业，占比达41%，在外资企业工作的占比达24%，在高校或科研院所工作的占比达15%，在合

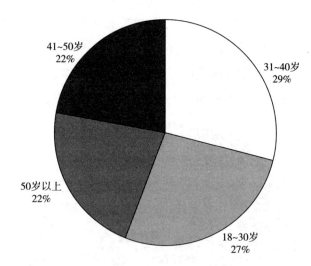

图 2　外籍人才年龄分布

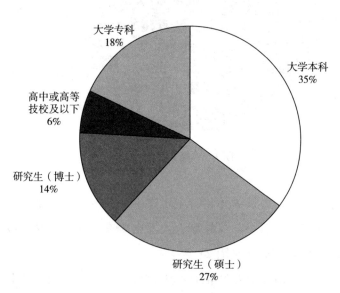

图 3　外籍人才学历分布

资企业工作的外籍人才占比达到11%，另有9%的外籍人才在国际学校、非营利组织、政府单位、培训机构等其他机构任职（见图4）。

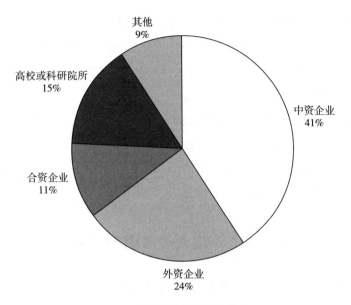

图4　外籍人才所在单位分布

（四）测评方法

1. 数据来源

2021年度"魅力中国城市"主题活动调查信息来源包括问卷信息和城市客观数据两方面。调查问卷面向在41个候选城市工作生活的外籍人才发放收集，城市客观数据主要来源于各城市《2021年国民经济和社会发展统计公报》和长城战略咨询大数据平台①。

2. 计算方法

我们将所有有效问卷按照城市分组，对各城市分别按照主观问卷部分和客观数据部分进行统计计分，按工作便利度、生活便利度、社会环境、城市互评、城市外向度5个维度，分别加权计分，经过标准化处理，综合得出各

---

① 长城战略咨询大数据平台覆盖企业、产业、区域三大领域，收录178个高新区、231个经开区、367个城市、34个省级行政区的多层次、权威性、立体化数据。针对367个城市，构建了对应城市画像和城市平台，涉及城市经济指标、研发指标、产业指标、企业指标、双创机构指标以及其他基础指标数据等，全方位展示城市情况。

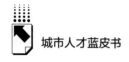
候选城市的吸引力测评得分。权重设计方法如下。

指标权重。采用专家咨询法，结合指标主观性、客观性等综合因素，研究确定工作便利度、生活便利度、社会环境、城市互评、城市外向度五大一级指标所占权重。

填答人权重。填答人有高端外籍人才和一般外籍人才两类，与一般外籍人才相比，诺贝尔奖获得者、中国政府友谊奖获得者、海外高层次人才等高端外籍人才具有较高的影响力，纸质问卷填答真实性、有效性更高，因此对高端外籍人才签名问卷赋予较大权重。

二 中国城市外籍人才吸引力的几个特征

"魅力中国城市"主题活动已连续举办 12 届，前期积累了一定数据基础，通过纵向分析往年与 2021 年度"魅力中国城市"主题活动调查测评结果，同时横向分析 41 个候选城市，尤其是排名前 20 的城市在五大维度中的表现，课题组发现 2021 年度"魅力中国城市"主题活动调查测评结果呈现出三个显著特征。

（一）2021年度最具吸引力的中国城市分布高度契合我国建设世界重要人才中心和创新高地战略布局

习近平总书记在中央人才工作会议上指出，"加快建设世界重要人才中心和创新高地，需要进行战略布局"，并明确提出"可以在北京、上海、粤港澳大湾区建设高水平人才高地，一些高层次人才集中的中心城市也要着力建设吸引和集聚人才的平台"[1]。从 2021 年度"魅力中国城市"主题活动调查测评结果看（见表3），北京位列"魅力中国城市"第1，上海排名第2，杭州、苏州、南京等长三角地区城市以及深圳、广州等粤港澳大湾区城市也位列前10，受到外籍人才特别青睐，前 10 名中其余 3 个城市分别是东部沿

---

[1] 《习近平出席中央人才工作会议并发表重要讲话》，中国政府网，2021 年 9 月 28 日，https://www.gov.cn/xinwen/2021-09/28/content_5639868.htm。

海城市青岛、中部城市武汉和西部城市成都，也是我国高层次人才集中的中心城市。由此可见，世界重要人才中心和创新高地的全球人才引育工作确实走在全国前列，展示出对外籍人才较强的吸引力。

表3　2021年度"魅力中国城市"主题活动调查测评结果排名前20城市及其总得分

排名	城市	城市总得分
1	北京	89.02
2	上海	87.80
3	杭州	85.15
4	深圳	70.36
5	青岛	69.77
6	广州	69.51
7	苏州	69.48
8	南京	66.56
9	武汉	65.51
10	成都	65.38
11	西安	65.04
12	济南	63.48
13	重庆	62.24
14	昆明	62.09
15	天津	62.02
16	无锡	61.71
17	烟台	60.49
18	合肥	59.98
19	长沙	59.96
20	厦门	59.76

为贯彻落实中央人才工作会议精神，北京、长三角地区和粤港澳大湾区城市结合自身特点，深入做好科技创新和外国专家工作，在此次调查测评中既展现"魅力中国城市"的共性，又展示出了各自的亮点。

从城市测评共性表现来看，北京和长三角地区、粤港澳大湾区的上榜城市在城市互评和城市外向度上均有良好表现。例如，在城市外向度指标上，北京、上海、杭州、苏州、深圳和广州等6个进入调查测评结果前10名的城市均在此一级指标中排进前10。北京、上海等一线城市以人才高水平对

外开放为重要手段，积极吸引国际组织、国际知名科研机构和跨国企业研发中心落户，大力引进海外高层次人才。深圳的城市外向度表现仅次于北京、上海，作为我国对外开放的前沿阵地，深圳积极响应"改革开放再出发"的号召，实现外向型发展新突破，同时大力推动外籍人才管理改革，出台《深圳市外籍"高精尖缺"人才认定标准（试行）》，向高端外籍人才敞开大门。在城市互评指标维度，北京、上海、杭州、苏州、深圳和广州等6个进入调查测评结果前10名的城市同样在此一级指标中排名前10，南京在城市互评中也表现不俗，位居第11，反映了这些城市的国际知名度。这些城市在此维度的二级指标中亮点纷呈。例如，北京依托国家确立的战略定位，围绕国家重大战略需求，根据《北京市"十四五"时期国际科技创新中心建设规划》中的目标和要求，构建中关村科学城、怀柔科学城、未来科学城和北京经济技术开发区"三城一区"的科技创新发展格局，着力建设国际科技创新中心。杭州践行"绿水青山就是金山银山"的发展理念，着力打造湿地城市，被联合国评为中国最佳生态宜居城市，入选了世界旅游组织全球15个旅游最佳实践样本城市，在城市风貌美观度方面表现突出。

从城市测评亮点表现来看，各城市在指标表现上呈现差异性，城市魅力各有所长。北京在城市外向度、工作便利度、社会环境三个维度中均排名第1，城市互评排名第2。长三角地区的上海在城市外向度、城市互评中表现优异，城市外向度排名第2，城市互评排名第1，虽在工作便利度上整体排名不佳，但在二级指标科研工作满意度方面表现良好，得分高于平均分；杭州在工作便利度、生活便利度、城市互评、城市外向度四个一级指标中排名都处在领先位置；南京在生活便利度、工作便利度中排名相对领先。粤港澳大湾区的深圳在城市互评、城市外向度两个一级指标中排名靠前，尤其是城市外向度表现优异，位列第3；另一个属于粤港澳大湾区的上榜城市——广州，在生活便利度、城市互评、城市外向度方面排名均在前10。"北上广深"四大一线城市在城市互评和城市外向度两个维度中的排名基本优于自身城市在工作便利度、生活便利度、社会环境三个维度中的排名。长三角地区城市近年来在提高外籍人才工作便利度、生活便利度上不断发力，努力通过更加便利的服务和舒心的工作环境引进用好外籍人才。

（二）经济发展水平和人才引进政策是影响外籍人才来华的两大主要因素

活动举办以来，外籍人才来华工作生活的关注重点发生了改变，由过去被中国悠久的历史文化吸引，到现在更加关注人才政策、城市经济状况和职业发展前景。在2021年度调查测评中，中国经济发展前景好和中国的引才政策优惠更多是吸引外国专家来华工作生活的两大主要原因（见图5）。

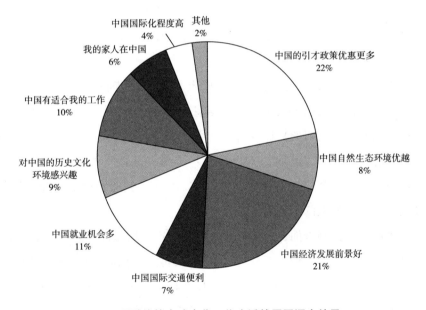

图5　吸引外籍人才来华工作生活的原因调查结果

1. 经济发展水平

城市吸引力与经济发展水平整体呈正相关。长期雄踞中国城市GDP排名前2的北京、上海亦常年位于"魅力中国城市"测评排名的前2。2021年中国GDP排名前10的深圳、广州、苏州、成都、杭州、武汉、南京等城市均进入2021年度"魅力中国——外籍人才眼中最具吸引力的中国城市"

之列。从宏观来看，外籍人才对中国经济的关注与国际局势和世界经济形势存在一定关系。受各种因素影响，世界经济形势越发严峻，而我国在经济发展上基本保持稳定态势，2020年中国是世界上唯一实现经济正增长的主要经济体，令外籍人才看到了在华蓬勃发展个人事业的前景和希望。从个人发展来看，外籍人才离开故土来华工作，优渥的薪酬待遇和良好的福利待遇具有很强吸引力，与之相关的就是城市经济发展水平。此外，城市经济发展水平高往往代表着城市的对外开放水平高、城市发展速度快、科研经费投入比例高，能够让外籍人才来华后拥有更好的发展机会。

2. 人才引进政策

各城市人才引进政策及其配套的外国专家服务体系也是影响外籍人才对城市吸引力评价的关键。来华渠道多元畅通、证件办理流程简单便捷，会大大提升城市对外籍人才的吸引力。

在来华渠道方面，熟人、亲戚、朋友等推荐来华占比最多，为24%，随后是用人单位在网站上发布的招聘信息（13%）、海外机构派驻（12%）、人才中介机构招聘（11%）以及行业协会或同行交流时推荐（11%），也有10%的外籍人才选择"其他"（见图6）。选择"其他"的外籍人才，多是通过创业、投资以及留学生身份来到中国，其中，创业和投资占较大比重，是外籍人才来华发展的新趋势。

在来华证件办理方面，外籍人才的满意度也有所提高。调查显示，关于工作许可和居留许可办理，近六成（58%）外籍人才认为比以前更方便了。办理方式上，接近3/4（72%）的外籍人才来华工作许可和居留许可是由所在工作单位工作人员代办，不到两成（18%）的外籍人才自己办理，另有较少部分由猎头公司代办（4%）、所在城市外专局工作人员协助办理（6%）（见图7）。目前，济南、武汉等城市适度压缩外国人来华"双证"的办理手续和办理时限，向外国人提供政务服务事项办理的便利化措施，更好地服务在华外籍人才。上海、武汉等城市已经出台了外国人工作许可"不见面"审批，工作许可、居留许可"一站式"办理等政策，一定程度上缓解了外国人来华证件办理难问题。

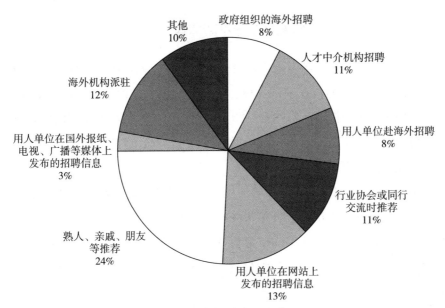

图 6　外籍人才来华渠道

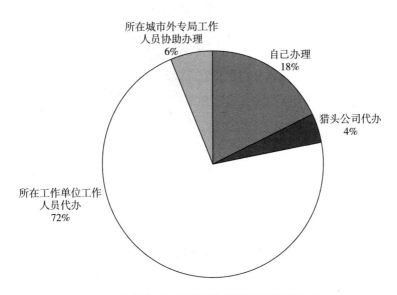

图 7　外籍人才工作许可和居留许可办理方式

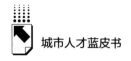

（三）外籍人才在华发展意愿不断增强

随着我国经济社会的发展、社会进一步开放、人才政策不断优化，越来越多外籍人才想长期留在中国发展。能否充分融入中国社会、产生归属感，成为外籍人才能否长期在华的重要影响因素。我国许多城市在不断优化人才软环境，以促进外籍人才更好融入当地社会，提升城市对外籍人才的吸引力。

1. 超四成外籍人才希望长期留华

从2021年度调查测评结果看，外籍人才尤其高端外籍人才长期留华工作生活意愿强烈。受访一般外籍人才在华工作生活平均年限为5.32年，高端外籍人才在华工作生活平均年限为9.55年。超过四成（44%）外籍人才希望未来在中国居留时间越长越好（见图8），其中高端外籍人才占比近六成（58%）。

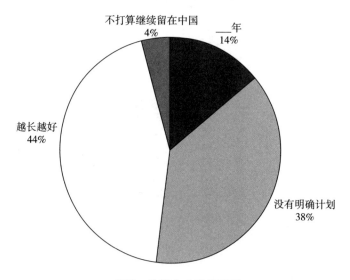

图8 外籍人才留华意愿

说明：外籍人才在"___年"选项下填写的计划留华年限从半年到30年不等。

2. 超1/3在华外籍人才以中文为主要工作语言

语言是外籍人才融入中国社会的钥匙，外籍人才希望长期融入中国社会的突出表现是使用中文的比例显著增加、中文掌握程度明显提高。2018年度的调查测评结果显示，14.4%的受访外籍人才可熟练使用中文。2019年度此项调查测评数据为19.7%。到2021年度，大部分在华外籍人才以英语（45%）、中文（37%）为主要工作语言，有16%的外籍人才使用本国母语（见图9）。在中文掌握程度方面，能够熟练使用中文的外籍人才比例上升至34%，有17%的外籍人才能够使用中文进行日常交流，15%的外籍人才基本能听懂中文，29%的外籍人才只会简单的单词，完全不会中文的外籍人才只有5%（见图10）。

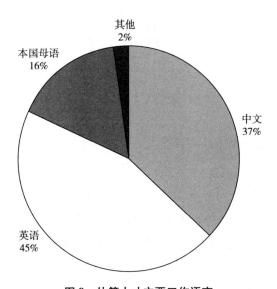

图9　外籍人才主要工作语言

　　许多城市为了能够让外籍人才更好地了解城市政策、融入当地生活，从帮助外籍人才解决语言问题入手，制定了更优质更贴心的外籍人才服务举措。例如，许多城市制定了中英文双语版本甚至多语种版本的生活指南，为外籍人才提供了一定帮助。

　　3.外籍人才关注在华发展前景

　　看重在华发展前景也是外籍人才希望在华长期发展的一大表现。在工作方面，外籍人才特别关注培训机会、升迁机会、科研工作满意度情况。

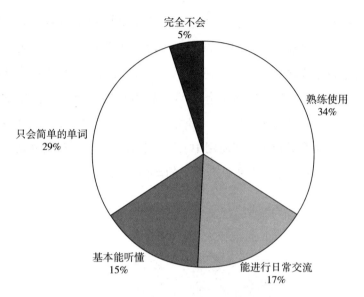

图10　外籍人才中文掌握程度

　　候选城市为给外籍人才提供更大发展空间做出了努力。例如，北京市出台相关措施，在海聚工程、海外人才聘任等方面开展试点探索，在外籍人才担任法人、承担科技项目以及提名政府奖项资格等方面实现突破，进一步吸引外籍高层次人才深度参与北京国际科技创新中心建设。广州市明确持有永久居留身份证的外籍人士创办科技型企业与我国公民享有同等待遇，鼓励外籍人员以自有知识产权、技术创办企业，营造优良的创业环境。还有一些城市在科研工作中积极搭建国际科技创新与合作平台，增加国际科创赛事和国际交流活动，组织有外籍人才参与的科研交流活动，鼓励外籍人才在华施展才华。

　　4.外籍人才在华生活便利度不断提高

　　社会保障、医疗和子女教育是影响外籍人才长期在华工作生活的重要因素。我国通过立法、政策和服务创新等方式，为在华外籍人才提供公共服务保障。从2021年度的调查测评结果看，外籍人才在生活中遇到的问题也得到了一定程度的解决。

　　在社会保障方面，我国规定在中国境内就业的外国人应当依法参加职工养老、医疗、工伤、失业和生育保险，由用人单位和本人按照规定统一缴纳社会保险费，依法享受社会保险待遇。目前，我国已与德、法、加、日、韩等12个国家签署政府间双边社会保障协定（其中11个已经正式生效实施），避免外籍人员在华养老和工伤等保险重复参保缴费。在医疗方面，部分经济发达城市为外国人才提供国际医院资源和外语诊疗服务，部分城市还为外国高端人才开通了绿色就医通道。如珠海市横琴新区外国高端人才可选择家庭医生团队或与基层医疗卫生机构签订协议，享受基本医疗服务；重庆为外国高端人才发放专门医疗保健证，享受医疗保健特殊待遇；广西外国高端人才可在"广西外国专家友善医院"享受英语、越语、日语、泰语4个语种的诊疗服务；等等。许多城市设立了外国专家友善医院，提供多语种诊疗服务，帮助外籍人才解决看病难问题。针对外籍人才子女教育问题，2019年，教育部对外籍人才子女在工作地或居住地公办中小学或幼儿园就读做出安排，取消国籍限制。多地因地制宜，依照本地引才政策，制定了提供补贴、优先入读公办学校、分层安置等符合地方特色的外籍人才子女入学政策。

中国仍在致力于让服务更加贴合外籍人才的需求，对涉及外籍人才自身及其配偶子女的教育、医疗、住房等问题加强政策研究，针对外籍人才及其家庭成员急难愁盼问题，打通政策制定"最先一公里"和政策落地"最后一公里"，为外籍人才在华工作生活提供更加全面的保障。

三 五大维度调查测评结果分析

（一）工作便利度

工作便利度衡量外籍人才对所在城市工作环境的满意度，主要包括科研工作满意度、劳动保护等方面。对于外籍人才而言，在陌生的城市，一份高质量的工作是维持高质量生活的重要保障，故将工作便利度作为一级指标纳入考量。

本调查从工作便利整体满意度、工作环境、工作内容、工作方式、工作压力、培训机会、薪资待遇、升迁机会、劳动保护、人际关系、科研工作满

意度、企业工作满意度、办理工作及居留许可便捷度等 13 个方面对城市工作便利度进行测评。需要注意的是，青岛、南京工作便利度排名落后于总排名，需要重点提升（见表4）。

表4　工作便利度分榜单及其与总榜单名次对比

城市	得分	分榜单名次	总榜单名次
北京	94.61	1	1
杭州	91.50	2	3
济南	91.26	3	12
绍兴	90.28	4	21
无锡	89.80	5	16
武汉	87.91	6	9
临沂	87.75	7	31
青岛	87.44	8	5
南京	87.09	9	8
石家庄	86.49	10	32

近年来，我国各地的自贸区、高新区与经开区都制定了相关政策，力求为外国专家提供良好的就业环境。在外籍人员办理工作及居留许可便捷度方面，山东省表现亮眼，临沂与济南分列该二级指标前两名，烟台与青岛则分别位列第 7 与第 11（见图11）。临沂市创新推出"外国人来临沂投资工作

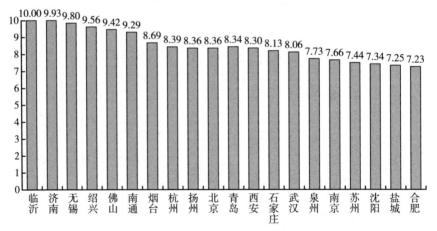

图11　办理工作及居留许可可便捷度指标得分排名前20

一件事"主题服务，实现了外国商人或外国企业来临沂投资、工作、居留"一站式"办理。济南市制定出台 11 条支持自贸区发展的创新政策，将外籍高层次人才签证、居留证件办理时限分别由 7 个、15 个工作日缩短至 3 个、5 个工作日。山东全省通过允许境内申请外国人来华工作许可、放宽工作及居留许可期限、简化申请材料、压缩工作许可审批时限等措施，切实为外籍人才来鲁工作提供便利，有效吸引和集聚更多外国高端人才前往山东创新创业。

（二）生活便利度

生活便利度衡量外籍人才对所在城市生活环境的满意度，主要包括医疗卫生、交通出行等方面。生活便利度体现在日常生活细节中，决定了外籍人才居住的舒适度，从而影响城市魅力程度，因此将生活便利度列入一级指标。

本调查从生活便利总体满意度、社区生活、医疗卫生、子女教育、休闲娱乐、网络通信、交通出行、物价水平、文化包容度等 9 个方面对城市生活便利度进行测评。值得关注的是，绍兴与南通的总榜单排名在第 20 名之后，但生活便利度尤为突出（见表 5）。

表 5　生活便利度分榜单及其与总榜单名次对比

城市	得分	分榜单名次	总榜单名次
绍兴	96.10	1	21
南通	95.24	2	26
杭州	94.71	3	3
武汉	94.14	4	9
昆明	93.88	5	14
无锡	93.15	6	16
南京	92.26	7	8
济南	90.22	8	12
广州	90.18	9	6
天津	89.08	10	15

我国正努力打造生活便利度高、宜居程度高的环境，绍兴在测评中生活便利度表现最为亮眼，顶尖人才房票补贴实行"一人一议"，人才公寓实行"码上

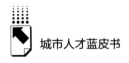

申请、智能择房、线上缴费",外国高端人才(A类)和外国专业人才(B类)分别享受一级、二级医疗保健待遇,统筹安排紧缺高层次专业人才、贡献突出人才子女就学及家属就业,等等,全面完善人才服务链条,切实提升人才的获得感、归属感。杭州医疗卫生指标表现突出(见图12),在满足境外人士医疗保健服务需求方面取得突破。南宁交通出行指标表现亮眼(见图13),为方便居民在轨道交通站点的高效便捷换乘,南宁突破性新增19条社区巴士微循环线路接驳大中运量公交线路,通过"走街串巷""招手即停"的灵活运营模式,深入居住人口密集、公交服务不便捷的社区,解决公共交通服务"最后一公里"问题。

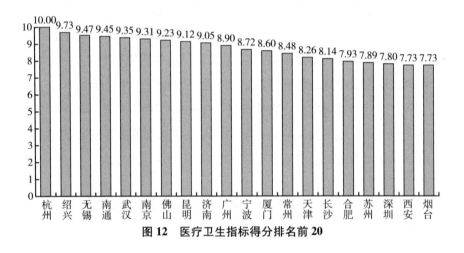

图12 医疗卫生指标得分排名前20

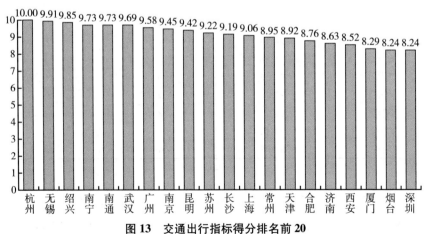

图13 交通出行指标得分排名前20

（三）社会环境

社会环境衡量外籍人才对所在城市社会环境建设和发展方面的满意度，主要包括城市基础设施建设、社会友好程度等方面。外籍人才对一座城市的印象，很大程度上取决于城市整体社会环境建设水平，这也极大影响外籍人才决定是否长久居住于该城市，故将其列入一级指标考量。

本调查从非歧视外籍人才、社会友好程度、易理解的语言标识、尊重外籍人才宗教信仰和文化习俗、日常生活便利度、社会治安、城市基础设施建设、城市景观环境、城市交通、文化多样性等10个方面对城市社会环境进行测评。整体看，社会环境排名前10的城市中，除排名第1的北京外，其他城市在该指标上的表现均优于总榜单（见表6）。

表6　社会环境分榜单及其与总榜单名次对比

城市	得分	分榜单名次	总榜单名次
北京	85.27	1	1
无锡	85.00	2	16
临沂	83.93	3	31
石家庄	82.91	4	32
苏州	82.82	5	7
重庆	82.74	6	13
武汉	82.42	7	9
福州	81.89	8	35
郑州	81.52	9	29
烟台	81.35	10	17

在社会环境建设方面，我国陆续印发《"十四五"全国城市基础设施建设规划》《关于加快建设国家综合立体交通网主骨架的意见》等文件，对基础设施、城市交通等方面提出了现代化、高质量的发展要求。在易理解的语言标识方面，北京与重庆表现突出（见图14）。北京提出在重要公共文化和

体育场所，都应当同时设置、使用外语标识；重庆提出优先考虑在外国人较为集中、涉外场所较多的重点区域，以及具有代表性的区域和行业设置公共场所外语标识标牌规范化试点。在城市景观环境方面，海口得分大幅领先（见图15）。海口对城市景观环境建设做出明确规划，市环卫局积极在重要节点区域开展大规模自查及整治园林绿地黄土裸露工作，彻底消除城区黄土裸露、杂草丛生等现象，有效提升城市园林绿化水平。

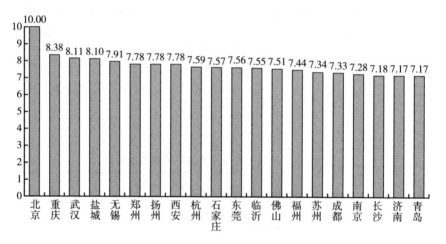

图14　易理解的语言标识指标得分排名前20

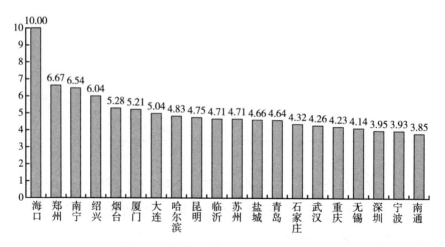

图15　城市景观环境指标得分排名前20

（四）城市互评

城市互评是各城市外籍人才跳出自身工作生活所在城市，对所有候选城市在城市知名度、居民友善度、科技创新活跃度等方面进行排名。采纳所有外籍人才对城市的综合评价意见，可提升测评结果的全面性。

本调查从城市知名度、交流语言顺畅度、科技创新活跃度、气候环境舒适度、休闲娱乐氛围、消费水平适宜度、居民友善度、城市风貌美观度以及商旅设施完善度等9个方面对城市综合形象进行测评。城市互评排名前10的城市在总榜单上整体表现都比较优秀（见表7）。

表7 城市互评分榜单及其与总榜单名次对比

城市	得分	分榜单名次	总榜单名次
上海	96.83	1	2
北京	93.22	2	1
杭州	85.38	3	3
青岛	61.42	4	5
广州	52.38	5	6
深圳	51.09	6	4
苏州	50.73	7	7
成都	44.91	8	10
昆明	43.96	9	14
烟台	42.82	10	17

在科技创新活跃度方面，上海与北京名列前茅（见图16）。上海大力促进科技创新，在沪国家实验室建设顺利推进，张江科学城完成扩区，每万人高价值发明专利拥有量达34件，科创板上海上市企业融资额、总市值保持全国首位[1]；北京独角兽企业数量居世界首位，高技术产业、战略性新兴产

---

[1] 《龚正市长在上海市第十五届人民代表大会第五次会议的政府工作报告（2021年）》，上海市人民政府网站，2021年2月1日，https://www.shanghai.gov.cn/nw12336/20210201/ca9e963912cc4c30be7b63799374cd86.html。

业增加值分别累计增长 56.9% 和 58.5%①。在商旅设施完善度对应的指标得分上，上海位列所有候选城市榜首（见图 17）。2021 年，虹桥国际开放枢纽建设 83 项重点任务全面实施，累计建成 5G 室外基站 5.4 万个，25 项交通重大工程开工建设，两港大道快速化、崧泽高架西延伸等重点交通项目相

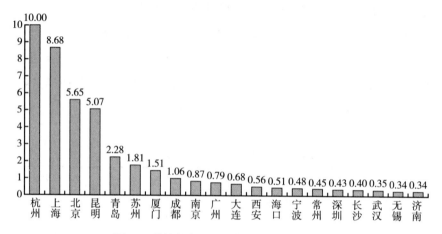

图 16　科技创新活跃度指标得分排名前 20

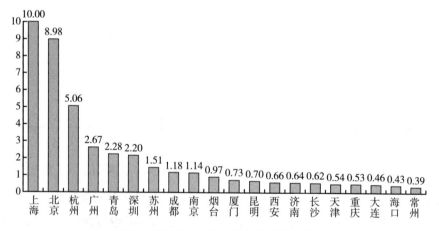

图 17　商旅设施完善度指标得分排名前 20

① 《2021 年政府工作报告》，北京市人民政府网站，2021 年 2 月 1 日，https：//www.beijing.gov.cn/gongkai/jihua/zfgzbg/202102/t20210201_ 2249908.html。

继建成，北外滩建设进一步推进，世界会客厅项目建成迎宾①。在城市风貌美观度方面，杭州表现突出（见图18）。近年来，杭州积极提升城市水质，加快地下空间开发利用步伐，着力推动城市风貌样板区与未来社区建设联动、县域风貌样板区与未来乡村建设联动，成功打造了全省唯一的跨区级萧滨亚运风貌样板区。

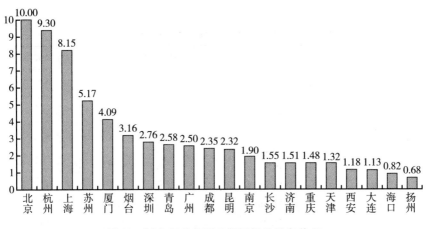

图18 城市风貌美观度指标得分排名前20

（五）城市外向度

城市外向度是城市经济与国际经济联系的紧密程度，主要通过经济外向度、科研发展情况、城市统计基础数据②等进行衡量。城市经济和创新数据是清晰可衡量的，是判断城市魅力与竞争力的重要标准之一，故将城市外向度列入一级指标。

本调查从经济外向度、发明专利授权数量、高新技术企业数量、R&D投入占GDP比重、外商直接投资占GDP比重、城市高校数量、当年新增常

---

① 《龚正市长在上海市第十五届人民代表大会第五次会议的政府工作报告（2021年）》，上海市人民政府网站，2021年2月1日，https：//www.shanghai.gov.cn/nw12336/20210201/ca9e963912cc4c30be7b63799374cd86.html。

② 主要指城市高校数量、当年新增常住人口数量、移动互联网宽带接入用户数量、友好城市数量等数据。

住人口数量、移动互联网宽带接入用户数量、友好城市数量、独角兽企业数量、瞪羚企业数量等 11 个方面对城市外向度进行测评。该榜单排名前 10 的城市在总榜单上整体表现都比较优秀，深圳、西安、武汉、成都、天津的城市外向度排名优于总榜单排名；杭州、广州、苏州的城市外向度排名落后于总榜单排名（见表 8）。

表 8　城市外向度分榜单及其与总榜单名次对比

城市	得分	分榜单名次	总榜单名次
北京	91.53	1	1
上海	87.90	2	2
深圳	84.83	3	4
杭州	81.22	4	3
西安	76.80	5	11
武汉	75.55	6	9
广州	75.40	7	6
苏州	73.96	8	7
成都	71.70	9	10
天津	70.81	10	15

从独角兽企业数量来看，北京独占鳌头，截至 2021 年末，北京共有 156 家独角兽企业，超过上海、深圳、广州的数量总和（见图 19）。北京市

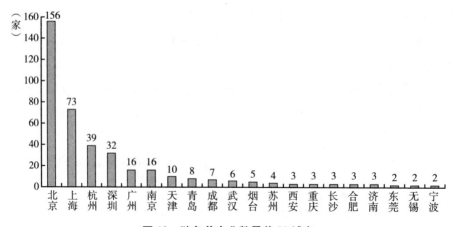

图 19　独角兽企业数量前 20 城市

积极引入风险投资机构，支持各类产业生态联盟、科技型中小企业孵化与转化平台建设，为在京企业营造良好发展环境。从经济外向度来看，上海以175.27%的表现位列全国第1（见图20）。上海积极强化产业、金融、航运和科技支撑，持续深化制度创新，营造法治化国际化便利化贸易环境，大力发展新型贸易业态，有效推进贸易高质量发展。从当年新增常住人口数量来看，武汉以120.12万人的数量领先全国（见图21）。武汉明确引进企业员

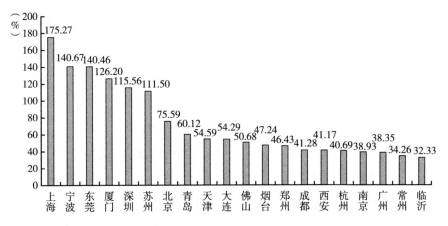

图20　经济外向度前20城市

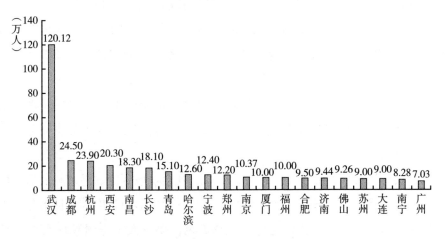

图21　当年新增常住人口数量前20城市

工落户条件、调整就业创业落户条件、调整随迁落户条件、调整大学生落户及随迁条件、推行积分入户常态化、调整新城区户籍人员迁入功能区与中心城区条件共计六方面措施，积极吸引人口流入，积聚城市发展内生动力。

四　重点城市调查测评结果分析

（一）2021年度"魅力中国——外籍人才眼中最具吸引力的中国城市"

2021年度"魅力中国城市"主题活动测评综合排名前10的城市分别是：北京、上海、杭州、深圳、青岛、广州、苏州、南京、武汉、成都。本部分将对这10个城市的调查测评结果进行具体分析。

1.北京：多个指标高居榜首，城市魅力持续领先

北京魅力城市总排名一直稳居前两名，2010~2011年排名第1，2012~2019年居上海之后、排名第2，2020年重回榜首，2021年再次位居榜首。

从各一级指标来看，北京城市外向度排名依然保持前一年优异表现，排名第1；工作便利度、社会环境排名较前一年有较大幅度上升，均排名第1；城市互评排名第2、生活便利度排名第29，较前一年均有所下降。

工作便利度方面，工作环境是北京得分优势最大的指标，排名全国第1；工作压力、工作方式、工作内容、薪资待遇、劳动保护、升迁机会等方面得分都远高于平均分，处于全国领先水平（见图22）。

生活便利度方面，北京各二级指标得分均低于全国平均水平，物价水平、社区生活得分与全国平均分差距最大，文化包容度、子女教育得分较低（见图23）。

社会环境方面，北京非歧视外籍人才、社会友好程度、易理解的语言标识、尊重外籍人才宗教信仰和文化习俗以及日常生活便利度等指标得分优于全国平均水平，文化多样性指标表现稍逊色，得分低于全国平均水平（见图24）。

城市互评方面，北京城市知名度、交流语言顺畅度以及居民友善度

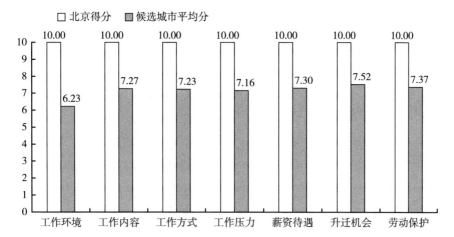

图22 2021年度"魅力中国城市"主题活动北京工作便利度部分二级指标得分情况

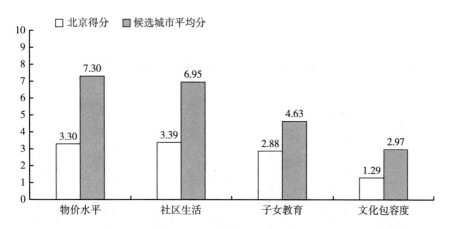

图23 2021年度"魅力中国城市"主题活动北京生活便利度部分二级指标得分情况

等方面最受肯定,气候环境舒适度、休闲娱乐氛围指标表现稍显逊色(见图25)。

城市外向度方面,北京独角兽企业数量156家,瞪羚企业数量13325家,高新技术企业数量26796家,R&D投入占GDP比重为6%,发明专利授权数量79000件,移动互联网宽带接入用户数量3971.3万户,均排名全国第1;当年新增常住人口数量、外商直接投资占GDP比重以及友好城市

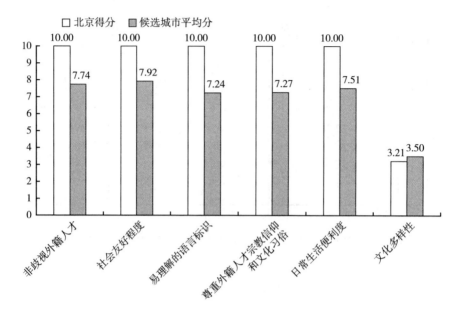

图 24　2021 年度"魅力中国城市"主题活动北京社会环境部分二级指标得分情况

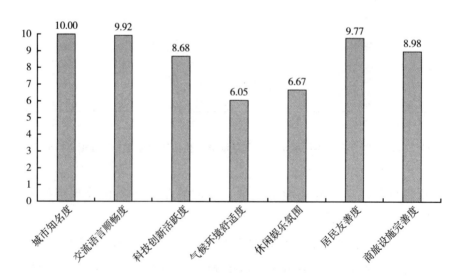

图 25　2021 年度"魅力中国城市"主题活动北京城市互评部分二级指标得分情况

数量表现略为逊色。

作为年度"魅力中国城市"榜首城市，北京加强科技服务人才队伍建设，不断完善外专政策体系、优化人才发展环境。在科创发展方面，2021年北京全年研发投入强度保持在 6% 以上，基础研究占 16% 左右，拥有长寿命超导量子比特芯片、全球首款 96 核区块链专用加速芯片、全脑范围单神经元完整重构等一批具有世界影响力的研究成果。在科技服务人才队伍建设方面，北京创新实施"朱雀计划"，吸引一批海外高层次人才参与首都科研机构和科技项目管理，并为创新成果转化落地提供专业化支撑。在外专政策体系完善方面，发布《关于支持外籍人员使用外国人永久居留身份证创办企业享受国民待遇的实施意见》等政策，明确外籍人员使用外国人永久居留身份证在重点领域创办企业依法享受国民待遇；实施"白名单"制度，向列入"白名单"的单位下放外国高端人才自主认定权，方便其办理工作许可；支持来京外籍博士毕业生办理人才签证，支持来京创业的外籍人才依托园区或孵化载体申办来华工作许可。

2. 上海：城市开放度和知名度表现强势，国际化现代大都市城市形象深入人心

上海魅力城市总排名一直稳居前两名，2010~2011 年排名第 2，2012~2019 年均位居榜首，2020 年、2021 年连续两年位居第 2。

从各一级指标来看，上海城市互评、城市外向度排名表现优异，城市外向度位列第 2，与 2020 年一致，城市互评位列第 1，较前一年有所提升；工作便利度、生活便利度以及社会环境排名或受疫情影响，较 2020 年均有不同程度的下降①。

工作便利度方面，上海在科研工作满意度方面得分高于候选城市平均分，劳动保护以及工作环境等方面得分则低于候选城市平均分（见图 26）。

生活便利度方面，上海在交通出行、物价水平、休闲娱乐、社区生活等

---

① 调查问卷发放期间，上海新冠疫情正处于高峰期，对外籍专家参与积极性、参评外籍专家对城市的感受都产生了一定影响，导致 2021 年度上海测评结果出现了波动。

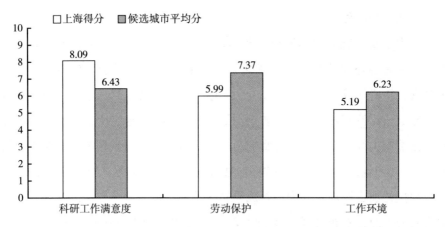

图26　2021年度"魅力中国城市"主题活动上海工作便利度部分二级指标得分情况

方面得分均高于候选城市平均分，交通出行方面得分高出候选城市平均分最多，网络通信方面得分低于候选城市平均分（见图27）。

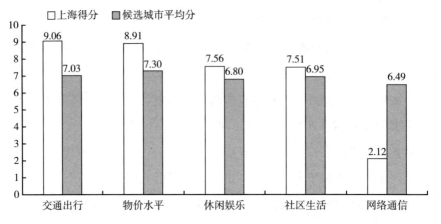

图27　2021年度"魅力中国城市"主题活动上海生活便利度部分二级指标得分情况

　　社会环境方面，上海各二级指标得分均低于候选城市平均分，易理解的语言标识得分与候选城市平均分差距最小，社会治安得分与候选城市平均分差距较大，城市景观环境、城市基础设施建设等方面得分低于候选城市平均分（见图28）。

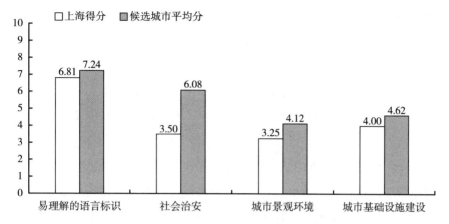

图28 2021年度"魅力中国城市"主题活动上海社会环境部分二级指标得分情况

城市互评方面，上海交流语言顺畅度、科技创新活跃度、休闲娱乐氛围以及商旅设施完善度等四个方面最受外籍人才好评，气候环境舒适度得分相对较低（见图29）。

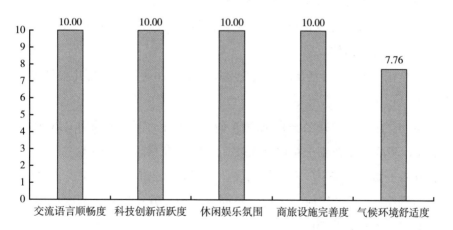

图29 2021年度"魅力中国城市"主题活动上海城市互评部分二级指标得分情况

城市外向度方面，2021年上海经济外向度为175.27%，外商直接投资占GDP比重为8.91%，均排全国首位；高新技术企业数量20000家，独角兽企业数量73个，友好城市数量89个，均位列全国第2；发明专利

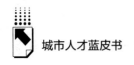

授权数量 32900 件，排名全国第 4；当年新增常住人口数量、瞪羚企业数量、移动互联网宽带接入用户数量以及城市高校数量等方面表现相对较差。

作为中国 GDP 最高的国际化现代大都市，上海在外籍人才眼中久负盛名。2021 年，上海推动科创工作再攀高峰，不断优化创新创业环境、稳步推进外籍人才引进工作。科技创新工作方面，上海市科技进步水平指数连续 4 年排名第 1，启动重点领域技术攻关，加快推进集成电路、生物医药、人工智能领域形成"上海方案"。创新创业环境优化方面，新增 3 家全国双创示范基地和 1 家国家级大学科技园，共有各类创新创业载体 500 余家。引才引智工作方面，上海推出外国人来华工作许可"不见面"审批 4.0 版，加大外国科技人才、创新创业人才及高技能人才的引进力度；与科技部国外人才研究中心共同主办外籍人才招聘会，策划举办"2021 年度上海海外名校工程科技人才线上职业见面会"等人才招聘活动，为用人单位和外籍人才搭建供需交流平台；举办"2021 年上海市慰问外国专家云聚会""外国人才在上海"等国际文化沙龙和外国专家宣传活动，提升在沪外籍人才荣誉感、融入感和良好生活体验感。

3. 杭州：工作、生活便利度表现亮眼，工作升迁机会和公共服务水平备受好评

杭州魅力城市总排名一直位列前 10，近五年排名不断攀升，2020 年冲入前 3，2021 年延续前一年优异成绩，位列 41 个候选城市第 3。

从各一级指标来看，工作便利度位列第 2，城市互评位列第 3，城市外向度位列第 4，排名较前一年均有不同程度的提升；生活便利度位列第 3，社会环境方面位列第 20。

工作便利度方面，在杭外籍人才对科研工作满意度、办理工作及居留许可便捷度、升迁机会、培训机会、劳动保护、工作环境等方面颇有好评，得分均超过候选城市平均分（见图 30）。

生活便利度方面，在杭外籍人才对子女教育、医疗卫生、休闲娱乐、交通出行满意度最高，得分均居候选城市首位；物价水平得分位列所有候

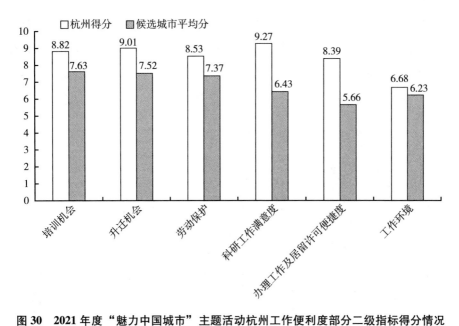

图30 2021年度"魅力中国城市"主题活动杭州工作便利度部分二级指标得分情况

选城市第4；文化包容度相对较低，但得分也高于所有候选城市平均分
（见图31）。

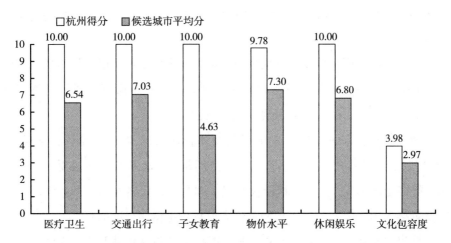

图31 2021年度"魅力中国城市"主题活动杭州生活便利度部分二级指标得分情况

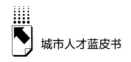

社会环境方面，在杭外国专家对非歧视外籍人才、社会友好程度、易理解的语言标识、尊重外籍人才宗教信仰和文化习俗、社会治安以及城市基础设施建设等方面较为满意，得分均高于候选城市平均分，日常生活便利度最受外国专家好评，文化多样性指标得分低于候选城市平均分（见图32）。

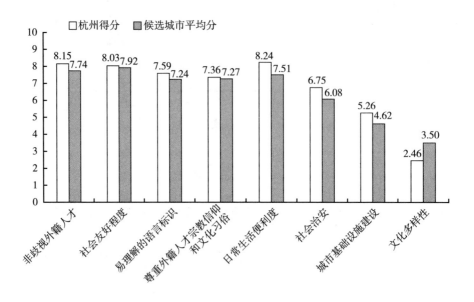

图32　2021年度"魅力中国城市"主题活动杭州社会环境部分二级指标得分情况

城市互评方面，杭州在气候环境舒适度、居民友善度以及城市风貌美观度方面最受好评，消费水平适宜度获得全国外国专家认可，商旅设施完善度、交流语言顺畅度等方面表现一般（见图33）。

城市外向度方面，2021年杭州独角兽企业数量39家，全国排名第3；R&D投入占GDP比重达3.6%，位列全国第5；高新技术企业数量10222家，排名全国第6；发明专利授权数量23000件，排名全国第6；移动互联网宽带接入用户数量和当年新增常住人口数量也位居全国前列。

杭州对外籍人才吸引力不断上升，得益于长期以来对人才工作的高度重视，以及"数智杭州·宜居天堂"国际化大都市建设的深入推进。外向型发展方面，杭州持续推进城市国际化，全力打造一流营商环境，深入开展国际

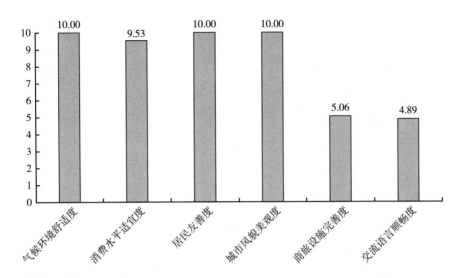

图33 2021年度"魅力中国城市"主题活动杭州城市互评部分二级指标得分情况

交流合作，实施招商引资和招才引智"双招双引"，打造全球人才创新创业目的地，让杭州成为人才、资金等要素资源集聚的首选之地。创新驱动方面，坚持数字经济与制造业"双引擎"驱动，深入推进国家自主创新示范区、国家新一代人工智能创新发展试验区建设，加快引育战略性新兴产业，积极培育5G生态、新一代人工智能、量子通信等未来产业，率先在重点前沿领域探索布局，加速构建先发优势，城市数字发展、数字治理综合指数均居全国第1位。科研建设方面，深化"名校名院名所"工程，陆续建成西湖大学、国科大杭高院，正式授牌之江实验室、良渚实验室、西湖实验室、湖畔实验室4个浙江省实验室，推动城西科创大走廊等平台创新策源功能不断增强。外籍人才引育工作方面，杭州市委、市政府高度重视，从生活补助、租房补贴、购房安置、融资保障等方面全面加强政策支持和服务关怀，推进人才工作迈上新台阶。生态宜居方面，深入践行"绿水青山就是金山银山"的发展理念，着力打造闻名世界、引领时代、最忆江南的湿地城市，被联合国评为中国最佳生态宜居城市，入选了世界旅游组织全球15个旅游最佳实践样本城市。历史人文方面，全力推进文化遗产保护、传承和利用，加快南宋临安城遗址等项目

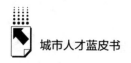

建设，围绕实证中华五千年文明的西湖、京杭大运河（杭州段）、良渚遗址三处世界文化遗产，以及中国篆刻、中国蚕桑丝织技艺、中国古琴艺术、中国二十四节气四项人类非物质文化遗产，打造世界文化遗产群落和国际文化创意中心。

4. 深圳：城市外向度高，研发投入和产出构筑城市创新魅力

深圳魅力城市总排名一直稳定在前10，2016年位列第6，2020年位列第9，其余年份均位列前5，其中2021年位列第4。

从各一级指标来看，深圳城市互评、城市外向度两个指标排名表现优异，2021年分别排名第6、第3，排名均较前一年有所提升；工作便利度、生活便利度、社会环境三个方面排名均有一定程度下降，2021年分别排名第28、第27和第30。

工作便利度方面，科研工作满意度、办理工作及居留许可便捷度方面得分表现较好，高于候选城市平均分；薪资待遇和升迁机会方面得分则低于候选城市平均分（见图34）。

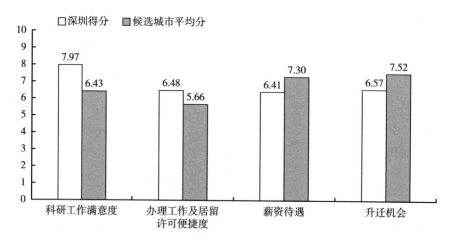

图34　2021年度"魅力中国城市"主题活动深圳工作便利度部分二级指标得分情况

生活便利度方面，深圳在物价水平、交通出行、医疗卫生三方面获得好评，得分均超过候选城市平均分；在网络通信及子女教育方面得分低于候选城市平均分（见图35）。

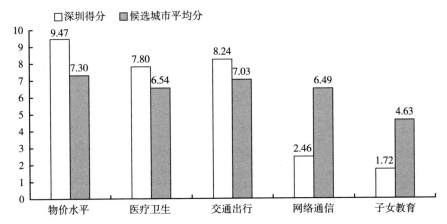

图35　2021年度"魅力中国城市"主题活动深圳生活便利度部分二级指标得分情况

社会环境方面，深圳在文化多样性方面得分高于候选城市平均分；社会治安、日常生活便利度以及非歧视外籍人才指标得分低于候选城市平均分（见图36）。

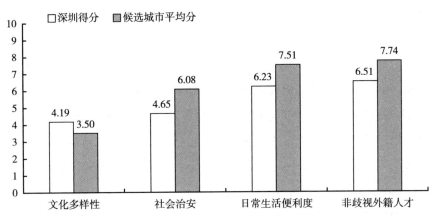

图36　2021年度"魅力中国城市"主题活动深圳社会环境部分二级指标得分情况

城市互评方面，深圳科技创新活跃度、气候环境舒适度最受好评；居民友善度和消费水平适宜度较受外籍人才认可（见图37）。

城市外向度方面，2021年深圳R&D投入占GDP比重达5.46%，排名全国第3；高新技术企业数量20000家，发明专利授权数量45188件，友好

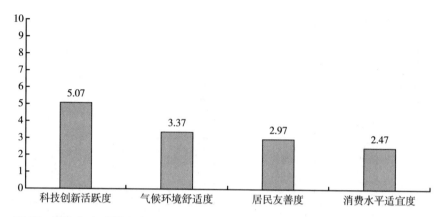

图 37　2021 年度"魅力中国城市"主题活动深圳城市互评部分二级指标得分情况

城市数量 73 个，均位列全国第 3；城市高校数量和当年新增常住人口数量表现相对一般，排名均在中下游。

作为我国对外开放的前沿阵地，深圳积极响应"改革开放再出发"的号召，实现了城市外向型发展新突破。深圳全面落实习近平总书记关于人才工作的重要论述，实施更加开放的人才政策，全方位引进、培养、用好人才，不断优化人才发展环境和政策体系，探索更具国际竞争力的人才体制机制。在外籍人才工作方面，坚持全球视野，推动深港协同。大力推动外籍人才管理改革，推动人才签证、出入境和停居留便利等措施落地实施；出台《深圳市外籍"高精尖缺"人才认定标准（试行）》，推动首批综合授权改革事项落地；搭建了外国人综合服务管理平台，建成外国人就业居留事务服务中心，实现外籍人士同时申请、同时领取工作许可和居留许可，大幅压缩审批时限；"一人一策"引进全球顶尖科学家，量身定制干事创业平台；深化前海改革开放，率先推动港澳专业人士执业便利化；高标准规划建设河套深港科技创新合作区，依托"人才飞地"打造深港人才共同体。在深化体制改革方面，实施双轮驱动的人才政策体系，放权用人单位自主评价人才，由单项政策比较优势向综合环境集聚优势转变；落实"破四唯"要求，将职称评价权交给企业，构建"企业认可、市场评价、政府支持"的人才评价新模式；聚焦"让科学家心无旁骛做研究"，支持高校自主布局、自由选题，让基础科研人才有一张能长期安坐的"暖沙发";科技项目材料全面精简,在深圳市杰出青年项目中率先试点"包干制"。在优化创新生态方面,举办中国国际人才交流大会、中国(深圳)海归创业大会、创新创业大赛国际赛等,吸引大批海外优秀人才来深创新创业;设立总规模100亿元的市人才创新创业基金,为初创期、种子期人才创业项目提供金融支持;持续办好"人才日"活动,创立并连续两年高规格举办"深圳全球创新人才论坛"。

5.青岛:城市互评位居前列,宜人的气候环境和较高的文化包容度对外籍人才构成吸引力

青岛魅力城市总排名2010年位列第7,2011年位列第15,2012年以来均稳定在前10位以内,2017~2020年排名有所波动,2021年回升并跃居至第5位。

从各一级指标来看,青岛城市互评指标排名较前一年有所提升,2021年排名第4;工作便利度较2020年稍有下降,排名第8;社会环境、城市外向度得分排名表现出小幅下滑,分列第13名和第17名;生活便利度则排名第15,较前一年下降。

工作便利度方面,青岛在科研工作满意度方面得分最高;办理工作及居留许可便捷度、升迁机会、劳动保护等方面也有较为优秀的表现,得分也高于候选城市平均分(见图38)。

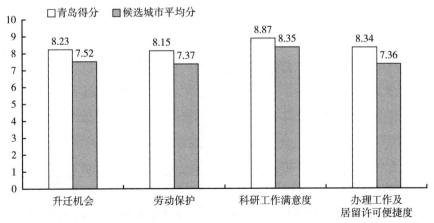

图38 2021年度"魅力中国城市"主题活动青岛工作便利度部分二级指标得分情况

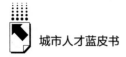

生活便利度方面，青岛表现出极高的文化包容度，对应二级指标得分大幅高于候选城市平均分；子女教育方面，得分低于候选城市平均分（见图 39）。

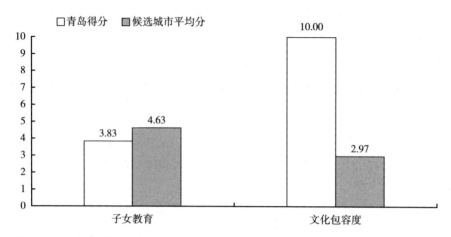

图 39 2021 年度"魅力中国城市"主题活动青岛生活便利度部分二级指标得分情况

社会环境方面，青岛在社会治安、日常生活便利度、城市景观环境方面有突出表现，得分均高于候选城市平均分；社会友好程度、易理解的语言标识方面得分则略低于候选城市平均分（见图 40）。

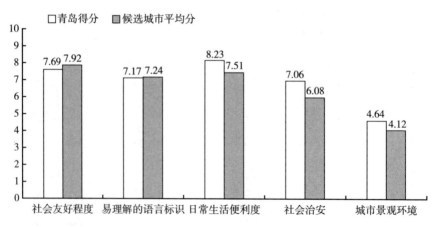

图 40 2021 年度"魅力中国城市"主题活动青岛社会环境部分二级指标得分情况

城市互评方面，青岛在气候环境舒适度、居民友善度、消费水平适宜度、城市风貌美观度方面的表现均得到了其他城市外籍人才的认可（见图41）。

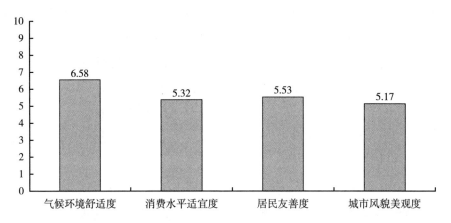

图41 2021年度"魅力中国城市"主题活动青岛城市互评部分二级指标得分情况

城市外向度方面，青岛经济外向度、高新技术企业数量方面均表现优秀；2021年发明专利授权数量为46609件，在候选城市中仅次于北京，排名第2；当年新增常住人口数量为15.10万人，在候选城市中排名第7；青岛全市瞪羚企业数量仅为59家，移动互联网宽带接入用户数量为464万户，在候选城市中排名均相对靠后。

青岛市排名前五、成绩瞩目，主要得益于近年来坚持创新发展，深化外籍人才政策和服务改革，提升对外籍人才的吸引力。在创新驱动发展方面，青岛市深入实施创新驱动发展战略，着力打造长江以北地区重要的国家科技创新基地，科技创新的支撑引领作用不断增强；培育优质创新创业生态，通过2021青岛创新节、第十届中国创新创业大赛（青岛赛区）暨2021青岛·全球创新创业大赛、首届全国颠覆性技术创新大赛领域赛、第六届中国创新挑战赛等高端活动赛事的举办，打造有影响力的创新创业活动品牌；出台了《青岛市离岸创新创业基地管理办法（试行）》，鼓励青岛市企业在青岛市域外建立离岸创新创业基地，就地集聚海外高层次人才、促进科技创新和成果转化，2021年认定首批4家离岸创新创业基地；聚焦人才创新创业需求，相继出台支持科技创新的"科创16条"、推动科技型企业发展壮大的"沃土计划"、支持涉海企业创新发展的"海创计划",通过科技创新政策、人才政策叠加组合,让人才充分享受政策红利。在外籍人才服务改革创新方面,青岛先后获批科技部外籍人才薪酬购付汇便利化试点、外国人在青工作管理服务试点、外籍高端人才签证审批权下放试点,在畅通外国人来华工作通道、提升外国人才服务便利度等方面试点突破,出台《外国人在青岛工作管理服务暂行办法》,惠及在青工作的5000余名外籍人才。

6. 广州:城市互评和城市外向度表现较好,适宜的消费水平和丰富的教育资源令外籍人才满意

自2010年以来,广州总排名多次进入前十,2021年排名第6。

从各一级指标来看,广州城市互评和城市外向度指标分列第5名和第7名;工作便利度排第32名;生活便利度排名显著提升,排第9名。

工作便利度方面,广州在培训机会、薪资待遇、升迁机会方面的得分低于候选城市平均分(见图42)。

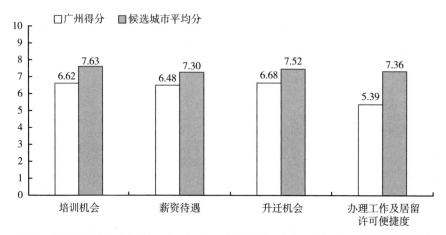

图42 2021年度"魅力中国城市"主题活动广州工作便利度部分二级指标得分情况

生活便利度方面,广州在休闲娱乐、医疗卫生、社区生活、交通出行、网络通信等方面都有不错的表现,在这些方面的得分都高于候选城市平均分。

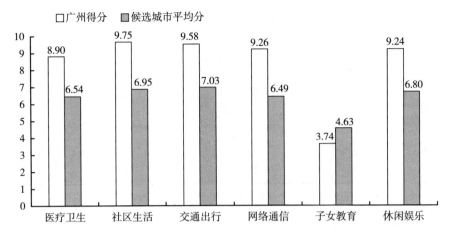

图43 2021年度"魅力中国城市"主题活动广州生活便利度部分二级指标得分情况

社会环境方面，广州日常生活便利度指标得分略高于候选城市平均分；社会治安、城市景观环境的得分略低于候选城市平均分（见图44）。

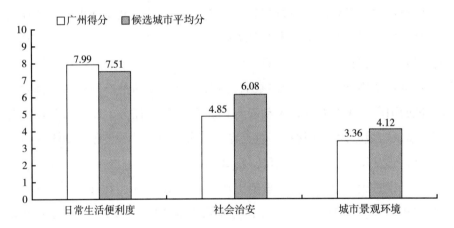

图44 2021年度"魅力中国城市"主题活动广州社会环境部分二级指标得分情况

城市互评方面，广州气候环境舒适度等方面得分表现优秀；与经济发展水平相宜的消费水平让外籍人才最为满意；当地居民对外籍人才亲切友善的态度令外籍人才印象深刻（见图45）。

城市外向度方面，2021年广州 R&D 投入占 GDP 比重指标表现优异；

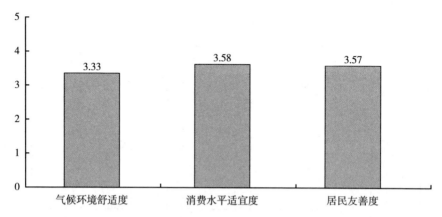

图 45　2021 年度"魅力中国城市"主题活动广州城市互评部分二级指标得分情况

城市高校数量为 82 所，排名第 3；独角兽企业数量为 16 家，排名第 5；瞪羚企业数量为 691 家，排名第 3；外商直接投资占 GDP 比重、移动互联网宽带接入用户数量则排名相对靠后。

广州魅力城市总排名持续保持全国领先，与科技创新强市建设战略部署、全方位多层次的外籍人才工作体系密不可分。在科技创新领域，广州进一步提升科技创新能级，实施重点领域研发计划，围绕重点产业领域"卡脖子"问题，推动高水平科技供给，高云半导体成功量产国内首款通过车规认证的国产 FPGA 芯片；主动参与国家重大创新任务，部省市联动实施"新型显示与战略性电子材料"重点专项，参与国家"科技创新 2030——重点新材料研发及应用"重大项目，获 2020 年度国家科学技术奖 22 项，占全省 61%；推进国家重点实验室重组工作，截至 2021 年，在穗国家、省重点实验室数量分别达 21 家、256 家，分别占全省 70%、60%；强化企业创新主体培育，出台推动高新技术企业高质量发展扶持办法，百亿、十亿级高新技术企业数量分别达到 20 家和 256 家；大湾区科学论坛获习近平总书记致贺信，吸引 130 多位世界顶尖科学家参会。在外专工作部署方面，以"三个坚持"全方位打造外籍专家友好环境。坚持用环境吸引人才，实施"广聚英才计划"，建设全国首个国际化人才特区和中新广州知识城国际人才自由港；坚持用事业培育人才，充分发挥重大创新平台引才聚才作用，新建院士专家工作站 11 个，获批 2 家国家海外人才离岸创新创业基地，海交会同步开展线上线下人才、项目对接，发布优质岗位超 1.3 万个；坚持用服务留住人才，落实大湾区境外高端人才个税补贴政策，支持外籍人才创办科技型企业享受国民待遇。

7.苏州：社会环境表现突出，便捷的城市交通和优良的网络通信环境为城市增添魅力

2011~2021 年，苏州魅力城市总排名都稳定在前 10，2019 年的第 10 名是其间最低排名，2020~2021 年排名回升，2021 年升至第 7 名。

从各一级指标来看，苏州社会环境、城市互评、城市外向度 3 个指标得分较 2020 年均有所上升，3 个指标排名均进入前 10，分列第 5 名、第 7 名和第 8 名；生活便利度排名较前一年小幅下跌，排第 11 名；工作便利度排第 19 名，较前一年排名下降，是未来重点改善方向。

工作便利度方面，苏州在办理工作及居留许可便捷度方面表现略优于候选城市平均水平；在工作压力、培训机会方面表现则逊于候选城市平均水平，后续需着重改善（见图 46）。

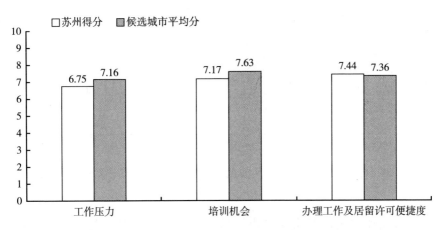

图 46　2021 年度"魅力中国城市"主题活动苏州工作便利度部分二级指标得分情况

生活便利度方面，苏州网络通信、休闲娱乐方面表现均显著优于候选城市平均水平；交通出行方面满意度最高（见图 47）。

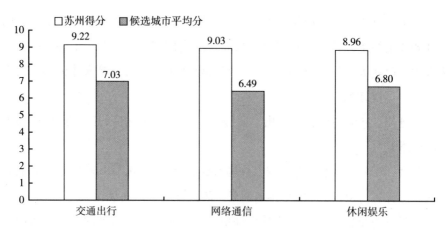

图 47　2021 年度"魅力中国城市"主题活动苏州生活便利度部分二级指标得分情况

　　社会环境方面，苏州整体表现优异，在日常生活便利度、城市交通、城市基础设施建设、文化多样性方面得分明显高于候选城市平均分（见图 48）。

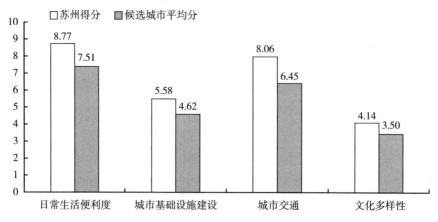

图 48　2021 年度"魅力中国城市"主题活动苏州社会环境部分二级指标得分情况

　　城市互评方面，苏州在城市风貌美观度、气候环境舒适度、居民友善度、消费水平适宜度等方面获得了全国外籍人才的高度评价（见图 49）。

　　城市外向度方面，2021 年苏州外商直接投资占 GDP 比重指标表现优

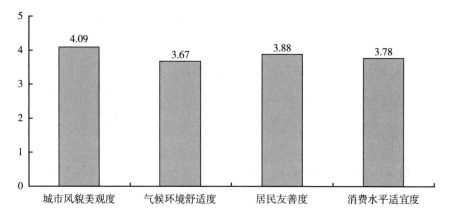

图 49　2021 年度"魅力中国城市"主题活动苏州城市互评部分二级指标得分情况

秀；R&D 投入占 GDP 比重为 3.8%，在所有候选城市中排名第 4；高新技术企业数量为 11165 家，在所有候选城市中排名第 5；经济外向度为 111.50%，在所有候选城市中排名第 6；友好城市数量、城市高校数量、当年新增常住人口数量方面，优势不突出。

苏州是"最强地级市"，入围榜单前 10 在意料之中，进一步凸显苏州在创新发展、外籍人才服务、社会治理等方面出色表现。苏州大力实施创新驱动和人才引领发展战略，大力集聚全球创新资源，推动全市创新发展水平向更高层级跃升。创新驱动方面，围绕数字经济和数字化发展，制定了《苏州市推进数字创新工作方案（2021—2023 年）》，推进国家新一代人工智能创新发展试验区、国家生物药技术创新中心、第三代半导体技术创新中心、姑苏实验室等高规格创新载体建设，启动"深时数字地球"国际大科学计划，落地全国首个先进技术成果长三角转化中心，推动建设 10 个国际创客育成中心，探索更便捷的全球创新资源利用通道。人才引领方面，坚持"请进来"与"走出去"相结合，持续拓展国际高端人才寻访渠道，依托全球 37 家海外人才合作组织，发挥好 11 个海外人才工作联络站的引才功能，定向联络海外精英人才；推进高端创新人才引育趋向更高层次，设立 11 家外国院士工作站、285 家外国专家工作室，探索"不求所有，但求所用"的引智方式，吸引全球人才共同参与重大科研项目攻关，"海鸥计划"累计支持 1291 个项目涉及的 1666 名海外人才；举办"赢在苏州·创赢未来"国际创客大赛、"双创天堂"苏州科技创新创业大赛等活动，探索"以赛代评"新机制；持续优化外国人才服务环境，在全省率先设立外国高端人才工作许可、居留许可办理专窗，提高外国人才来华许可审批效率，确保外国优秀人才引得进、留得住、用得好。

8.南京：生活便利度较高，高质量公共服务和休闲娱乐环境塑造高品质城市生活

南京魅力城市总排名存在波动，2014 年和 2015 年排名第 17，2016 年及以后保持在第 10 名左右，2021 年进一步上升至第 8 名。

从各一级指标来看，南京社会环境指标得分排名较 2020 年明显上升，排第 11 名；生活便利度和城市互评指标得分排名小幅提升，分列第 7 名和第 11 名；城市外向度和工作便利度两个指标得分排名小幅下跌，2021 年分别排第 14 名和第 9 名。

工作便利度方面，南京在劳动保护、升迁机会方面表现较好，指标得分略高于候选城市平均分；科研工作满意度指标得分则略低于候选城市平均分（见图 50）。

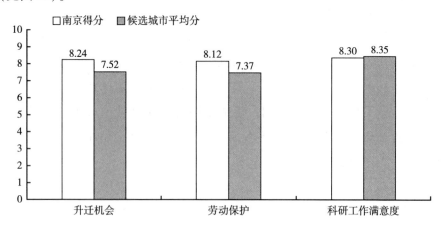

图50 2021 年度"魅力中国城市"主题活动南京工作便利度部分二级指标得分情况

生活便利度方面，南京在休闲娱乐、医疗卫生、网络通信方面表现均处于所有候选城市前列，得分大幅高于候选城市平均分；子女教育方面获得了较高分数，受访外籍人才对子女教育满意度高（见图51）。

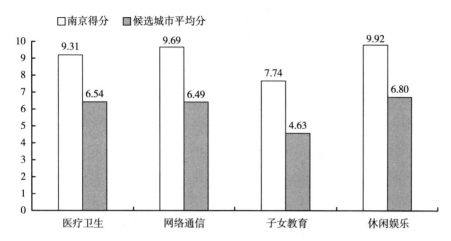

图51 2021年度"魅力中国城市"主题活动南京生活便利度部分二级指标得分情况

社会环境方面，南京在日常生活便利度、社会治安、城市基础设施建设方面均有良好表现；城市景观环境、尊重外籍人才宗教信仰和文化习俗、文化多样性方面表现则略逊于候选城市平均水平（见图52）。

城市互评方面，南京居民友善度和消费水平适宜度得到了其他城市外籍人员的广泛好评；商旅设施完善度、休闲娱乐氛围、科技创新活跃度表现仍需改善（见图53）。

城市外向度方面，2021年南京的友好城市数量为99个，在候选城市中排名第1；独角兽企业数量为16家，在所有候选城市中排名第6；瞪羚企业数量、移动互联网宽带接入用户数量、R&D投入占GDP比重等指标表现欠佳。

南京排名小幅上升，得益于其持续强化外国人才引进和服务，加大力度建设国际创新载体。在创新海外引智工作方面，量身定制出台紫金山英才先锋计划外国人才项目，支持创新主体引进外国高端人才和专业人才，赋予引才单位更大人才举荐权，并兼顾对非共识性人才的支持。在国际创新平台建

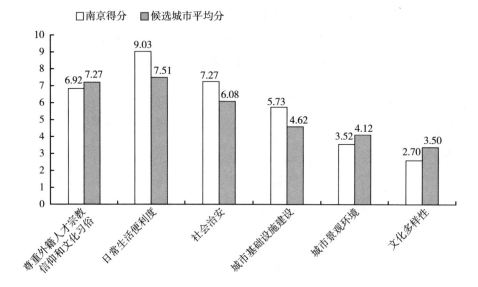

图52　2021年度"魅力中国城市"主题活动南京社会环境部分二级指标得分情况

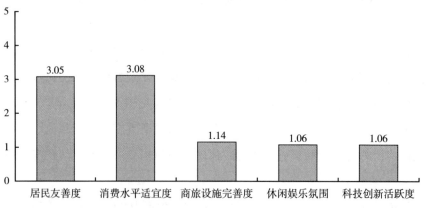

图53　2021年度"魅力中国城市"主题活动南京城市互评部分二级指标得分情况

设方面，与24个国家进一步稳定科技合作关系，累计设立了31个海外协同创新中心，累计支持58家国内外科研机构、知名跨国公司在宁建设高端研发机构，建有43家企业海外研发机构，中俄、中奥创新合作中心在宁落地建设，实体化运作剑桥大学、马德里理工大学南京创新中心，积极打造"类海外"环境，建设4条"海智湾"国际人才街区。在优化外籍人才便利服务举措方面，不断拓展外国人来华工作许可制度便利化等举措，提升外国人才获得感和认同感，指导开展针对外国人及其聘用单位的信用管理工作试点，布局增设2家外国人来华工作许可受理点，促进两证并联办理，通过窗口整合、流程再造，实现外国人来华工作许可、工作类居留许可并联办理；立足供需配置，开展国际人才（技术）供需对接系列活动，已有近70家在宁企业、210余名来自20多个国家的外国人才参加，并试点成立了全省首家外籍留学生见习（实习）工作站，进站企业达60家。

9. 武汉：工作便利度、生活便利度、社会环境和城市外向度表现均较好，便捷的科研工作环境和社区生活吸引人才集聚

自参评以来，武汉魅力城市总排名波动较大，2015年后呈现一定程度的上升，2021年提升至第9名。

从各一级指标来看，武汉生活便利度指标排名明显提升，2021年上升到第4名；工作便利度与社会环境分列第6名和第7名，排名相较前一年均有一定幅度上升；城市外向度排第6名，与前一年持平；城市互评连续两年未进入榜单前20，2021年排第21名，后续应注重提高城市知名度与影响力。

工作便利度方面，武汉在升迁机会、培训机会、科研工作满意度上均有优秀表现，得分均超出候选城市平均分（见图54）。

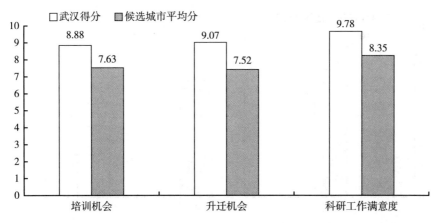

图54 2021年度"魅力中国城市"主题活动武汉工作便利度部分二级指标得分情况

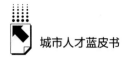

生活便利度方面，武汉医疗卫生、社区生活、网络通信方面表现优秀，得分大幅高于候选城市平均分；子女教育指标得分超出候选城市平均分最多（见图 55）。

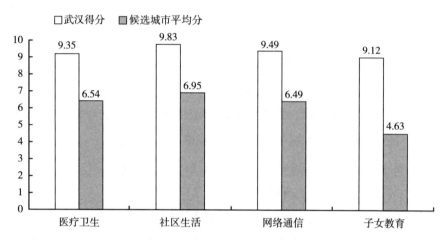

图 55　2021 年度"魅力中国城市"主题活动武汉生活便利度部分二级指标得分情况

社会环境方面，武汉日常生活便利度、文化多样性指标得分表现较为良好，领先候选城市平均水平；城市交通方面得分略低于候选城市平均分，后续需重点关注（见图 56）。

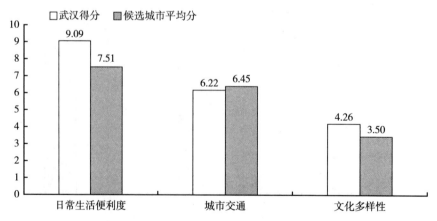

图 56　2021 年度"魅力中国城市"主题活动武汉社会环境部分二级指标得分情况

城市互评方面，武汉在交流语言顺畅度、城市风貌美观度、商旅设施完善度等方面的表现需重点关注和提升（见图57）。

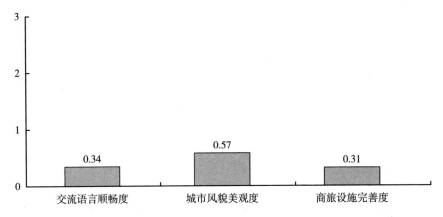

图57　2021年度"魅力中国城市"主题活动武汉城市互评部分二级指标得分情况

城市外向度方面，武汉当年新增常住人口数量为120.12万人，在候选城市中排名第1；瞪羚企业数量为1129家，城市高校数量为83所，均仅次于北京，排名第2；高新技术企业数量、R&D投入占GDP比重排名靠后，后续亟待改善。

武汉始终坚持以人才为核心，从平台建设、项目支持、改革激励、环境和服务优化等多方面改善人才发展环境。一是依托平台集聚人才，2021年高水平创新平台建设取得重大进展，东湖科学城建设全面启动，脉冲强磁场实验装置优化提升等3项重大科技基础设施项目列入国家"十四五"专项规划，高端生物医学成像获省发改委批复；7家湖北实验室顺利组建，进入实体运行阶段；以这些平台为载体，集聚了全市包括81名院士在内的几乎全部的战略科技人才、科技领军人才和创新团队。二是实施项目培养人才，武汉不断改革优化科技计划布局和组织实施机制，积极支持科技创新人才和团队的培养、引进和使用，通过"揭榜挂帅"方式组织实施科技重大专项，单个项目支持资金最高达3000万元，鼓励科研人才投身重大专项技术攻关。三是深化改革激励人才，加大顶层设计和改革力度，探索形成"高位推进"的组织架构、四位一体的工作格局，开展线上线下对接活动，构建精准施策的支持体系；进一步改革项目经费管理制度，实施经费使用"包干制+负面清单"、项目验收"备案制"改革。四是优化环境和服务留住人才，深入实施"武汉英才"计划和"学子留汉"工程，构筑了"众创空间+孵化器+加速器"的完整孵化链条，串联起人才、平台、资金、产业、园区等创新要素；全面落实外国人来华工作许可制度，创新推出了全程网办、电子印章、容缺受理、在线快递等综合措施，实现了外国人来华工作许可的"不见面"审批；目前武汉外国人来华工作许可平均办理时限为2.8个工作日，无论是环节、时限、材料还是企业跑动次数均处于全国领先水平。

10. 成都：城市互评和城市外向度表现优异，适宜的物价水平和良好的休闲娱乐氛围吸引外籍人才来蓉

2010~2016年，成都排名维持在第15名左右，2017年及之后，排名维持在第10名左右，2021年排第10名。

从各一级指标来看，成都城市互评、城市外向度指标排名跌幅较小，2021年分别排第8名和第9名；工作便利度、社会环境指标排名跌幅较大，2021年排名分别下降至第27名和第21名；生活便利度指标虽然较前一年排名有所上升，但连续两年未能进入该榜单前20名，后续需重点关注。

工作便利度方面，成都表现不佳，在工作压力、培训机会、劳动保护、办理工作及居留许可便捷度方面得分低于候选城市平均分（见图58）。

生活便利度方面，成都在休闲娱乐、物价水平、交通出行方面有着良好的表现，受访外国专家对成都休闲娱乐与物价水平两个指标的满意度高；文化包容度方面，成都表现略微不如候选城市平均水平，后续仍需加强相关方面建设（见图59）。

社会环境方面，成都在日常生活便利度、城市基础设施建设方面的得分高于候选城市平均分；社会治安、城市景观环境方面表现则不如候选城市平均水平（见图60）。

城市互评方面，成都在居民友善度、消费水平适宜度方面有良好表现；

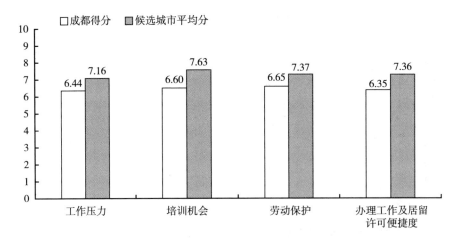

图 58　2021 年度"魅力中国城市"主题活动成都工作便利度部分二级指标得分情况

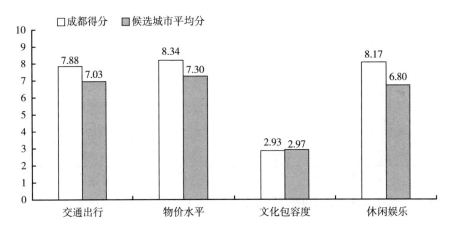

图 59　2021 年度"魅力中国城市"主题活动成都生活便利度部分二级指标得分情况

交流语言顺畅度与科技创新活跃度两个指标表现欠佳,后续需重点关注(见图 61)。

　　城市外向度方面,2021 年成都当年新增常住人口数量为 24.50 万人,在候选城市中排名第 2;城市高校数量为 65 所,在候选城市中排名第 5;高新技术企业数量为 7821 家,在候选城市中排名第 7;友好城市数量和移动互联网宽带接入用户数量方面表现相对较弱。

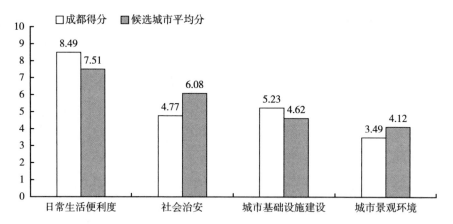

图60 2021年度"魅力中国城市"主题活动成都社会环境部分二级指标得分情况

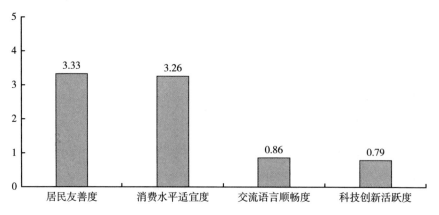

图61 2021年度"魅力中国城市"主题活动成都城市互评部分二级指标得分情况

"天府之国"成都2021年再次挺进前10，反映了外籍人才对闲适宜居、民风淳朴、开放包容城市的向往，也显示了成都科研创新、引才引智方面的工作成效。创新发展方面，2021年，成都深入实施创新驱动发展战略，着力夯实创新基础、壮大创新主体、完善创新链条、构建创新生态；西部（成都）科学城、天府实验室等高能级创新平台体系加快构建，成都超算中心成为西部地区首个国家超算中心，国家川藏铁路技术创新中心正式揭牌，成为西部地区第一个国家技术创新中心；新增国家级创新平台5个、产学研联合实验室8家，新引进新型研发机构22家，实施关键核心技术攻关重点研发项目 100 余个。外专工作方面，成都大力实施各类引才引智项目资助，支持和鼓励用人单位引进"高精尖缺"外国人才；组织开展第十九届中国国际人才交流大会、外国专家成都行活动、外国专家座谈会、2021 成都外籍人才招聘会、2021 成都国际创新创业大赛（日本站/韩国站）等活动，加快打造外国高端人才智力聚集高地；累计实施各类外国人才智力项目 51 个，资助总额 1227 万元；开通海外人才交流洽谈线上服务平台，发布人才和项目需求，提供线上招引服务，进一步为成都创新发展引聚全球智力资源。

（二）2021年度"魅力中国——外籍人才眼中最具潜力的中国城市"

2021 年度"魅力中国城市"主题活动调查测评结果的第 11～20 名为 2021 年度"魅力中国——外籍人才眼中最具潜力的中国城市"：西安、济南、重庆、昆明、天津、无锡、烟台、合肥、长沙、厦门。从地理区位来看，总榜单第 11～20 名的 10 个城市中内陆城市较多，仅天津、厦门、烟台为临海城市。从城市线级来看，均为新一线或二线城市，新一线城市有西安、重庆、天津、长沙，二线城市有合肥、厦门、济南、昆明、烟台、无锡。从科技创新活力来看，合肥、西安、重庆等中西部新经济活力高地和科技创新型城市均位列其中。从支撑国家开放战略来看，西安、合肥、天津、厦门、长沙、重庆、烟台等 7 个城市均属于"一带一路"节点城市。综合考虑城市区域特性和总榜单排名变动趋势，本部分选择西安、重庆、天津、合肥、厦门 5 个城市做详细分析。

1. 西安：对外友好交流合作成果显著，当年新增常住人口数量名列前茅

西安在 2021 年总榜单上排名第 11，而 2020 年排名第 5。

从各一级指标来看，西安工作便利度排名第 12，城市互评排名第 17，二者较前一年下滑；生活便利度排名上升，从 2020 年第 20 名提升到前 15 名；城市外向度排名较前一年小幅上升 3 名至第 5 名；社会环境指标在 5 项一级指标中排名靠后，后续需着重关注。

在排名最高的城市外向度方面，西安友好城市数量为 64 个，在候选城市中排名第 5；当年新增常住人口数量为 20.30 万人，在候选城市中排名第

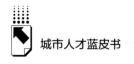

4；瞪羚企业数量为 217 家，在候选城市中排名第 10。

在社会环境方面，西安在社会友好程度、易理解的语言标识、城市交通方面得分高于候选城市平均分；城市景观环境、城市基础设施建设指标得分低于候选城市平均分；除此之外，空气质量问题未来也需重点关注。

西安领跑年度"魅力中国——外籍人才眼中最具潜力的中国城市"，体现了西安外向型、创新型经济发展以及外籍人才工作方面的不断进步。在构建国际科技合作平台方面，作为古丝绸之路起点，西安着眼打造丝路科创中心等目标，建设出一批面向"一带一路"共建国家的国际科技合作平台，促成陕西师范大学和陕西地矿科技产业股份有限公司与吉尔吉斯斯坦国立农业大学联合建立了"中吉药物开发国际联合实验室"。2021 年新认定 30 家"西安市国际科技合作基地"，基地总数达到 74 家；与新加坡、以色列、德国境外机构建立了西安海外科技交流合作工作站等，形成了海外高端人才来西安发展的便捷通道。在精准引才引智方面，围绕构建全市"6+5+6+1"现代产业体系，提升西安"硬科技"城市品牌，打造"精品引智工程"，实施"国家外国专家项目"及"西安市海外高层次人才引智项目"。2021 年，共获批科技部高端外国专家项目 12 个、专项引智项目 10 个，争取经费 1904 万元，较上一年度增加 71.3%，连续多年位居副省级城市第一；通过实施"西安英才计划"等市级重点人才工程，遴选资助 115 个高层次人才及团队项目，立项支持 84 个海外高层次人才项目。在深化外籍专家特色服务方面，西安在市本级和 5 个新城设立外国人来华工作许可"1+5+5"窗口，率先实行"绿色通道""容缺受理""告知+承诺"服务，成为全国第一个外国人来华工作许可"证件延期、变更业务"一次都不用跑的城市。

2.重庆：城市交通条件良好，对外籍人员友善度高

重庆在 2021 年总榜单上排名第 13。

从各一级指标来看，重庆社会环境排名全国第 6，进步明显且领先于大多数内陆城市；城市互评排名亦实现 3 名的小幅上涨，达到第 16 名；城市

外向度排名跌至第 11 名；工作便利度与生活便利度分别排第 22 名和第 24 名，后续需重点关注。

在排名最高的社会环境方面，超过六成的外籍人才对重庆的城市交通表示满意，重庆的社会友好程度则得到了几乎全部受访外籍人才的认可，日常生活便利度、城市基础设施建设方面得分则略低于候选城市平均分。

在排名最低的生活便利度方面，重庆在社区生活、交通出行、网络通信方面表现优于候选城市平均水平；子女教育这一指标的评分则大幅落后候选城市平均分，仅有不到半数受访外籍人才对此表示满意；休闲娱乐、医疗卫生方面也表现欠佳。

重庆 2021 年魅力城市总排名实现跃升，体现出重庆在引才、科研平台打造以及交通环境优化方面的政策和举措取得突出成效。出台高质量引才政策，重庆出台"为科技工作者办实事 20 条"，扩大科技人才支持"一事一议"政策试点范围，实施博士"直通车"、博士后定额资助科研项目，设立重庆市海外引才引智项目。建设高水平科研平台，2021 年，重庆市打造创新平台迈出新步伐，提速打造西部（重庆）科学城、两江协同创新区、广阳湾智创生态城，布局建设"4+11"高新技术产业开发区，加快建设重庆国际生物城、荣昌畜牧科技城，加速建设超瞬态实验装置、长江上游种质创制大科学中心、中国自然人群生物资源库、长江模拟器、分布式雷达验证试验场等科技基础设施，集聚高新技术产业研究院、国际免疫研究院、国际体外诊断研究院等一批大机构、大平台、大团队，实现重庆科技创新的格局性重大变化。重视改善城市交通环境，重庆因其特殊的地形地势素有"山城"之称，然而重庆市积极克服地形地势的不利因素，在《重庆市综合交通运输"十四五"规划（2021—2025 年）》中明确加快建设"行千里、致广大"的交通强市方针，稳步推进的交通设施投资建设推动重庆取得难能可贵的城市交通良好评价。

3. 天津：社区生活总体满意度高，网络通信条件良好

天津在 2021 年总榜单上排名第 15，相较 2020 年排名第 14，排位小幅

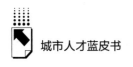

下降 1 名。

从各一级指标来看，天津生活便利度与城市互评排名各实现 2 名的小幅上涨，分别排第 10 名和第 18 名；城市外向度排名则有小幅下滑，由第 9 名跌至第 10 名；工作便利度与社会环境排名分别跌落至第 24 名和第 32 名，下滑较为明显，属于后续需重点改善维度。

在排名最高指标之一的生活便利度方面，外籍人才对天津的网络通信与交通出行两个方面的表现给予了高度评价。

在排名最低的社会环境方面，天津在城市交通、城市景观环境、文化多样性方面的表现显著逊于候选城市平均水准，仅有不足三成的外籍人才认为天津的城市交通与城市景观环境优于他们生活过的国外城市，对天津的空气质量与环境卫生满意度相对较低，后续需要加以改善。

天津是外籍人才"耳熟能详"的老牌魅力中国城市，2021 年，天津市持续发力，进一步推进人才引育与科技创新工作的深度融合。一是聚焦"四个面向"①，切实利用重大创新平台引聚人才，着力打造新一代超级计算机系统、国家合成生物技术创新中心、组分中药国家重点实验室、国家应用数学中心等一批国家战略科技力量，深入推进"海河实验室""细胞谷""信创谷"等创新载体建设，依托重大创新平台，面向全球发布人才政策、引才需求，实施"以才荐才"。二是聚焦放权松绑，持续深化体制机制改革，激发创新活力，坚持将深化人才发展体制机制改革作为促进科技人才队伍建设的重中之重，不断向用人主体放权，为创新人才松绑，为人才创新赋能。先后出台《关于深化体制机制改革释放科技人员创新活力的意见》《关于实行以增加知识价值为导向分配政策的实施意见》《关于优化科研管理提升科研绩效若干措施》等系列政策文件，面向用人主体和创新人才充分下放项目自主立项权、技术路线决定权、财政经费支配权、成果收益分配权等权利，科研机构和科研人才创新活力得到充分激发。

①　"四个面向"，即面向世界科技前沿、面向经济主战场、面向国家重大需求、面向人民生命健康。

4. 合肥：企业创新活力大，教育资源丰富

合肥在 2021 年总榜单上排名第 18，相较 2020 年排名第 19，排位提升 1 名。

从各一级指标来看，合肥工作便利度、社会环境、城市外向度、城市互评排名均有所提升，分别为第 16 名、第 18 名、第 15 名和第 20 名；生活便利度排名有所下降，为第 16 名。

在排名最高的城市外向度方面，合肥瞪羚企业数量为 260 家，在所有候选城市中排名第 8；城市高校数量为 52 所，在所有候选城市中排名第 11。

在排名最低的城市互评方面，合肥在城市知名度、气候环境舒适度、休闲娱乐氛围、城市风貌美观度、商旅设施完善度方面表现欠佳，后续亟须改进。

合肥凭借其在科创方面的实力成为魅力中国城市的后起之秀。2021 年，合肥勇当科技创新和产业创新的开路先锋，科研创新和引才引智工作不断取得新进展。科研创新方面，合肥在科研力量、创新大军、科研成果和创新生态圈建设方面都取得醒目成绩：战略科技力量集聚态势显著，先后获批系统推进全面创新改革试验、国家自主创新示范区、国家科技成果转移转化示范区等"国字号"试点示范，是四大综合性国家科学中心之一；企业创新"主力军"增长速度令人瞩目，合肥突出"科创+产业"模式，聚焦"芯屏汽合""集终生智"大力发展新兴产业，新型显示器件、集成电路、人工智能三大产业入选国家战略性新兴产业集群，智能语音产业进入国家先进制造业集群；加大成果转化全链条建设力度，打造覆盖科技成果转化全链条的政策支持体系和项目攻关体系，吸纳输出技术合同交易总额迈上 800 亿元新台阶；激发创新生态圈发展活力，出台《合肥市科技创新条例》，以法治保障科技创新，举办中国（安徽）科交会、量子产业大会、"三创"大赛，支持创新氛围日益浓厚。引才引智工作方面，合肥市组建市科创集团、市人才集团，优化"一站式"服务体系；积极推进外国人来华工作许可办理服务工作，启动全省首个"外国人工作、居留单一窗口"；为科技人才举办免费高级研修班，举办外国专家喜迎新年联谊会等活动。

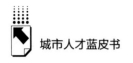

5. 厦门：气候条件良好，城市风貌美观

厦门在 2021 年总榜单上排名第 20，相较 2020 年排名第 25，排位小幅上升 5 名。

从各一级指标来看，厦门生活便利度排名相对 2020 年小幅上升至第 17 名；城市互评排第 12 名；城市外向度排第 23 名；工作便利度排第 34 名；社会环境排第 31 名。

在排名最高的城市互评方面，厦门在城市风貌美观度与气候环境舒适度方面得分相对较高，科技创新活跃度、交流语言顺畅度的表现则不尽如人意。

在工作便利度方面，厦门在薪资待遇、劳动保护、人际关系得分低于候选城市平均分，有约三成的受访外籍人才认为办理工作及居留许可便捷度较以前有所提升，有约半数的外籍人才对企业提供的培训机会给予积极评价。

在外籍人才眼中，厦门天然的环境气候优势为其增色不少，一直在魅力中国城市榜上有名，2021 年，厦门持续优化城市生态文明，创新、优化外籍人才引进机制和服务管理举措。生态文明建设方面，厦门市素有"海上花园"的美称，这离不开厦门得天独厚的自然区位，更离不开厦门市政府和居民数十载的经营，厦门市近年来先后出台《厦门经济特区生态文明建设条例》等 30 余部与生态环境建设和资源保护有关的法规规章，坚持生态优先、绿色发展，高标准建设国家生态文明试验区，持续打造"在花园里盛开的城市"。外籍人才工作方面，厦门市科技局与公安局、人社局、火炬管委会等部门密切配合，不断改革创新外籍人才工作机制：一是创设"一站式"联动服务平台，设立全国首个"外国人才服务站"和"移民事务服务站"二合一的联动服务平台，为近 500 名外籍人才办理工作、居留手续，举办政策解读、业务咨询、文化沙龙等 45 场主题活动；二是创新"一人一报告"评价机制，首次引入大数据平台机构参与评定，构建人才—企业—技术—产业关系图谱，目前已认定 19 位外籍人才，其中具备初级、中级专业技术水平的可分别申请有效期 1 年内和 3 年内的来华工作许可（B 类）；

三是创优"一流服务"打造温馨家园，联合中外志愿者编写《外籍人才来厦工作生活指导手册》、积极落实外籍人才薪酬购付汇便利化试点工作；四是组建国内首支外籍科技特派员队伍，通过技术咨询、项目对接、联合攻关等方式，使外籍人才成为助推企业技术创新、成果转化和产业发展的"智囊团"。

五 外籍人才重点关切情况分析

在2021年度城市测评活动中，除通过客观选择题让外籍人才对城市进行评价打分外，还设置了开放填答题让外籍人才就在华生活、发展中的问题进行反馈。从外籍人才反馈意见内容看，主要有政务、公共服务、生活和社会服务、工作与创业、城市建设五个重点关注方面。

（一）政务

我国高度重视外籍人才来华、留华的政务体系建设工作，针对外籍人才的政务管理和服务工作不断改进。目前，外籍人才来华工作需申请工作签证，有效期为3个月，外国高层次人才和急需紧缺专门人才①可申请人才签证，该签证实现了最长有效期（10年）、最长停留期（每次不超过180天）、最短审发时间（申请次日即可颁发）、最优惠待遇（"零费用"办理）的四个"最"。外籍人才持工作签证入境后，需在期限内申请工作许可和居留许可，目前各地存在外国人居留许可与工作许可衔接不足、办理流程仍偏复杂、签发期限偏短等问题。根据我国法律规定，对中国经济社会发展做出突出贡献或者符合其他在中国境内永久居留条件的外国人，可以申请在中国永久居留，除政治权利和法律法规规定不可享有的特定权利和义务外，持有外国人永久居留身份证的外籍人员，原则上和中国公民享有相同权利，承担

---

① 《外国人才签证制度实施办法》第四条规定："申请R字签证的外国人，应当符合《外国人来华工作分类标准（试行）》中外国高端人才（A类）标准条件。"

相同义务①。

外籍人才来华首先面临的签证、工作许可、居留许可等来华手续问题，以及永居、身份证件等政务问题，是 2021 年调查中外籍人才首要关注的方面。

1. 签证期限短，留学生签证使用面较窄

根据 2021 年调查，外籍人才高度关注来华签证问题。外籍人才提出希望尽快出台长期签证，参与调查的外籍人才普遍反映工作签证时限较短，这对于长期在华工作生活的外国人来说比较麻烦，提出"希望能延长工作签证的有效期"。签证办理流程较多，外籍人才表示，"入境工作许可、邀请函、签证发放的流程及资料应适当简化"，同时也抱怨道，"为了办工作签证，外国人工作时间和精力必须比本地人多两三倍，有时候太累了"。部分在华留学生提出希望签证能够同时允许在华工作和学习，或设立新的签证类型，允许留学生勤工俭学。

2. 工作、居留许可期限短，两证分离导致办证不便

根据 2021 年调查，外籍人才希望能够加快居留许可审批流程和延长工作许可年限，认为当前工作、居留许可程序较为复杂，文件材料要求较多，提出"入境工作许可、邀请函、签证发放的流程及资料应适当简化"，同时增加许可年限，为长期在华工作的人才办理长期工作和居留许可。证件办理的灵活性不足，部分高端外籍人才面临年龄过大、学历不达标、工作经历和受聘岗位不匹配等方面的限制而在工作、居留许可办理上遇到阻碍。外籍人才提出希望推行"两证合一"，表示现在工作、居留许可每两年更新一次，比之前的一年一次要便利一些，但居留许可与工作许可期限不匹配依然为他们带来频繁办证等不便，如果居留和工作许可办理合一将会大大提高在华工作的外籍人才证件办理效率。外籍人才建议加大政策解读与宣传力度，保持政策稳定性，许多外籍人才指出工作、居留许可办理的相关政策变化频繁，

① 包括在中国居留期限不受限制，可免签入境，加入或恢复中国国籍简化手续并加快办理；来华免办工作许可，永居证可作为身份证件使用；其配偶及直系亲属可按有关规定申请办理相应签证、居留证件。

稳定性有所欠缺，且政策通知不及时、不到位，引导性不足，导致外籍人才经常无意间违反相关规定而被罚款，造成经济损失。

3. 永久居留办理条件较高，且永居待遇落实不足

根据 2021 年调查，部分外籍人才认为在华永居办理条件较高且办理流程复杂，希望简化相关流程，缩短审核时间，对长期居留中国的人员放宽永居条件。外籍人才还反映在华永居待遇落实不足，永居证与中国公民二代身份证在使用上还有较大区别，普遍反映永居证在很多地方不能完全作为身份证件使用，如一些医疗场所、办理住宿、办理社保、缴税、绑定银行卡等方面，永居证与中国公民二代身份证编号不一致导致了一些操作使用上的不便。外籍人才提出希望进一步统一各地永居办理流程，如有外籍人才提出，"希望当地外国人政策能与一线城市接轨，能更方便办理永久居留许可"。外籍人才还表示希望获得更多永居办理相关的政策培训，绝大部分外籍人才对办理中国永居的政策和流程不了解、不熟悉，需要相关部门和单位组织更多政策宣讲，提供办理指引。此外，华裔、配偶是中国公民的外籍人才群体希望能够在申请永居时获得更多便利政策。

4. 护照等证件的使用便利度有待提高

根据 2021 年调查，外籍人才普遍反映，由于证件制式不同、终端服务器不匹配，目前所持身份证件（包括个人护照、永久居留身份证、外国人工作许可证等）无法便利地在各个系统上进行个人事务自助办理，如在政务系统、税务系统、医疗系统、社保系统上，外籍人才多数情况下无法线上办理业务、查询信息，在各类证件办理、医院挂号、乘坐高铁、手机 App 注册登记等事务方面均存在一定不便。"各种政府部门 App 不以护照为证件，高铁不能用护照自助买票""办理相关证件或者业务时的系统能完善一些"等反馈均反映了外籍人才切实遇到的由于证件问题而产生的不便利，外籍人才表示希望将外籍人员信息纳入各信息化系统，提高个人护照、绿卡、外国人工作许可证等证件使用便利度。

5. 外国专家政务服务体系有待便利化

根据 2021 年调查，外籍人才希望建立同政府之间的自上而下或自下而

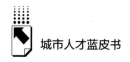

上的直接交流渠道，更多地与政府进行交流，及时、高效地反映和解决诉求。外籍人才期待建立针对性政策信息支持体系，使政策通知更加及时、到位和清晰明了，如创立针对外籍人才的政策政务平台、开发更多政策发布的公众号、提供政策英文指南等。

（二）公共服务

社会保险、医疗以及子女教育是关系外籍人才在华生活质量的重要方面，我国通过立法、政策制定等保障外籍人才在华享受基础公共服务。根据我国相关法律法规规章①，社会保险方面，在中国境内就业的外国人应当依法参加职工养老、医疗、工伤、失业和生育保险，由用人单位和本人按照规定统一缴纳社会保险费，依法享受社会保险待遇；就医服务方面，《中外合资、合作医疗机构管理暂行办法》《关于深化"放管服"改革激发医疗领域投资活力的通知》等政策文件相继出台，放宽外国医疗机构、公司、企业和其他经济组织在中国境内以合资或者合作形式设立医疗机构的限制，为丰富国际化医疗资源提供便利。此外，国家卫生健康委员会指导各地有序深化医疗领域对外开放，优化审批流程，缩短审批时间，引进国际先进的管理模式和医学技术设备，提升各地医疗水平，满足外籍人才多层次差异化的医疗需求。子女教育方面②，我国外籍人才子女就学管理基本采取属地化政策，外籍人才可为其未成年子女选择就读外籍人员子女学校、本地公办和民办学校。

2021年调查中，公共服务领域外籍人才诉求主要集中在提高社保外国专家适用性、改善外籍人才就医服务体验以及进一步改善外籍人才子女教育环境等方面。

1. 社保适用性不足，医疗服务有待优化

根据2021年调查，外国专家提出希望建立适合外国人的、更加灵活的

---

① 《中华人民共和国社会保险法》《在中国境内就业的外国人参加社会保险暂行办法》《关于做好在我国境内就业的外国人参加社会保险工作有关问题的通知》。
② 《教育部关于做好外籍人员子女学校有关工作的意见》《学校招收和培养国际学生管理办法》。

社会保险体系，外籍人才认为现在缴纳的社会保险对外国人不是很友好，费用高且保障内容不是很适合他们，如养老保险提取或一次性缴存受限、享受失业保险不符合实际、享受生育津贴存在障碍等。外籍人才希望能够加大社保相关法律法规和政策的宣讲力度，提到"多做一些关于社保、医疗保险及养老保险方面的讲座，因为针对外国人的政策可能跟中国公民的政策不同，需要让外国工作者了解一下"。部分外籍人才也提出希望健全人才家属相应的社会保险制度。

就医问题也是外籍人才在华工作生活的一大难题，"提高对外籍人员医疗的关注度，提供可能的便利""提供更加便捷的公共医疗服务"等反馈是外国专家的心声，同时国际化医疗费用昂贵、国际医院和国际化医疗资源不够丰富、就诊存在语言障碍、异地就医难等问题都限制了外籍人才在华就医。外籍人才表示外国人医疗保险处理困难且同中国公民待遇有所区别，如有些医院无法读取外国人的医保卡，医生无法在社保系统上为外国人开药，导致外籍人才无法正常就诊和享受医保服务。一些外籍人才甚至表示自己没有任何医疗保险，公司在为外籍人才办理医保时以外国人无法办理为由推诿拒绝，"积极解决外籍人士的医疗保险问题，不断完善面向外籍人士的医疗服务"是外籍人才在医疗方面的主要诉求。

2. 期待进一步提高外籍人才子女教育质量，推进外籍人才子女教育优惠政策实施

根据 2021 年调查，外籍人才希望进一步改善外籍人员子女教育环境，认为目前私立学校质量参差不齐，公立学校国际化教育水平总体偏低，国内针对外籍人才子女教育的资源不够丰富，子女教育选择不够多样化。同时，提高外籍人才子女教育优惠程度，帮助解决外籍人才子女公立学校入学难的问题，切实落实普惠性外籍人才子女入读公办学校政策举措，规范国际学校的设立与管理，降低国际学校学费等。

（三）生活和社会服务

我国针对外籍人才的生活和社会服务涵盖方方面面，特色服务举措遍地开花，但服务水平存在区域差异。生活和社会服务涉及外籍人才衣食住行的方方面面，对吸引外籍人才来到城市发展至关重要，中央机关单位以及各地方政府纷纷出台多样化的外籍人才服务政策举措来招引人才。住房方面，根据住建部等六部门发布的文件①，在中国境内工作、学习的境外个人，可以购买符合实际需要的自用、自住商品房，持永久居留身份证的外国人，可在工作地缴存和使用住房公积金②。金融方面，2021年3月，国家外汇管理局发布通知，采取"免于审核重复性材料"等措施，进一步明确和优化在华工作境外个人薪酬购汇手续。2020年，北京、上海、广西等7个省份开展外籍人才薪酬购付汇便利化试点工作。

2021年调查中，生活和社会服务领域外籍人才诉求主要集中在期待租房更加便利化、金融服务更加专业化、文化氛围更加多元化以及社会融合更加深入化等方面。

1. 希望租房更加便利、购房更加容易

根据2021年调查，部分外籍人才面临住房难问题，一些外籍人才的受雇单位没有向外籍人才提供住房，一些外籍人才在自己购房、租房方面面临许多障碍和问题。具体来看，购房方面，针对外籍人才购房条件高、房价高、难以申请购房贷款，外籍人才希望出台"相对宽松的购房政策"；租房方面，较多外籍人才反映有无良中介、不良房东、不透明价格、区别待遇等不利因素给他们租房造成困扰，希望"完善一些租房政策，避免外国人在找房子的时候被骗或遇到故意抬高价格的房东与无良中介"。外籍人才希望能够有更多住房补贴支持，在租房方面希望得到更多帮助，提到"希望早日解决

---

① 《关于规范房地产市场外资准入和管理的意见》，中国政府网，2006年7月26日，https：//www.gov.cn/zwgk/2006-07/26/content_ 346103. htm；《住房城乡建设部等部门关于调整房地产市场外资准入和管理有关政策的通知》，住房和城乡建设部网站，2015年8月19日，https：//www.mohurd. gov.cn/gongkai/zhengce/zhengcefilelib/201508/20150828_ 224060. html。

② 《外国人在中国永久居留享有相关待遇的办法》，人力资源和社会保障部网站，2012年12月13日，http：//www.mohrss. gov.cn/SYrlzyhshbzb/rencairenshi/zcwj/zhuanyejishurenyuan/202002t20200211_ 359475. html。

引进人才的住房问题"。

2. 期待更专业化、便捷化的金融服务

根据 2021 年调查，外籍人才对面向外国人的银行金融服务十分关切。一是外籍人才认为金融服务机构涉外业务专业服务能力和外语能力不足，办事效率低，有外籍人才提出"外国人开通银行账户、信用卡等金融服务不方便，希望改善"。二是外籍人才反映金融投资理财不便，外籍人才以个人身份向银行申请贷款难度大，"减少银行系统对外籍人员的金融理财限制"是外籍人才表达出的重要金融服务诉求之一。三是外币兑换以及境外汇款流程审核较为复杂，希望能够进一步简化外币兑换和境外汇款流程。

3. 期待更国际化、多元化的文化氛围

文化氛围方面，外籍人才提出，一是希望进一步鼓励国际科技创新与合作，增加国际科创赛事和国际交流活动，组织有外籍人才参与的科研交流活动，强调"交流机会要增加"。二是希望中国能够提高文化多样性，加大对文化领域的投入，鼓励文化多样性教育，有外籍人才提出"设立国际文化交流区"以增加国际交流机会，同时建议组织多种文化节日和更多的文化融合活动，给予文科研究者更多研究和发展机会。

4. 看重生活便利度，渴望加深社会融合

社会融合方面，外籍人才提出，一是希望提高日常生活便利度，希望有更多、更优质的国际人才社区，改善社区居住环境，提高社区服务职能，增加餐饮选择的多样性以及进口商品的售卖点等。二是希望设立更多国际化标识和双语标识或多语标识，建议"在城市的交通道路上，标有多种语言文字，便于识别"。三是希望提供更多文化社交活动，面向外籍人才设立汉语课堂和传统文化课堂等，以增加外国人与本地人的双向交流，"加大政府支持和人文关怀力度""多组建外国人文化交流活动，帮助大家找到归属感"等也是外籍人才对深度融入中国社会的新诉求。四是希望改善外籍人士互联网应用体验，提升 App 对于外籍人士的友好度，尽可能多地提供双语系统或增设英文版，提高外籍人士新闻阅读体验感，提供更加及时、便捷的信息通知和获取途径，建立针对外籍人才社交、各项事务帮助的线上平台，让外籍人才开展互联和交流。

（四）工作与创业

我国重视外籍人才在华工作、创业的服务与支持工作，各地对外籍人才来华工作、创业的扶持以政务简化、特事特办、资金补贴、项目资助为主。2018年《国务院关于推动创新创业高质量发展打造"双创"升级版的意见》提出，要提升归国和外籍人才创新创业便利化水平。各地方纷纷出台文件支持外籍人才到当地开展创新创业。如2020年上海持续推出一系列外国人才突破性政策，率先出台中、英、日三语版本的《关于支持外国人才及团队成员在创业期内办理工作许可的通知》，解决了原来外国人才因在创业期内没有聘请单位而无法办理工作许可的问题；青岛对外籍顶尖人才及团队来青开展创新工作或创办企业给予最高1亿元资助和500万元生活补贴。从中央到地方，从入境许可便利到资金支持，我国对于外籍人才来华创新创业均有一定的支持政策和举措，而在工作就业环境、创业环境的建设上则略显不足。

2021年调查中，工作与创业领域外籍人才对于工作就业环境改善、创业支持强化以及营商环境升级提出更多期待和诉求。

1. 期待工作就业环境更优质

根据2021年调查，工作就业方面，一是希望能够有更多的工作和发展机会，外籍人才提出"制定更多外国人就业的优惠政策""更多元的就业机会"等诉求，同时建议对外籍人才开放更加丰富的招聘信息和就业途径；二是希望优化外籍人才工作待遇、工作环境和工作体验，提出"公司根据就业人员喜好来改变工作环境""工作环境更智能化"等建议，提高薪资待遇、增加外籍人才升迁机会和培训机会、减少工作压力、保障外籍人才更多的私人和家庭时间等是外籍人才的普遍诉求；三是加强外籍人才劳动保护，建设尊重合同契约精神的法治社会，健全相关制度体系，让外籍人才维护自身合法劳动权益更加顺利、更加高效。

2. 期待创业支持更给力

根据2021年调查，外籍人才在华创业人数和比例不断提升，外籍人才也越来越关注针对其在华创业的支持。外籍人才提出希望进一步加大外籍人才创业支持政策的宣传和培训力度，普遍反映对于创业支持政策、项目了解渠道少，往往不能充分获得相应资助和支持，利用政府资助项目和服务在华创业。此外，外籍人才希望在创业方面获得更多样化、更全面的支持，如创业培训、创业贷款、创业补贴、税收减免等。

3. 期待营商环境更优化

根据 2021 年调查，外籍人才针对营商环境改善提出建议。一是扩大招引外资规模，"放宽市场准入，打造一视同仁、公平竞争的营商环境"，建设国际化资本聚集区，提高对国际人才的吸引力；二是提高专业化国际化服务水平，设立更多国际化商业场所，引进、培育更多国际化商业服务机构；三是进一步优化国际化企业优惠政策和条件，如深入推进税收减免。

（五）城市建设

我国城市现代化建设不断推进，成就斐然，但也随之产生了诸如交通拥挤、生态破坏等一系列城市化进程中的共性问题。随着融入城市的程度不断深化，外籍人才开始更多参与城市建设，为城市发展建言献策。

2021 年调查中，城市建设领域外籍人才针对城市的交通、生态保护、历史人文风貌、文体休闲环境等方面提出了建设性意见。

1. 希望进一步推进城市基础设施和生态环境建设

一是改善城市交通，"地铁要加快建设""希望政府有关部门加大交通道路改造力度，着力解决早晚高峰期交通拥挤问题"等建议真实反映了外籍人才对于城市交通环境改善的强烈诉求；二是减少城市不必要的基建，外籍人才认为这对交通通行和环境都造成负面影响；三是多保留城市历史人文风貌；四是推进生态环境建设，增加绿化面积，改善空气质量，提倡保护自然资源。

2. 希望加强城市人文环境建设

一是加强道路交通管控，提高人们遵守交通规则意识，规范并严格执行电动车行驶交通规则，提倡文明出行，"电动车太多，很少人守交通规则，危险"等反映了外籍人才对城市交通问题比较担忧；二是保留城市人文特

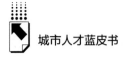

色，允许更多街边小贩和路边摊设立，建设更多国际文化交流区、外国文化街等；三是增设更多文化娱乐和健身休闲场所及设施，如博物馆、剧院、电影院、大型商场、酒吧、舞厅、体育馆、公园等。

参考文献

《龚正市长在上海市第十五届人民代表大会第五次会议的政府工作报告（2021年）》，上海市人民政府网站，2021年2月1日，https：//www.shanghai.gov.cn/nw12336/20210201/ca9e963912cc4c30be7b63799374cd86.html。

《2021年政府工作报告》，北京市人民政府网站，2021年2月1日，https：//www.beijing.gov.cn/gongkai/jihua/zfgzbg/202102/t20210201_2249908.html。

《外国人才签证制度实施办法》，中国政府网，2017年11月28日，https：//www.gov.cn/gongbao/content/2018/content_5296556.htm。

《中华人民共和国社会保险法》，2010年10月28日，https：//www.audit.gov.cn/n6/n36/n10084378/c10241260/part/10241585.pdf。

《在中国境内就业的外国人参加社会保险暂行办法》，人力资源和社会保障部网站，2011年9月21日，http：//www.mohrss.gov.cn/SYrlzyhshbzb/shehuibaozhang/zcwj/SHBZzonghe/201109/t20110921_86912.html。

《关于做好在我境内就业的外国人参加社会保险工作有关问题的通知》，人力资源和社会保障部网站，2012年3月13日，http：//www.mohrss.gov.cn/SYrlzyhshbzb/zhuanti/waiguorencanbao/wgrcnzhengcewenjian/201203/t20120313_66892.html。

《教育部关于做好外籍人员子女学校有关工作的意见》，教育部网站，2015年1月8日，http：//www.moe.gov.cn/srcsite/A20/moe_861/201501/t20150108_189353.html。

《学校招收和培养国际学生管理办法》，教育部网站，2017年3月20日，http：//www.moe.gov.cn/srcsite/A02/s5911/moe_621/201705/t20170516_304735.html。

《关于规范房地产市场外资准入和管理的意见》，中国政府网，2006年7月26日，https：//www.gov.cn/zwgk/2006-07/26/content_346103.htm。

《住房城乡建设部等部门关于调整房地产市场外资准入和管理有关政策的通知》，住房和城乡建设部网站，2015年8月19日，https：//www.mohurd.gov.cn/gongkai/zhengce/zhengcefilelib/201508/20150828_224060.html。

《外国人在中国永久居留享有相关待遇的办法》，人力资源和社会保障部网站，2012年12月13日，http：//www.mohrss.gov.cn/SYrlzyhshbzb/rencairenshi/zcwj/zhuanyejishurenyuan/202002/t20200211_359475.html。

城 市 篇
City Reports

B.2
2021年度杭州外籍人才吸引力调查报告

张晓 宋瑶 刘静 王春晓*

摘　要： 本文基于杭州在 2021 年度"魅力中国——外籍人才眼中最具吸引力的中国城市"主题活动中的调查测评结果展开研究分析，通过分析杭州在 2021 年度"魅力中国城市"主题活动中的表现，挖掘杭州打造国际人才发展环境方面的有效举措，为杭州未来进一步推进外籍人才工作提供参考，为其他城市提高外籍人才吸引力提供经验借鉴。调查显示，2021 年杭州外籍人才吸引力在全国 41 个候选城市中排名第 3，工作便利度、生活便利度、社会环境、城市互评、城市外向度五大维度均获得外籍人才高度认可。剖析其背后原因在于，杭州创新环境优越，创业

* 张晓，科学技术部国外人才研究中心《国际人才交流》执行主编、副研究员，主要研究方向为中国城市外籍人才吸引力、外国人才政策等；宋瑶，北京市长城企业战略研究所国际业务部经理、高级经济师，主要研究方向为科技合作、科技人才政策、开放经济等；刘静，北京市长城企业战略研究所高级项目经理，主要研究方向为国际科技合作、科技人才政策、开放经济等；王春晓，科学技术部国外人才研究中心《国际人才交流》编辑部编辑，主要研究方向为中国城市外籍人才吸引力、科技人才在华发展现状等。

氛围良好,数字经济新业态发展具备全国领先优势,外籍人才引育留用政策迭出,国际化智慧城市与传统东方文化底蕴交织,助力杭州打造成为外籍人才眼中最具魅力的中国城市之一。同时,伴随外籍人才在杭长期发展意愿越发强烈,在杭外籍人才对城市更高水平的国际化环境、工作环境、创新创业环境以及更高质量的生活环境也相应提出了更多的诉求和期待。

关键词: 外籍人才 智慧城市 杭州

杭州地处长江三角洲南翼、杭州湾西端,是浙江省经济、文化、科教中心,作为长三角发展迅速的新一线城市和长三角区域一体化的中心节点城市,杭州是"丝绸之路经济带"和"21世纪海上丝绸之路"的延伸交点、"网上丝绸之路"战略枢纽城市,在区域协同和数字化发展中发挥重要引领作用。2021年末,杭州常住人口1220.4万人,认定高层次人才2.3万人,引进35岁以下大学生48.3万人,多类人才净流入率保持全国大中城市首位。随着国际化大都市建设的深入推进,杭州集传统历史文化魅力与数字经济创新活力于一体,逐渐成为生活数智化、生态宜居化的"新天堂",对外籍人才产生源源不断的巨大吸引力。杭州高度重视国际化人才的引聚发展,不断创新国际人才引育政策和举措,正在一步步打造具有世界竞争力的国际人才蓄水池。自"魅力中国——外籍人才眼中最具吸引力的中国城市"(以下简称"魅力中国城市")主题活动开展以来,杭州连续十余年位列外籍人才眼中最具吸引力的中国城市前10,并在近五年测评中排名稳步上升,2021年度位居第3,城市魅力全国领先。

一 杭州城市概况①

杭州经济发展综合实力强,经济总量全国领先,产业发展平衡,民营经

---

① 本部分信息来源:杭州市人民政府网站。

济活力旺盛，数字经济等科技产业集聚，高端、齐全的产业链催动了城市的优质发展。2021年，杭州全市地区生产总值18109亿元，增长8.5%，经济总量位居全国省会城市第3，第一、二、三产业分别实现增加值333亿元、5489亿元和12287亿元，民营经济持续焕发活力，增加值占全市GDP的61.3%。2021年，杭州数字经济核心产业增加值占全省的一半以上，占全市GDP的27.1%，比重较上年提高0.5个百分点，人工智能产业、机器人产业、集成电路产业增加值均实现超20%的增长，新增升级工业互联网平台15个，规模以上工业企业数字化改造100%全覆盖；高端制造势头良好，高新技术产业、战略性新兴产业、装备制造业增加值均实现超10%增长，计算机通信电子制造业产值达3000亿元，电器机械和器材制造业、通用设备制造业产值超千亿元。

杭州是长三角G60科创走廊中心城市，城西科创大走廊和城东智造大走廊遥相呼应，共同推进创新驱动型发展建设。杭州城西科创大走廊位于杭州城市西部，东起浙江大学紫金港校区，西至浙江农林大学，东西长约39公里，下辖紫金港科技城、未来科技城、青山湖科技城，规划总面积约416平方公里，城西科创大走廊致力于打造成为面向世界、引领未来、服务全国、带动全省的创新策源地。城东智造大走廊核心区规划面积超过500平方公里，包括杭州高新区（滨江）、杭州大江东产业集聚区（临江国家级高新区）、杭州经济技术开发区、萧山经济技术开发区、余杭经济技术开发区（钱江经济开发区）、杭州临空经济示范区、杭州钱塘智慧城等重大平台，并辐射到富阳江南和东洲区块、余杭仁和先进制造业基地、萧山义桥高端装备制造产业园及闻堰增材制造产业园等地。杭州城东智造大走廊将形成"一带两区多平台"的总体空间架构。"一带"指南部沿江南大道、机场高速、红十五线、江东大道等交通干线，北部沿东湖快速路、德胜快速路等交通干线形成一条"Y"形智能制造产业发展带；"两区"指钱塘江南岸打造"江滨国际智造新区"，钱塘江北岸打造"城东智造集成创新发展区"；"多平台"指杭州高新区（滨江）、杭州钱塘智慧城、杭州经济技术开发区、杭州大江东产业集聚区（临江国家级高新区）、杭州临空经济示范区、余杭仁

和先进制造业基地等。

作为中国七大古都之一，杭州有"东南名郡"之称，以西湖文化、运河文化、钱塘江文化为代表，文化底蕴深厚。杭州是华夏文明的发祥地之一，跨湖桥遗址的发掘显示，早在8000多年前，就有人类在此繁衍生息。距今5000多年前的良渚文化被称为"中华文明的曙光"。自秦时设县治以来，杭州已有2200多年历史，杭州被13世纪意大利旅行家马可·波罗赞叹为"世界上最美丽华贵之天城"。几千年来，以西湖文化、运河文化、钱塘江文化为代表的杭州文化，在开放中融合，在创新中发展。西湖文化采跨湖桥文化、良渚文化、吴越文化、南宋文化、明清文化、民国文化等各个时期文化之精华，集山水文化、园林文化、宗教文化、建筑文化、名人文化、民俗文化、丝绸文化、茶文化、饮食文化之广博，体现了西湖文化精致、和谐、典雅的特色；运河文化集水利文化、商贸文化、物产文化、水景文化、戏曲文化、庙会集市文化于一身，体现了杭州文化开放、兼容的特色；钱塘江文化犹如滚滚钱塘潮，是杭州大气开放的象征和标志。

杭州风景秀丽，旅游产业发达，是全国著名的风景旅游城市，依托底蕴深厚的历史文化和丰富的文化遗产名录，入选全球旅游最佳实践样本城市。杭州山水相依，湖城合璧，江、河、湖、海、溪五水共导，风景如画，堪称"人间天堂"。森林覆盖率达66.9%，居全国省会城市第一。拥有中国南部沿海地区最大的水库——新安江水库，世界上最长的人工运河——京杭大运河起于境内，以大涌潮闻名的钱塘江穿城而过。拥有两个国家级风景名胜区——西湖风景名胜区、"两江一湖"风景名胜区，3个国家级旅游度假区——之江国家级旅游度假区、湘湖国家级旅游度假区、千岛湖国家级旅游度假区，全国首个国家湿地公园——西溪国家湿地公园以及天目山和清凉峰两个国家级自然保护区。杭州钱塘江涌潮与亚马孙河涌潮齐名，每年农历八月十八江潮奔腾，蔚为壮观。

二 杭州城市外籍人才吸引力分析①

本部分将简要介绍杭州在 2021 年度"魅力中国城市"主题活动中五个维度各个指标的主要调查测评情况。

（一）排名稳步攀升，2021年度位列第3

杭州在"魅力中国城市"主题活动中，连续 12 年位列前 10，且排名稳步攀升，外籍人才眼中的杭州城市魅力不断增加。2021 年测评中，杭州在 41 个候选城市中排名第 3，位列北京、上海之后，工作便利度、生活便利度、城市互评、城市外向度各测评指标表现都很好。

（二）工作便利度：外籍人才对科研工作和升迁机会满意度高

工作便利度衡量外籍人才对所在城市工作环境的满意度，主要包括科研工作满意度、劳动保护等方面。2021 年在 41 个候选城市中，杭州工作便利度排名第 2。

在杭外籍人才对杭州的科研工作满意度、升迁机会、培训机会、劳动保护、办理工作及居留许可便捷度等方面颇有好评，得分均远超所有候选城市平均分。具体来看，杭州的科研工作满意度得分较高，是杭州工作便利度方面的优势指标。升迁机会、培训机会以及完善的劳动保护给予了外籍人才较好的工作体验。此外，外籍人才也给杭州办理工作及居留许可便捷度打出较高评分（见图1）。

（三）生活便利度：高标准公共服务获外籍人才认可

生活便利度衡量外籍人才对所在城市生活环境的满意度，主要包括医疗卫生、交通出行等方面。2021 年在 41 个候选城市中，杭州生活便利度位列第 3。

---

① 本部分所有图表数据来源于 2021 年度"魅力中国——外籍人才眼中最具吸引力的中国城市"主题活动调查问卷，特此说明。

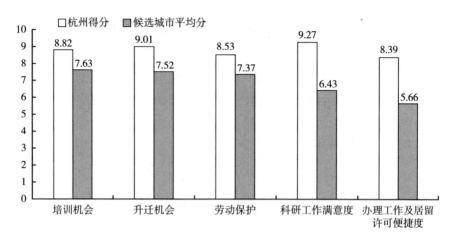

图1 工作便利度部分二级指标得分情况对比

说明：二级指标得分均已做0~10分的标准化处理，最高分为10分，下同。

在杭外籍人才对医疗卫生、交通出行、子女教育、休闲娱乐、物价水平等方面满意度高，得分远高于全国候选城市平均分。其中，医疗卫生、交通出行、子女教育、休闲娱乐满意度最高，得分均排名全国第1，杭州物价水平也得到外籍人才好评（见图2），得分位列所有候选城市第4。

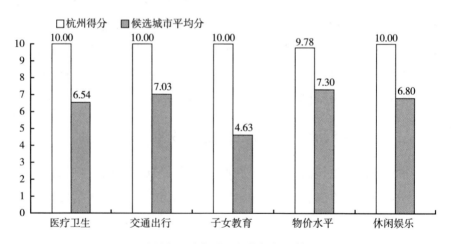

图2 生活便利度部分二级指标得分情况对比

（四）社会环境：生活便利、社会友好、文化包容获好评

社会环境衡量外籍人才对所在城市社会环境建设和发展方面的满意度，主要包括城市基础设施建设、社会友好程度等方面。2021 年在 41 个候选城市中，杭州社会环境位列中等水平。

在杭外籍人才对日常生活便利度、非歧视外籍人才、社会友好程度、易理解的语言标识、尊重外籍人才宗教信仰和文化习俗等方面较为满意，得分超出全国候选城市平均分。其中，日常生活便利度最受外籍人才好评（见图 3）。

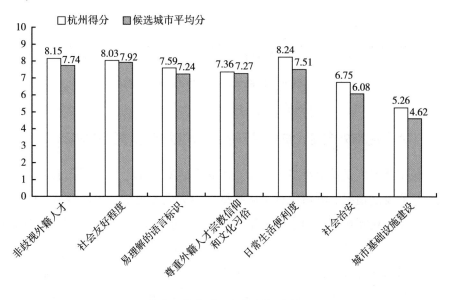

图 3 社会环境部分二级指标得分情况对比

（五）城市互评：居民友善、城市美观、气候舒适

城市互评是各城市外籍人才跳出自身工作生活所在城市，对所有候选城市在城市知名度、居民友善度、科技创新活跃度等方面进行排名。2021 年在 41 个候选城市中，杭州城市互评位列第 3，其是全国外籍人才眼中仅次于上海、北京的魅力城市。

外籍人才对杭州城市评价积极，其中气候环境舒适度、居民友善度、城市风貌美观度最受好评，消费水平适宜度也获得全国各地外籍人才认可（见图4）。

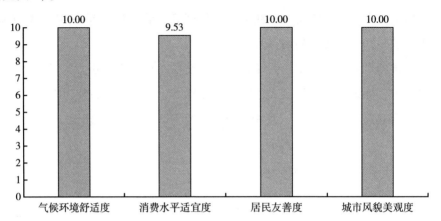

图4 城市互评部分二级指标得分情况对比

（六）城市外向度：杭州是开放创新能力不断增强的国际化大都市

城市外向度是城市经济与国际经济联系的紧密程度，主要通过经济外向度、科研发展情况、城市统计基础数据等指标进行衡量。2021年在41个候选城市中，杭州城市外向度位列第4，仅次于京、沪、深，城市开放型创新趋势明显。

从具体指标来看，2021年，杭州独角兽企业数量为39家，全国排名第3；R&D投入占GDP比重达3.6%，位列全国第5；高新技术企业数量（10222家）和发明专利授权数量（23000件）排名均为全国第6。此外，杭州移动互联网宽带接入用户数量和当年新增常住人口数量也位居全国前列，城市互联网建设和人口流入加速。

（七）外籍人才在杭长期发展意愿强烈，对城市品质提升要求不断提高

社会环境方面，杭州外籍人才对于城市的国际化程度、文化多样性、交

通问题等方面关注度较高。城市开放和国际化方面，杭州外籍人才期待杭州进一步从语言标识、规则秩序、政务办理、营商环境、国际交流等方面提高城市国际化发展水平，如设立多语种语言标识、引入国际化规则秩序、提高办事人员英文水平、提高国际化商务服务水平、组织更多国际活动等。文化多样性方面，外籍人才认可杭州的文化包容度，并希望杭州能够在食品餐饮、休闲娱乐等方面继续加深多元文化的融合，如鼓励建立更多种类的外国餐厅，推广其他国家的美食，建立更多的酒吧、咖啡馆等西方文化背景下的交流场所，组织针对各国外籍人才的旅游活动等。交通方面，外籍人才认为杭州是交通便利的城市，但针对停车位难找、交通堵塞、电动车交通规则不完善等问题也提出了更多诉求。此外，旅居杭州的外籍人才期待杭州在动物保护立法、动物收容等方面有更好的表现。

工作环境方面，外籍人才关注度不断提升，尤其关注办证、政策、未来发展机会、创业。办证方面，受疫情影响，绝大部分外籍人才证件办理遇到手续复杂、时间长等问题，因此，外籍人才希望能够进一步提高办证便利度，延长签证时间。政策方面，外籍人才看重政策稳定性，希望在稳定的政策环境下进行工作和事业的开拓。未来发展机会方面，绝大部分在杭外籍人才看好杭州未来发展前景，看重在杭未来发展机会，并对杭州提供给他们才华施展平台方面充满信心。创业方面，在杭创业外籍人才则期待更多针对外籍人才创业的扶持政策和举措，如税务服务支持和税收减免等。

生活环境方面，外籍人才越发重视关乎身体健康的生活质量指标、自然安静的居住环境、健康丰富的休闲娱乐氛围等方面。质量指标方面，在杭外籍人才关心城市空气质量和饮用水质量，希望杭州进一步提高空气质量。居住环境营造方面，外籍人才期待杭州推广垃圾分类，进一步提高城市绿化程度，建立更多公园，增加绿地；同时，针对基建社工、广场舞、机车党等造成的生活噪声，希望有关部门进一步加强监督和管理。休闲文化方面，基于杭州举办 2022 年第 19 届亚运会的大背景，外籍人才期待杭州以更大力度推广体育运动，如建立更多的健身房、体育馆等场所，设立更多体育运动设施，举办更多体育文化活动等，同时，也希望能有更多的艺术文化场所，如

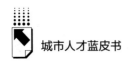

芭蕾舞剧院等。

生活服务方面，外籍人才关注护照使用、数字化普及、语言和文化学习服务、金融服务以及教育医疗服务等方面。护照使用方面，外籍人才希望推动护照身份信息识别的系统集成化、数字化，使他们能够利用护照线上办理行政事务、进行电子登记、预约挂号、购买车票等。数字化普及方面，外籍人才期待享受更多互联网发展带来的便利性，希望有更多的双语 App，将外籍人才纳入数字化管理体系中。语言和文化学习服务方面，外籍人才越来越希望有更多的机会学习中国语言和中国文化。金融服务方面，外籍人才期待进一步提高换汇和银行账户办理的便捷度。教育医疗服务方面，外籍人才对整体教育和医疗服务情况满意，希望有更多的国际幼儿园和国际医疗资源，同时，进一步减少外籍人才就医过程中的语言障碍问题。

三 杭州城市国际人才环境现状

（一）高能级创新平台、高质量创业服务、高影响力国际大会，助力杭州打造创新创业的"圆梦之都"

1. 杭州科技创新成果增长迅猛，全球创新影响力不断提升

2022 年全球创新指数（Global Innovation Index，GII）排名跃居全球科技集群第 14 名，在全球科技集群中形成一定影响力。GII 是世界知识产权组织、康奈尔大学、欧洲工商管理学院于 2007 年共同创立的年度排名，衡量全球 100 多个经济体在创新能力上的表现，是国际上衡量创新能力的主要参考。2022 年 GII 报告显示，杭州 PCT 国际专利申请量高达 8568 件，在全球 PCT 国际专利申请量中占 0.7%，占比较上年提高 0.1 个百分点；科学出版物（主要包括科学论文等）数量达到 55312 篇（部），在全球总量中的份额为 0.8%，占比较上年提高 0.2 个百分点，科技创新发展指标高度向好。近年来，杭州在 GII 全球 Top100 科技集群中排名连续攀升，从 2017 年的第 85 名升至 2021 年的第 21 名，2022 年更是创历史最好成绩，

位居第14（见图5），超过伦敦、洛杉矶等国际知名城市，创新发展态势强劲①。

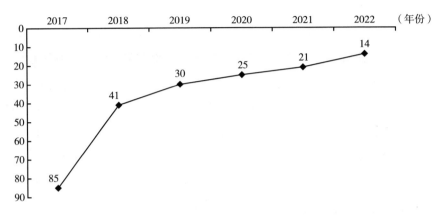

图5 2017~2022年杭州GII全球科技集群排名

资料来源：Global Innovation Index 2022, World Intellectual Property Organization, 2022。

从国内看，杭州创新能力稳居高位，领跑国家创新型城市建设。2019年、2020年、2021年杭州连续三年在科技部中国科技信息研究所发布的《国家创新型城市创新能力评价报告》中位列前3，2021年杭州创新能力指数78.82，在72个创新型城市中位居第2。杭州高度重视科研投入，创新成果数据全国领先，2021年全市财政科技投入179.67亿元，R&D投入占GDP比重达3.6%，高新技术企业有效数量位居全国省会城市第2，高新技术企业数量正以成倍的速度增长，有效发明专利拥有量9.5万件，增长29.9%，居省会城市首位②，创新动能不断增强。行业巨头企业集聚，高能级引领地区创新迭代，阿里云、中电海康、新华三等全球领先的龙头企业引领、大中小企业协同发展的"雁阵式"创新企业梯队不断激发地区创新活力。海康威视、北大药业等企业成果和杭州高新区的创新成果入选国家"十三五"科技创新成就展，29项科技成果获2020年度国家科学

---

① Global Innovation Index 2022, World Intellectual Property Organization, 2022.
② 《杭州概览》，中共杭州市委、杭州市人民政府网站，http://www.hangzhou.gov.cn/col/col805740/index.html。

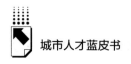

技术奖①。2021年，杭州坐拥39家独角兽企业、34家潜在独角兽企业②，科技企业引领城市创新发展未来可期。

专栏1　独角兽企业案例：杭州涂鸦信息技术有限公司（涂鸦智能）

涂鸦智能：实现万物互联，改造全球制造业③。杭州涂鸦信息技术有限公司成立于2014年，是一个全球化智能平台和全球领先的语音AI交互平台，为客户提供"一站式"人工智能物联网解决方案。产品涵盖了硬件接入系统、云服务以及App软件开发系统等。截至2018年10月，涂鸦智能旗下的Tuya智能云已覆盖六大洲200多个国家和地区，服务全球93000家企业，年度成交总额超100亿元。

创始人王学集是阿里云第一任负责人，在其带领下，涂鸦智能在成立的第二年就开始组建AI团队，明确了自身的定位，即立足AI，主攻家电、电工、照明、安防等行业。涂鸦智能推出开放平台，帮助不少缺乏技术的中小企业实现产品智能化，凭借独特的市场优势，涂鸦智能迅速抢占行业制高点，逐渐得到国内外各大品牌的认可，其智能平台不但应用于美国的Geeni、Merkury等品牌，中国的长虹、TCL、德力西等品牌，还拿到了亚马逊和谷歌两家巨头的技术授权和接口认证。

未来，王学集将携手更多行业内合作伙伴，用AI技术服务制造业，形成"人工智能+制造业"的服务闭环，为更多消费行业应用互联网智能设备提供技术及服务，颠覆行业的商业运行模式。

2.高水平国家级创新平台集聚，凸显创新发展"硬实力"

杭州围绕创新平台建设进行一系列探索攻坚，目前集聚了一大批多维

① 吴静：《创新能力全国第二，杭州凭什么？》，《杭州日报》2022年2月21日，第1版。
② 《中国独角兽企业研究报告2021》，长城战略咨询，2021。
③ 阳作军主编《逐梦·创时代——"双创"杭州实践》，浙江科学技术出版社，2019。

度、多层次的创新平台，为科创发展保驾护航。科研平台方面，之江实验室、西湖实验室纳入国家实验室建设序列，在杭国家重点实验室增至 14 家，获批建设浙江省首个国家级重大科技基础设施"超重力离心模拟与实验装置"，拥有西湖大学、中法航空大学、浙大城市学院、国科大杭州高等研究院等重点高校和科研院所，更坐拥阿里达摩院等企业高等研究院。孵化平台方面，杭州分布着一批全生态、全链条、特色化的创新服务型孵化机构，拥有浙江大学国家大学科技园、中国计量大学国家大学科技园等一批院校背景科技园，此外，杭州恒生科技园助力企业不同阶段发展，杭州高新区科创中心、杭州华业高科技产业园专业孵化科技型企业，极客创业营、紫牛公社专业发掘双创项目，贝壳社、润湾创客中心聚焦医疗健康领域提供专业化创业服务。

3. 高端人才创业载体不断升级，激发外籍人才创业活力

杭州市形成了以国际人才创业创新园为主体，以全方位、高水平、全链条"双创载体"专业化服务为补充的创业孵化体系。其中，拱墅区国际人才创业创新园针对非华裔外国人提供各项创业扶持，设立办理居住、工作证件的"一站式"服务中心，芯河光电、悉米科技、5G 全息工作室等创业企业和项目科技创新含量高。拱墅区数字经济产业园区外国来华留学生创业园作为浙江省首个聚焦外国来华留学生创新创业的项目，向留学生创业者提供涉及办公、财务托管、证件办理等的"四免服务"政策，累计创收超千万元。ITC 归谷国际中心集社会融入服务、产业落地服务、信息咨询服务于一身，全方位为创业提供基础保障，其内的全球跨境电商品牌运营中心等平台围绕跨境电商重点产业，针对外国人的产业落地、产业品牌推广以及商业对接组织平台提供服务和支持。此外，落地 ITC 归谷国际中心的第三方创业服务机构 Founder Space 为外籍创业者提供针对各个发展阶段的零语言障碍的全方位创业服务。

4. 高水平国际性大会落地杭州，引聚全球创新创业英才

杭州深入实施"全球英才杭聚工程"，以国际性大会活动加速实现招商引资与招才引智的有效融合。围绕"引进一个项目、带来一批人才、打造一个团队、搞活一个产业"的目标，杭州通过杭州国际人才交流与项目合

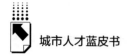

作大会、海外高层次人才创新创业大赛、"创业中华——侨界精英创新创业峰会"等吸引高水平创新创业团队来杭落地,支持举办云栖大会、2050 大会等企业人才品牌活动,以国际影响力峰会吸引世界各国技术人才、产业精英和青年创业人才。"创客天下·杭向未来"杭州市海外高层次人才创新创业大赛迄今已成功举办 7 届,共征集到来自全球 20 余个国家和地区的超过 7500 个项目参赛,数百个项目在杭注册企业,注册资金逾 14 亿元①。

（二）数字经济新业态引领发展,高成长新物种企业不断涌现,"数字经济第一城"跑出高质量发展加速度

1. 健全数字经济产业生态,高水平塑造全国"数字经济第一城"

近年来,杭州坚定不移实施数字经济"一号工程",以数字化改革为引领,全面推进数字产业化、产业数字化和城市数字化"三化融合"。2021年,杭州数字经济核心产业主营业务收入突破 1.6 万亿元,占全省比重近六成,连续多年保持两位数增长,增加值 4905 亿元,占全市地区生产总值比重超 27%②。新物种企业加速涌现,发达的数字经济催生的技术创新需求越发明显,因新技术运用而产生的应用场景也越发增多,场景创新十分活跃。长城战略咨询《中国场景创新体系报告 2022》显示,杭州居"新物种企业场景创新最活跃的十大城市"的第 3 位。2021 年,杭州共有 12 家信创新物种企业,包括 1 家独角兽企业、6 家潜在独角兽企业、1 家种子独角兽企业,以及 4 家哪吒企业,涉及应用软件、信息安全、基础硬件等多个产业链环节。数字经济对杭州经济发展的贡献度越来越高,得益于软件和信息技术服务业等核心产业,软件和信息技术服务业主营业务收入居全国中心城市前列。2021 年,网易、新华三等 10 家杭企入选全国软件与信息技术服务综合

---

① 《以赛聚才 星耀杭城——"创客天下·杭向未来 2022 杭州市海外高层次人才创新创业大赛"正式启动》,杭州市人力资源和社会保障局网站,2022 年 6 月 21 日,http: // hrss. hangzhou. gov. cn/art/2022/6/21/art_ 1587842_ 58927496. html。

② 《全国数字经济第一城 杭州为何要重塑?》,浙江在线,2022 年 10 月 10 日,https: // hangzhou. zjol. com. cn/jrsd/bwzg/202210/t20221010_ 24905052. shtml。

竞争力百强榜单，区块链应用综合实力排名全国第 4。杭州是全国数字安防产业重要集聚地，培育了海康威视、大华技术、宇视科技等一批龙头企业。2021 年，杭州数字安防产业成功入选国家级先进制造业产业集群，并逐步实现向视觉智能产业的跃迁。数字经济的蓬勃发展，离不开新型基础设施的支撑。2021 年，杭州获批全国首批"千兆城市"，建成 5G 基站超 2.9 万个，获工信部"5G 网络覆盖最佳城市"称号。全国首家新型互联网交换中心在杭启用，算力中心、数据中心建设不断强化，服务器总量达 48.8 万台[①]。

2. "新制造业计划"激活高质量发展新动能，九大标志性产业链塑造产业竞争新优势

杭州持续深入推进"新制造业计划"，实施"腾笼换鸟、凤凰涅槃"攻坚行动。2021 年，杭州制造业实现了"全年工业主营业务收入首次突破 2 万亿元、规上工业增加值首次突破 4000 亿元、制造业税收首次突破 1000 亿元"三大标志性突破[②]。以数字化、高端化、全球化、市场化为导向，杭州市聚焦视觉智能（数字安防）、生物医药与健康、智能计算、集成电路、网络通信、节能与新能源汽车、智能家居、智能装备、现代纺织与时尚等优势领域，着力打造九大标志性产业链，制定了《杭州市九大标志性产业链"链长制"工作方案》，明确了产业链"链长"及"一链一团"的服务范围、职责，围绕项目谋划、企业培育、技术攻关、要素保障等重点工作，推动构建千亿级产业梯次发展格局。

3. 从"生产制造"向"制造+服务"转型，杭州生产性服务业向高级化、专业化迈进

近年来，杭州充分发挥数字经济和高端服务业发展优势，推动制造业和服务业双向融合，重塑产业链和价值链。经过多年发展，服务型制造在杭州各行业落地生根，不断催生出新模式、新业态。在工业设计领域，杭州工业

---

① 《杭州：勇当数字经济开路先锋 持续迭代升级 提升硬核实力》，浙江省经济和信息化厅网站，2022 年 7 月 19 日，http://jxt.zj.gov.cn/art/2022/7/19/art_1562850_58928914.html。
② 《小巨人城市图谱⑫｜高端制造开辟突围之路，杭州加快"专精特新"特色梯度培育》，21 经济网，2022 年 9 月 15 日，http://www.21jingji.com/article/20220915/herald/25025f71de7fac0adcbad5a200400c6a.html。

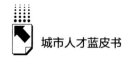

设计产业处于全国领先地位，众多工业设计企业已经成为制造业企业的创新外脑。2021年底，杭州获批国家级服务型制造示范城市，杭氧、春风动力获评国家级服务型制造示范企业，万泰认证"面向制造全过程的认证及管理优化服务平台"获评国家级服务型制造示范平台①。截至2022年1月，全市经省、市、县（区、市）三级认定的生产性服务业小微园区已达146个②，一大批行业性服务企业通过创新技术、模式和业态，为制造企业提供定制化、系统化、线上线下多维度、"一站式"深度整合的综合解决方案，助力制造业提质增效。

（三）打出引才、育才、留才、用才的组合拳，全力建设全球高端人才的"蓄水池"

1. 不断探索国际人才引进机制创新，构筑具有全球竞争力的人才高地

近年来，杭州厚植人才国际化的优势，不断完善更加有效的海外人才引进政策，如出台《中共杭州市委　杭州市人民政府关于加快推进杭州人才国际化的实施意见》③，创新提出"全球聚才10条""开放育才6条"等政策，深入实施杭州市全球引才"521"计划④、杭州市"115"引智计划⑤、

---

① 《工业和信息化部办公厅关于公布第三批服务型制造示范名单的通知》，工业和信息化部网站，2021年11月16日，https://www.miit.gov.cn/jgsj/zfs/gzdt/art/2021/art_ac94c8983614 4d36a4a106ebd927dc18.html。

② 《聚焦高质量　激活新动能⑧｜杭州服务型制造发展潜力十足》，"杭州日报"百家号，2022年1月27日，https://baijiahao.baidu.com/s？id=1723110553797432211&wfr=spider&for=pc。

③ 《中共杭州市委　杭州市人民政府关于加快推进杭州人才国际化的实施意见》，2017年12月。

④ 杭州市全球引才"521"计划：从2016年开始，用5年时间，在全市重点创新项目、重点学科和重点实验室、企业和金融机构、以高新技术产业开发和成果转化为主的各类园区等领域，引进并重点支持200名左右能够突破关键技术、发展高新技术产业、带动新兴产业发展的海外高层次人才，每年引进10名左右拥有海外学习工作经历，在高等院校、科研机构、科技企业和金融机构从事创新工作的青年人才。

⑤ 杭州市"115"引智计划：围绕杭州经济社会发展需求，从2016年开始，用5年时间，力争引进高端外国专家100名、实施引进国（境）外智力项目1000个、聘请各类国（境）外专家5万人次，即每年引进高端外国专家20名、实施引进国（境）外智力项目200个、聘请各类国（境）外专家1万人次。

市领军型创新创业团队引进培育计划等"高精尖缺"人才智力集聚计划等。2020年，在全球疫情冲击和复杂经贸形势影响下，杭州推出"战疫引才、杭向未来"八大举措，引才政策持续加码，人才吸引力不断提升。2021杭州国际人才交流与项目合作大会上，杭州宣布实施"西湖青荷""大学生杭聚"等工程，让青年人才有了释放才华和能量的广阔空间，人才政策不断升级。

2.在全国率先开展高层次人才分类认定，打造"热带雨林式"人才生态

为进一步留才，杭州出台"人才新政27条"，在全国率先开展高层次人才分类认定，按照能力水平和业绩贡献将人才分为A类、B类、C类、D类和E类5个层次，同时将产业发展急需的"偏才""专才"也纳入人才体系。这是一次大胆的实践创新，破除了过去"唯学历、唯职称、唯论文、唯奖项"的评价标准，既有科学分类的精度，又不乏招纳贤才的广度，做到人才为本、信任人才、尊重人才、善待人才、包容人才。此后，杭州不断探索完善分类认定体系，多次修订完善分类目录，逐渐形成了以业绩、贡献、创造价值为核心的评价导向，构建出目录认定、授权认定、专才认定和行业评判、市场评价、社会评议相结合的"三定三评"人才认定模式[①]。2022年，杭州获批开展外籍"高精尖缺"人才认定标准试点，制定《杭州市外籍"高精尖"人才认定标准（试行）》和《杭州市外籍"急需紧缺"人才岗位目录（试行）》，进一步扩充外国高端人才（A类）和外国专业人才（B类）的认定范围。

3.畅通外籍人才来杭创新创业"绿色通道"，推进人才服务"一卡通"、国际引才"一站式"、证件办理"一件事"

为了加大外国高端人才引进扶持力度，优化外国人才服务，调动外国人才来杭创新创业积极性，早在2018年，杭州作为全国8个"一卡通"试点

---

① 韩一丹、何乐乐、楼玮玥：《杭州，全球人才"群雁竞飞"的逐梦之城》，《杭州》2022年第9期。

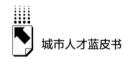

工作地区之一，就专门制定了《杭州市外国高端人才服务"一卡通"实施细则》①，其涵盖了工作、子女教育、医疗保障、商业保险、生活服务、住房保障等6个方面，旨在为在杭外国高端人才提供便利的生活服务，吸引更多外国高端人才来杭创新创业，优化人才生态环境。针对聘外单位和外国人才对缩短办理工作许可和居留许可"双证"时间的迫切需求，杭州市科技局与杭州市公安局积极响应、主动作为，通过业务整合、流程再造、数据共享等方式，推进外国人来华工作许可和居留许可"一件事"办理在杭州拱墅区、钱塘区、萧山区试点，打造"一站式"人才创新创业服务综合体，实现外国人来华工作许可最快5个工作日办结，最大限度地畅通外国人才来杭创新创业"绿色通道"，实现外籍人才"少跑路、减材料、减时限"的目标。

4. 激发用人主体聚才用才活力，全力打造人才服务最优城市

为快速集聚人才，国家外国专家局与杭州市政府合作共建了全国首个国际人才创业创新园。结合国际人才项目落地、创业发展、生活服务等需求，2018年拱墅区出台实施全市首个专门面向外籍非华裔人才的"外创十条"，从项目资助、办公补助、融资帮助、创业服务、住房保障、医疗保险等10个方面，推出更加有针对性的扶持政策和配套支持举措②，如入园企业和项目经评审可获得最高500万元的创业扶持资金、最高300万元的科技重大专项支持经费及税收优惠政策。此外，杭州市积极探索国际人才留杭创新创业的新路径，鼓励各类企业和高校、科研院所根据发展需要，设立专项资金用于引进外国高层次人才。企业引进外国高层次人才所支付的一次性住房补贴、安家补助、科研启动经费等费用，可按规定在计算企业所得税时扣除。国有企业引进的外国高层次人才经费视同利润考核，薪酬不纳入企业当年和次年薪酬总额。

---

① 《杭州市外国高端人才服务"一卡通"实施细则》，中共杭州市委、杭州市人民政府网站，2018年7月26日，http：//www.hangzhou.gov.cn/art/2018/7/26/art_1229063383_1759345.html。
② 《为海外人才量身定制 拱墅出台"外创十条"扶持政策》，浙江新闻，2018年11月12日，https：//zj.zjol.com.cn/news.html？id=1072641。

（四）国际化智慧城市与传统东方文化底蕴交织，蓄力打造宜业、宜居、宜游、宜想的"天堂之城"

1."满城诗意满城美"，加快建设韵味独特、别样精彩的世界名城

素有"人间天堂"美誉的杭州历史文化底蕴深厚、文化遗产丰富。1982年，杭州被确定为第一批国家级历史文化名城；截至2021年，已拥有西湖、京杭大运河（杭州段）、良渚遗址三大世界遗产，省级以上历史文化名镇8处、名村20处、街区15处，市级历史文化街区11处，全国、省、市级文物保护单位728处，公布历史建筑1611处[①]。2021年，杭州文化产业增加值为2586亿元，占GDP比重达14.3%，产业发展规模始终保持全省第一，产业发展质量、产业贡献度等多个指标稳居全国大中型城市前列。并且，旅游经济稳步复苏，旅游休闲产业增加值1068亿元，增长4.5%；旅游总收入1524.2亿元，增长6.9%[②]。历经良渚文化、吴越文化、南宋文化和明清文化，杭州形成了完整的杭州文化系列，具有代表性的有丝绸文化、茶文化、陶瓷文化、印刷文化、中医药文化、书画篆刻文化等。此外，杭州打造了杭州国家版本馆、杭州美术馆、杭州博物馆、中国印学博物馆、杭州音乐厅等新时代文化地标，举办了宋韵文化节、大运河文化带"京杭"对话、"西湖日"、"良渚日"等品牌文化活动，全面提升了杭州文化的全球知名度和美誉度。

2.城市大脑持续升级，形成数字化改革"杭州模式"

以交通治堵问题为切入口的杭州城市大脑建设工作经过多年逐步试点取得了显著成效，城市大脑接管杭州市1300个信号灯路口，接入4500路视频数据，试点区域通行时间缩短15.3%，杭州交通拥堵排名从2014年的全国

① 《关于〈杭州市历史文化名城保护条例（草案）〉的说明》，杭州人大，2022年9月1日，http：//www.hzrd.gov.cn/art/2022/9/1/art_1229690461_11423.html。
② 《2021年杭州市国民经济和社会发展统计公报》，中共杭州市委、杭州市人民政府网站，2022年4月13日，http：//www.hangzhou.gov.cn/art/2022/4/13/art_1229063404_4030379.html。

097

第 2 位下降至第 35 位①。之后，杭州尝试将其功能延伸至城管、卫健、文旅、环保等领域，从"治堵"向"治城"转变。2020 年，杭州市发布了《杭州城市大脑赋能城市治理促进条例》②，该条例是全国城市大脑领域的首部地方性法规，为杭州全力打造"数字治理第一城"提供立法和规划保障。2021 年，杭州市城市大脑中枢系统联通全部 13 个下辖县（区、市）、50 余个党政部门，纵向各层级数据接口已经达到 1.09 万个，协同政府面与社会面信息系统超 760 个，支撑共享数据 1520 亿条，日均协同数据超过 2 亿条。目前，城市大脑已嵌入浙江省数字化改革"数字社会"系统，开发涉及警务、交通、城管、文旅、卫健、房管、应急、市场监管、农业、环保、基层治理 11 个系统 48 个应用场景，构建统一面向公众的数字界面，截至 2022 年 6 月，已建成 168 个各级数字驾驶舱，在城市治理各个方面发挥重要作用③。

3. 国际化社区品质优越，共筑宜居宜业宜创温暖港湾

为建设宜居宜业宜创的生态环境，杭州率先在全国提出"国际化社区建设"的理念，并发布了《杭州市国际化社区评价指标体系（试行）》和《杭州市国际化社区服务指标体系（试行）》，形成了全国首个国际化社区建设的政策指标体系④，推动社区服务设施、服务队伍以及服务水平向国际化标准看齐，提升中外居民满意度。截至 2022 年 7 月，杭州已成功打造了 70 余个国际化示范社区，主要有产业集聚型、文化辐射型、高校联动型和配套优质型四大类型⑤。上城区湖滨街道东坡路社区、余杭区仓前街道太炎社区等产业集聚型社区，紧邻商业街区、海创园等产业集聚平台，集高品质

---

① 《让城市更聪明更智慧》，中国经济网，2022 年 6 月 10 日，http：//www.ce.cn/xwzx/gnsz/gdxw/202206/10/t20220610_ 37739866. shtml。

② 《杭州城市大脑赋能城市治理促进条例》，杭州人大，2021 年 1 月 14 日，http：//www.hzrd.gov.cn/art/2021/1/14/art_ 1229690462_ 11439. html。

③ 《让城市更聪明更智慧》，中国经济网，2022 年 6 月 10 日，http：//www.ce.cn/xwzx/gnsz/gdxw/202206/10/t20220610_ 37739866. shtml。

④ 《浙江省杭州市积极探索国际化社区建设新路子》，民政部网站，2017 年 2 月 22 日，https：//www.mca.gov.cn/zt/n399/n403/c90430/content. html。

⑤ 刘丙孜：《宜居宜业，让国际化人才爱上杭州》，《杭州》2022 年第 9 期。

居住区、多元文化设施、便捷涉外服务区等于一体。西湖区西溪街道花园亭社区等文化辐射型社区，积极营造具有国际特色的社区文化空间，充分挖掘社区传统文化，丰富国际文化交流。上城区春江社区、西湖区文鼎苑社区、下沙高教园区的朗琴社区等高校联动型社区，位于浙江大学、浙江工业大学、下沙高教园区等周边，形成了由留学生群体、外籍教师、访问学者以及外籍人士子女组成的国际人口集群，具有文化包容强、语言障碍少、人才学历高等特征。上城区四季青街道钱运社区等配套优质型社区，"15 分钟生活圈"内教育、医疗、购物、休闲等国际化高端场所及相关设施较为齐全，可以就近满足外籍人士就学、就医、休闲、商务等现实需求。

专栏 2　国际化社区典型案例：钱运社区

钱运社区于 2018 年 2 月被批准设立，面积约 1.03 平方公里，常住人口 1.2 万余人，社区现有 700 余名外籍人士，来自美国、加拿大、法国、俄罗斯等国家。社区建设优势在于：紧邻钱江商务区，有中国铁塔、奥迪杭州总部等高新企业；地铁发达，交通便利；附近有全国首家通过 JCI 评审的公立医院，能提供国际化医疗服务；教育资源丰富，拥有杭州钱江贝赛思国际学校。

国际化服务经验：（1）在社区开展双语学习课程，提高服务人员双语交流能力；（2）实现一窗受理，提供"24 小时自助服务"，为辖区群众提供简约高效便捷的服务；（3）制作《外籍人士在钱运居家生活服务指南》，方便外籍人士的衣食住行；（4）将国际人才的参事议事纳入社区治理体系，打造"邻里议事会、三方协商会、乡贤议事会"的治理平台，按照商品小区、人才房、公租房的不同类型，制定符合自身特色的"小区公约、楼道公约"；（5）在街区、楼道、小区公园等公共区域设立双语指示牌，优化国际人才的宜居环境；（6）在春节、元宵节、清明节、端午节、中秋节等中国传统节日组织活动，促进中外文化互动交流；

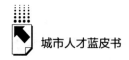
（7）联合杭州海创会开展后备厢市集、露天弹唱会等活动，满足国际人才休闲娱乐需求；（8）与第三方服务机构合作，满足外籍人士婴幼儿看护、养老等需求。

4.教育医疗服务水平提升，加速杭州生活服务国际化

教育国际化是杭州推进教育现代化的关键抓手，也是杭州城市国际化建设的重要一环。近年来，杭州教育国际化水平逐步提高，涉外教学体系日臻完善。8所外籍人员子女学校分别配套服务玉皇山南基金小镇、高新技术产业开发区、钱塘江金融港湾、经济技术开发区以及城西科创大走廊等主要国际化人才聚居地。在校学生人数从2019年的1809人上升至2021年的2245人。教师人数也从2019年的226人增至2021年的457人[1]。在满足国际化人才健康需求方面，浙一医院、浙二医院、邵逸夫医院、省人民医院、市一医院等5家医院通过国际化医院评审，成为杭州首批国际化医院[2]。其中，邵逸夫医院是中国首家连续四次高分通过JCI评审的公立医院、中国首家加入Mayo Clinic医疗联盟的公立医院、中国首家两院区同时通过HIMSS 7级认证及JCI评审的医院，具备国际化诊疗技术和服务理念，能够让外籍人士享受到国际标准的优质医疗服务。

专栏3　国际学校典型案例：杭州国际学校（HIS）、杭州钱江贝赛思国际学校

1. 杭州国际学校

杭州国际学校是杭州最早创办的一所外籍人员子女学校，也是浙江省

---

① 杭州师范大学杭州城市国际化研究院：《杭州市外籍人员子女学校蓝皮书》，2020年6月，https：//zjjcmspublic. oss－cn－hangzhou－zwynet－d01－a. internet. cloud. zj. gov. cn/jcms＿files/jcms1/web3257/site/attach/0/d3d9bb47433a467a88af916cafc06f93. pdf。

② 刘丙孜：《宜居宜业，让国际化人才爱上杭州》，《杭州》2022年第9期。

内目前唯一一所通过美国西部院校教育联盟（WASC）及国际文凭（IB）全部课程认证的国际学校。学校成立于2002年8月，是一所以英语为主要教学语言，中文、西班牙语、法语等为第二教学语言的国际学校。学校由国外教育团队统一管理，开设有从幼儿园托班到高中12年级课程，有来自世界各地50多个国家和地区的800多名师生。学校致力于发展学生的国际化思维，在国际文凭课程框架的基础上，为杭州的外籍人士提供纯国际化的体验。2014年，杭州国际学校被《新闻周刊》评选为顶尖的"亚洲IB世界学校"之一。2019年，学校IB最高分42分，平均分36分，PSAT和SAT的成绩也始终保持在北美前1%的水平。

2. 杭州钱江贝赛思国际学校

杭州钱江贝赛思国际学校是美国BASIS在中国的直属校区，教学大纲、课程设置、学生评估系统和师资配置都由BASIS美国总部直接管理，保持教学标准高度一致。学校位于杭州市国际化的前端——上城区钱江新城，地理位置优越，紧邻钱塘江，环境优美。BASIS杭州校区是一所走读制学校，共提供1200个学位。学校于2018年9月开学，招生年级为学前班至9年级，目前在校师生总人数超700人。学校在创校首年便获得了世界先进教育促进组织Cognia（原AdvancED）的认证，并获批成为AP、PSAT和SAT考点。

济济多士，乃成大业；人才蔚起，国运方兴。习近平总书记以宏阔的人才视野和恢宏的战略气度提出"聚天下英才而用之"的战略思想，明确了新时代引入外国人才和智力工作的价值归向，也提出新时期引才引智工作的指导遵循。长期以来，杭州深入落实习近平总书记"四个杭州、四个一流"重要嘱托，坚持"数智杭州·宜居天堂"发展导向，以产业需求为引领，全力创建全国"数字经济第一城"和全国"数字治理第一城"，加快建设国际化大都市，奋力展现"重要窗口"的"头雁风采"。2021年度"魅力中

国城市"主题活动调查测评结果显示,杭州优越的科研环境、高品质的生活服务、友好和谐的社会环境以及充满活力的科技创新氛围正不断吸引着外籍人才,但随着越来越多外籍人才在杭长期发展意愿的不断增强,其对城市更高水平的国际化环境、工作环境、创新创业环境以及更高质量的生活环境也相应提出了更多的诉求和期待。面向未来,杭州将深入实施"全球英才杭聚工程",加快建设人才管理改革试验区,创造更包容、更便利、更有利于外籍人才在杭生活、工作、创新创业的社会环境,更进一步扩大科技对外开放,营造高水平高标准的国际化环境,以更加开放的姿态融入全球创新网络,率先打造世界重要人才中心和创新高地的战略支点!

参考文献

Global Innovation Index 2022, World Intellectual Property Organization,2022.

吴静:《创新能力全国第二,杭州凭什么?》,《杭州日报》2022 年 2 月 21 日,第 1 版。

《中国独角兽企业研究报告 2021》,长城战略咨询,2021。

阳作军主编《逐梦·创时代——"双创"杭州实践》,浙江科学技术出版社,2019。

《以赛聚才 星耀杭城——"创客天下·杭向未来 2022 杭州市海外高层次人才创新创业大赛"正式启动》,杭州市人力资源和社会保障局网站,2022 年 6 月 21 日,http://hrss. hangzhou. gov. cn/art/2022/6/21/art_ 1587842_ 58927496. html。

《全国数字经济第一城 杭州为何要重塑?》,浙江在线,2022 年 10 月 10 日,https://hangzhou. zjol. com. cn/jrsd/bwzg/202210/t20221010_ 24905052. shtml。

《杭州:勇当数字经济开路先锋 持续迭代升级 提升硬核实力》,浙江省经济和信息化厅网站,2022 年 7 月 19 日,http://jxt. zj. gov. cn/art/2022/7/19/art_ 1562850_ 58928914. html。

《小巨人城市图谱⑫丨高端制造开辟突围之路,杭州加快"专精特新"特色梯度培育》,21 经济网,2022 年 9 月 15 日,http://www. 21jingji. com/article/20220915/herald/25025f71de7fac0adcbad5a200400c6a. html。

《工业和信息化办公厅关于公布第三批服务型制造示范名单的通知》,工业和信息化部网站,2021 年 11 月 16 日,https://www. miit. gov. cn/jgsj/zfs/gzdt/art/2021/art_ ac94c89836144d36a4a106ebd927dc18. html。

《聚焦高质量　激活新动能⑧ | 杭州服务型制造发展潜力十足》，"杭州日报"百家号，2022年1月27日，https：//baijiahao. baidu. com/s? id = 1723110553797432211&wfr = spider&for = pc。

韩一丹、何乐乐、楼玮玥：《杭州，全球人才"群雁竞飞"的逐梦之城》，《杭州》2022年第9期。

《杭州市外国高端人才服务"一卡通"实施细则》，中共杭州市委、杭州市人民政府网站，2018年7月26日，http：//www. hangzhou. gov. cn/art/2018/7/26/art_ 122906333 83_ 1759345. html。

《为海外人才量身定制　拱墅出台"外创十条"扶持政策》，浙江新闻，2018年11月12日，https：//zj. zjol. com. cn/news. html? id = 1072641。

《关于〈杭州市历史文化名城保护条例（草案）〉的说明》，杭州人大，2022年9月1日，http：//www. hzrd. gov. cn/art/2022/9/1/art_ 1229690461_ 11423. html。

《2021年杭州市国民经济和社会发展统计公报》，中共杭州市委、杭州市人民政府网站，2022年4月13日，http：//www. hangzhou. gov. cn/art/2022/4/13/art_ 1229063404_ 4030379. html。

《让城市更聪明更智慧》，中国经济网，2022年6月10日，http：//www. ce. cn/xwzx/gnsz/gdxw/202206/10/t20220610_ 37739866. shtml。

《杭州城市大脑赋能城市治理促进条例》，杭州人大，2021年1月14日，http：//www. hzrd. gov. cn/art/2021/1/14/art_ 1229690462_ 11439. html。

《浙江省杭州市积极探索国际化社区建设新路子》，民政部网站，2017年2月22日，https：//www. mca. gov. cn/zt/n399/n403/c90430/content. html。

刘丙孜：《宜居宜业，让国际化人才爱上杭州》，《杭州》2022年第9期。

杭州师范大学杭州城市国际化研究院：《杭州市外籍人员子女学校蓝皮书》，2020年6月，https：//zjjcmspublic. oss-cn-hangzhou-zwynet-d01-a. internet. cloud. zj. gov. cn/jcms_ files/jcms1/web3257/site/attach/0/d3d9bb47433a467a88af916cafc06f93. pdf。

B.3
2021年度青岛外籍人才吸引力
调查报告

李艺雯 屈子健 杨艳 张伟斌*

摘 要： 本文基于青岛在 2021 年度"魅力中国——外籍人才眼中最具吸引力的中国城市"主题活动中的调查测评结果情况展开研究分析，通过分析青岛在 2021 年度"魅力中国城市"主题活动中的表现，梳理在"十四五"开局之年加快建设国际化大都市、吸引外籍人才方面的优势和有效举措，为青岛建设国际化创新型城市提供工作参考。调查显示，2021 年青岛外籍人才吸引力在全国 41 个候选城市中排名第 5，城市互评、工作便利度获得外籍人才高度认可，社会环境、生活便利度、城市外向度表现有待优化。剖析其外籍人才吸引力排名表现总体较好的原因在于，青岛科技创新策源实力强劲，构筑了全链条的科技创业服务体系，优势产业、新兴产业竞相布局，引才方式、留才政策、服才举措频出，高水平营商服务生态和高能级国际合作平台，以及宜居宜业宜游宜学的高品质湾区城市环境的塑造，助力青岛成为外籍人才向往之地。同时，在青外籍人才对青岛更高的生活质量、更便利的政策制度、更开放包容的社会等也提出了新的期许。

---

* 李艺雯，科学技术部国外人才研究中心《专家工作通讯》编辑部负责人，主要研究方向为中国城市外籍人才吸引力、外国人才政策等；屈子健，北京市长城企业战略研究所开放经济咨询师，主要研究方向为国际科技合作、国际人才发展等；杨艳，科学技术部国外人才研究中心《专家工作通讯》编辑部编辑，主要研究方向为引才引智工作、外国专家建言等；张伟斌，科学技术部国外人才研究中心《专家工作通讯》编辑部编辑，主要研究方向为中国城市外籍人才吸引力、外国人才政策等。

关键词： 外籍人才　高品质湾区城市　青岛

青岛是我国重要的沿海中心城市和国际港口城市，也是国家现代海洋产业发展的重要先行区和国际航运的东北亚枢纽。地处黄海北部的区位优势成就了青岛港这一世界著名天然深水良港，为青岛开展国际经贸合作，打造国家级海洋经济、海洋科研基地奠定坚实的基础。随着现代化建设的不断推进，青岛诞生了海尔等一批先进制造业企业，新兴产业不断推动青岛发展日新月异，上合示范区的落地更使青岛不断绽放全新的城市魅力。"十四五"以来，青岛开启开放、现代、活力、时尚的国际化大都市建设新征程，着力打造国内大循环的重要支点，力争成为国内国际双循环的重要战略纽带。青岛市在历年的"魅力中国——外籍人才眼中最具吸引力的中国城市"（以下简称"魅力中国城市"）主题活动中表现亮眼，多年位列榜单前10，2021年排名全国第5。

一　青岛城市概况①

青岛地处山东半岛东南部沿海、黄海北部，与韩国首尔、釜山等城市隔海相望，具备开展国际经贸文化合作的天然优势，是中国第一批对外开放的城市之一。

青岛地理位置优越，区位优势显著，综合交通枢纽功能强大。青岛东边是日本和韩国两大世界重要经济体，向西是黄河流域，向北是在世界秩序中话语权越来越大的京津冀，向南则是长三角和粤港澳大湾区，这两个区域经济最活跃、开放程度最高、创新能力最强，故青岛具有明显的区位优势。青岛是中国高铁的摇篮，初步形成了以国际化空港和现代化海港为核心、铁路和公路枢纽场站为支撑的多层级综合交通枢纽体系，2021年全年铁路、公路、

---

① 本部分信息来源：青岛市人民政府网站。

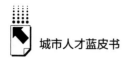

水路共完成货运量 4 亿吨、客运量 5144 人次，航空吞吐量突破 1600 万人次。

依港而兴，成为国际性开放城市，着力打造国际门户枢纽城市。青岛的母亲湾胶州湾自古就是一个重要的对外贸易港口，秦朝时有琅琊港（今山东省青岛市黄岛区琅琊镇），是徐福东渡入海远航日本的出发地，开启了青岛地界国际交往的大门。唐宋出现板桥镇和塔埠头，商船云集，设立专管对外海上丝绸之路贸易的市舶司。到明朝万历六年（1578 年），伴随海运事业的蓬勃兴起，青岛与世界的合作交流不断加强。1901 年 3 月 25 日，汉堡轮船公司开辟欧洲至青岛的航线，这是青岛首条远洋航线，进一步拉近了青岛与世界的时空距离，加速青岛港成为东亚重要贸易中心。1984 年 4 月，青岛成为全国 14 个进一步对外开放的沿海港口城市之一，开启了新时期国际性开放城市发展的新篇章。发展至今，青岛已成为国际港口城市，青岛港依托巨大的集装箱吞吐量、高效的港口作业服务、领先的技术创新应用，2021 年位居世界一流港口前列①，货物吞吐量与集装箱吞吐量皆位居东亚乃至世界前列。

青岛经济发展水平高，发展态势稳健。2021 年青岛市地区生产总值突破 14000 亿元，位居全国第 13。外贸进出口总值突破 8000 亿元，占全省进出口总值的近 1/3，全市人均可支配收入历史性突破 5 万元门槛。2021 年全市规模以上工业增加值同比增长了 8.1%。31 个行业同比实现增长，214 种产品同比也实现增长，其中，通信及电子网络用电缆增长接近一倍，金属集装箱增长超过 50%。高技术制造业增加值同比增长 17.1%，领跑规模以上工业增加值增长速度。青岛对外贸易发达，2021 年全市外贸进出口总值接近 8500 亿元，增速创历史新高。其中，商品及服务出口总值为 4921.3 亿元，同比提升 27.0%。民营企业进出口总值占全市进出口总值比重高达 67.2%。2021 年，东盟、美国和欧盟等前三大贸易市场进出口总值同比分别增长 43.1%、28.4% 和 19.1%；对《区域全面经济伙伴关系协定》（RCEP）其他成员国和"一带一路"其他共建国家进出口总值分别增长 35.4% 和 44.8%。

---

① 中国经济信息社、交通运输部水运科学研究院：《世界一流港口综合评价报告（2022）》，2022。

二 青岛城市外籍人才吸引力分析①

（一）多年排名稳居前10，2021年排名跃升

青岛排名多年稳定在前10以内，尽管在2017～2020年排名有所波动，但是2021年排名跃居至第5，在中国北方城市中排名仅次于首都北京，在城市互评、工作便利度方面表现优异。

（二）工作便利度：科研工作满意度较高

工作便利度衡量外籍人才对所在城市工作环境的满意度，主要包括科研工作满意度、劳动保护等方面。2021年在41个候选城市中，青岛工作便利度排名第8。

青岛在该指标中评分皆高于候选城市平均分，在科研工作满意度方面得分最高，办理工作及居留许可便捷度、升迁机会、劳动保护等方面也有较为优秀的表现（见图1）。

（三）生活便利度：外籍人才子女教育环境有待进一步优化

生活便利度衡量外籍人才对所在城市生活环境的满意度，主要包括医疗卫生、交通出行等方面。在2021年度的测评中，青岛市该指标排名第15。

外籍人才认为青岛的文化包容度较高，文化包容度指标得分大幅高于候选市平均分。但在子女教育方面，青岛得分低于候选城市平均分，在后续发展中需进一步改善（见图2）。

（四）社会环境：社会治安良好，日常生活便利度评价较高

社会环境衡量外籍人才对所在城市社会环境建设和发展方面的满意度，

---

① 本部分所有图表数据来源于2021年度"魅力中国——外籍人才眼中最具吸引力的中国城市"主题活动调查问卷，特此说明。

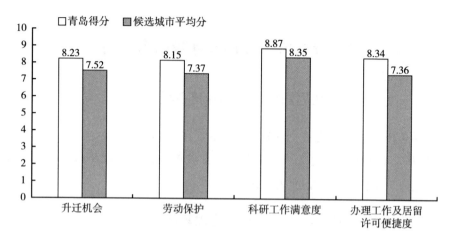

图1 工作便利度部分二级指标得分情况对比

说明：二级指标得分均已做0~10分的标准化处理，最高分为10分，下同。

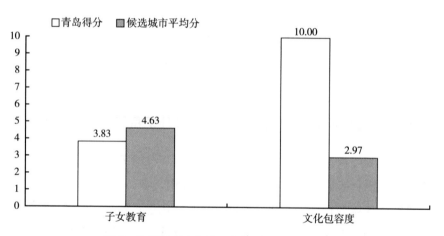

图2 生活便利度部分二级指标得分情况对比

主要包括城市基础设施建设、社会友好程度等方面。2021年青岛市在社会环境指标中排名第13。

整体上看，青岛社会治安、日常生活便利度、城市景观环境等指标有突出表现，得分均高于候选城市平均分。社会友好程度、易理解的语言标识方面表现略逊于候选城市平均水平（见图3）。

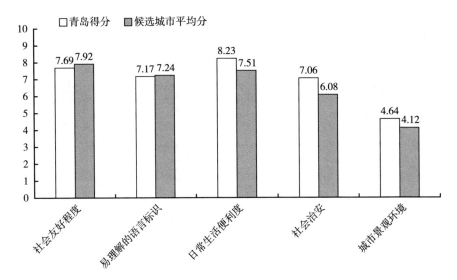

图3　社会环境部分二级指标得分情况对比

（五）城市互评：优美的城市风貌与适宜的物价水平颇受外籍人才好评

城市互评是各城市外籍人才跳出自身工作生活所在城市，对所有候选城市在城市知名度、居民友善度、科技创新活跃度等方面进行排名。2021年在41个候选城市中，青岛在城市互评维度位居榜单前列，居于第4名。

城市互评方面，青岛在气候环境舒适度、居民友善度、消费水平适宜度、城市风貌美观度等方面的表现均得到了其他城市外籍人才的认可，尤其是海港城市独有的海洋性气候特征使青岛在气候环境舒适度指标上获得高分（见图4）。

（六）城市外向度：移动互联网宽带接入用户数量和瞪羚企业数量相对落后

城市外向度是城市经济与国际经济联系的紧密程度，主要通过经济外向度、科研发展情况、城市统计基础数据等指标进行衡量。2021年在41个候

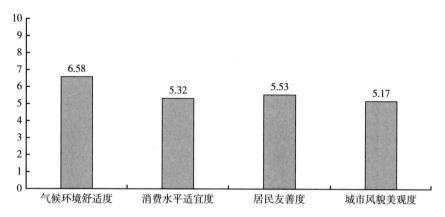

图4 城市互评部分二级指标得分情况对比

选城市中，青岛城市外向度位列第17。

2021年，除发明专利授权数量排名第2外，青岛全市移动互联网宽带接入用户数量、瞪羚企业数量等指标在候选城市中排名相对靠后。

（七）更高的生活质量、更便利的人才政策制度、更公平的发展环境和更包容的社会融入环境成为外籍人才关注热点

追求更高的在华生活质量，外籍人才期待社会公共服务更加完善、金融服务更加便利、生活环境更加美观。社会公共服务方面，外籍人才希望和中国公民一样缴纳并充分享受五险一金，获得更便利、更高质量的医疗服务，部分外籍人才也提出对子女接受教育的期许，希望青岛市可以建设国际学校，满足来自世界各地专家子女的教育需求。金融服务方面，办理信用卡、线上支付事项以及投资理财比较受关注，有外籍专家反映，现行信用卡申请制度有待改善，移动支付申请对外籍人才门槛较高，限制了外籍人才充分享受数字化便利服务，外籍人才也期待能够更便利地在青进行投资理财。生活环境方面，外籍人才希望进一步改善楼宇外观与城区绿化，优化社区街道卫生环境。

期待更便利的人才居留政策，外籍人才渴望更加高效、科学、开放的外国人才政务、政策制度。政务方面，部分外籍人才表示，现行的在华身份认证、工作许可、居留许可等事项依然存在流程冗余、办事效率较低、等待周

期长等问题，未来希望青岛市可以进一步推进相关流程和服务优化、简化相关手续。政策方面，希望进一步优化入境政策，及时跟进新政策的权威解读，在外籍人才认定、永居条件等方面，外籍人才希望现有政策大门可以开得更大一些，认定许可门槛可以更低一些，以宽松的政策条件积极回应在华外籍人才日渐强烈的留华意愿。

寻求更公平的人才发展环境，外籍人才期待更加包容的工作环境与更合规的劳动力市场。工作环境方面，外籍人才对于良好的办公环境、多元的工作机会抱有更多期待，希望强化跨文化交流宣传培训，营造包容多元的工作氛围，使得来自不同国家、拥有不同生活习惯的求职者获得更好的工作体验。劳动力市场合规管理方面，进一步强化市场主体与市场运行的监管也得到外籍人才越来越多的关注，外籍人才希望政府加强对劳动者权益保护、劳动合同履行等事项的监督。

憧憬更包容的社会融入环境，外籍人才青睐更加包容、友好、国际化的社会氛围。建立归属感方面，部分外籍人才提出文化的接纳与包容很大程度上影响着他们在华的归属感，希望青岛做好舆论宣传工作，创造和谐友善的社会氛围，定期组织特色活动，推动外籍人才和所在小区居民的友好交流，推动文化互通互动，搭建外籍人才交流和活动平台，进而提升在华外籍人才幸福感。语言环境方面，部分外籍人才建议在重要公共场所提供专业语言服务或设立多语种标识牌，优化青岛多语种交流环境，打破交流壁垒，畅通信息沟通渠道。

三　青岛城市国际人才环境现状

（一）战略科技力量加快布局塑造科技创新策源地

青岛科技创新活力旺盛，科研载体和平台建设完善，依托产业和平台能够充分开展、运行科研项目，为青岛科研事业发展奠定坚实基础。

1. 高端创新平台建设成效显著

国家级、省级高端创新平台汇聚青岛，特色化大科学装置不断落户，高校院所、研发中心齐聚。国家级高端创新平台引进数量再创新高，我国海洋领域唯一的国家实验室——青岛崂山实验室已正式运行，中国科学院海洋大科学研究中心即将竣工投用，国家批复超级计算青岛中心，国家深海大数据中心、国家深海基因库等数据库建成落地，国家海洋考古博物馆、国家深海标本样品馆等国家级场馆平台纷纷落户青岛。省级高端创新平台加快布局，获批建设山东省智慧海洋大数据平台与青岛新能源山东省实验室，山东能源研究院一期全面启动建设，依托滨海优势，获批海洋生物、海洋环境模拟等5家省重点实验室，总数达48家；新增5家省级技术创新中心，涉及陆海统筹、智能芯片、智慧港口、特种食品、数链融合等领域①。超算、热能、海洋等优势领域大科学装置加快在青汇聚，超算升级项目启动研发并开展小规模验证，吸气式发动机关键部件热物理试验装置建设顺利，青海崂山实验室"观澜号"海洋科学卫星首发星座工程、中国科学院海洋大科学研究中心海洋生态系统智能模拟研究设施等先后亮相，国内一批领先的科考船在青成功入列，其中以"海洋地质9号""东方红3号"等为代表，以"蛟龙"为代表的系列大洋深潜装备体系也在青岛实现齐聚，建成了目前全球规模最大的深远海科学考察船队，形成了以青岛为中心、面向全国的综合性海洋科考船、设备、岸基共享体系。高校院所云集，研发中心林立，中国海洋大学、中国石油大学等全国重点大学扎根青岛，中国科学院大学、中国社会科学院大学、哈尔滨工程大学等相继来青设立分校区，世界一流名校清华、北大、复旦等都在青岛设有研究院，中船重工集团在青设立了海洋装备研究所，中国科学院声学所青岛研发及产业化基地在青设立，在青岛设立研发中心的中国中铁等一大批央企正成为国家科研的重要阵地。全市科研整体实力持续增强，青岛在权威榜单中的排名屡创新高，在世界知识产权组织发布的全球创新指数2021年排行榜中，青岛连续两年成为中国进步最快城市，排

---

① 信息来源：青岛市科技局2021年工作总结。

名升至世界第 53、全国第 10；在《中国城市竞争力第 19 次报告》[①] 中，青岛位列中国科技创新竞争力城市第 10，与上一年度相比上升了 5 位。

2. 重大科研项目持续落地

依托创新平台与科学装置集聚，青岛落地大量重大科研项目。传统优势行业领域，高端轴承产业示范基地项目正式签约落地西海岸新区，助力我国在轴承等重要产品上进口替代能力的提升，项目有望吸纳高层次人才上百人，带来超过 10 亿元的经济效益；海洋领域，依托海洋科研独特优势，科研项目大量推进，承接智慧港口、海洋物联网两项省重大科技示范工程，获省支持资金 2 亿元，引进了中国气象局海洋气象研究院，打造了国家级的海洋气象产学研综合示范基地，中国科学院海洋大科学研究中心开展航海科研项目；前沿科技领域，提前布局规划，支持即发集团开展颠覆性环保染色领域的技术攻关，推动建成了国际首创的领域内产业化示范线，该产业化示范线的投产将为行业带来完整的技术及装备标准规范，进一步助力我国超临界二氧化碳无水染色技术继续保持国际领跑地位，承担科技部"氢进万家"科技示范工程，助推实施"双碳"战略。

（二）全链条科技创业服务体系打造优质创新生态[②]

青岛市多点发力打造创业环境，以政府引导基金强化科研扶持，通过市场与政府"两只手"紧抓机制建设，加速科创变现，全方位激发外籍人才创业活力，让青岛这座创业之城不断焕发生机活力。

1. 平台型孵化载体激活"双创"新动力

平台型孵化载体助力创新创业资源导入，启迪控股已在青注册公司 45 家，注册资金 52 亿元；华夏基石在青岛建设"产业孵化/加速器"，并将上市公司北方总部基地落地青岛，截至 2021 年，已吸引 23 家企业；春光里打造"青岛智谷"，244 家泛人工智能领域企业已经注册"入谷"；创业黑马

---

① 中国社会科学院财经战略研究院、中国社会科学出版社：《中国城市竞争力第 19 次报告》，2021。

② 信息来源：青岛市科技局 2021 年工作总结。

独角兽加速基地已累计引进注册企业 80 家，各色平台型孵化机构吸引各地创新创业资源、企业落户青岛。出台专项政策支持打造标杆孵化器，《青岛市标杆孵化器管理办法》对经认定后的引领性标杆孵化器给予最高 1000 万元支持，对经认定的成长型标杆孵化器给予最高 500 万元支持，2022 年青岛市新增省品牌科技企业孵化器和品牌众创空间 13 个；"沃土计划"为国家孵化器设置最高 100 万元奖励，另设最高 30 万元奖励予以绩效突出者，截至 2022 年，青岛科技型中小企业突破 7000 家、高企突破 6600 家，以 137 家省科技领军企业和科技小巨人企业位列全省第 1。

2. 高质量科技金融供给激发创新创业活力

青岛市创业投资引导基金管理中心等多方出资设立青岛市科技创新基金，目前已深入对接并储备近 200 只子基金，拥有 40 余只立项子基金，总数额已经超 200 亿元，投资设立子基金和直投项目，共计完成认缴额近 20 亿元，带动了超 65 亿元的社会资本流动。完善科技信贷"白名单"制度，引领社会资本刺激创新活力，帮助中小企业获得近 1200 亿元信贷。政策引导投资有力促进了青岛科创投资环境建设，2021 年，青岛市民间投资增长 10% 以上，技改投资增长 20% 以上，社会科研创新积极性被有效激发，科创事业行稳致远。

3. 高效率科技成果转化机制释放创新驱动效能

创建半岛科创联盟，利用"平台化聚合+互联网化服务+市场化运营"市场化运行机制，拓宽科研成果变现渠道，推动科技成果转化。2021 年，科创联盟走访企业和高校院所 1200 余家（所），收集多达 2133 项需求，发布 1.5 万项成果，举办 1.7 万场活动，深入对接超 500 个项目，广泛在半岛五市通过调研摸清企业和高校院所的双向需求，搭建了供求之间对接的平台，形成了完备的生态体系，依托市场化运行机制"填平"成果供给端和产业发展需求端之间的鸿沟。设立青岛市科技局与在青高校院所间开展科技创新会商合作的"局校会商"制度，将激励改革成果转化、评聘产业教授、建设科教产融合园区、设立技术转移等新兴学科等作为重点内容列入会商，大力推进校企融合、科教融合、学科融合，解决青岛市高质量发展的战略技术需求，同时支撑学校"双一流"建设，以双赢生态圈助推成果持续落地。依托"局校会商"制度，目前，青岛科技大学与青岛市科技局签署合作事项备忘录，未来将围绕设立专门的技术转移机构、共同打造科教产融合园区、共同推进创新创业学科建设及人才培养、推进青岛工业互联网学院和中德青年科学院建设、推进新型研发机构建设等内容开展合作。

4. 完善的科技监管机制优化创新资源配置

以动态管理制度持续跟进、审核科技计划项目实施进展，2021年发布《青岛市科技计划项目实施过程管理办法》①，对资助金额达到一定数额的事前资助类项目展开中期检查评估，对撤销、变更和终止的项目随机开展抽查和专项检查，并作为后续相关工作的审核参考。高度重视数字化技术赋能科技监督评估与科研诚信建设工作，一方面，为打通不同部门之间的信息"壁垒"，协同合作开展监督工作，市科技局会同市财政、审计等相关部门，对科技相关工作的全流程都制定了对应的审计监督要求，同时通过签订深化工作交流合作机制框架协议，推动审计监督信息共享和成果共用，规避科研项目立项审批、经费使用不当等舞弊行为。另一方面，出台《关于进一步加强科研诚信建设的实施意见》②，构建起联动市社科联、教育局、公安局、人社局等单位的科研诚信建设联席会议制度，在2021年获批建设科技监督评估和诚信管理改革试点，将搭建科研人员全维信息平台，依托信息平台，梳理整合青岛科研人员论文、获取的专利、承担的课题等重要数据，实时更新科研人员相关动态，为科研诚信、科技监督评估等数字化科研治理提供重要平台支撑，进一步推动科技管理体制改革。

（三）扎牢实体经济根基铸就具备国际竞争力的现代产业体系

青岛工业基础雄厚，强大的实体经济是青岛的立市之本、强市之基。在

---

① 《青岛市科技计划项目实施过程管理办法》，青岛市科学技术网站，2021年5月6日，http：//qdstc.qingdao.gov.cn/zcfg/gfxwj/202206/t20220622_6185752.shtml。

② 《关于进一步加强科研诚信建设的实施意见》，中共青岛市委、青岛市人民政府网站，2021年3月8日，http：//www.qingdao.gov.cn/zwgk/zdgk/fgwj/zcwj/swgw/2021ngw/202103/t20210326_3030104.shtml。

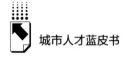

产业现代化迅速迭起时期，青岛抢抓经济提振和产业变革窗口机遇，以海洋产业、高端制造业等优势基础产业为依托，积极探索工业互联网领域，布局发展战略性新兴产业，形成强大、全面的发展新动能。

1. 海洋产业、轨道交通产业等优势产业奠定实体经济实力基础

"经略海洋"铺就"深蓝"海洋产业底色。海洋产业是青岛传统优势产业，近十年来，青岛海洋经济年均增速15%以上，海洋生产总值长期位居全国第3，仅次于上海、天津。2021年，青岛以超过4600亿元的海洋生产总值荣登全国第1位①。青岛目前基本形成了西海岸新区和蓝谷双核协同引领、湾区联动的海洋产业版图，西海岸新区在船舶海工、海洋生物医药等海洋产业发展上表现突出，蓝谷在海洋科研、海洋新兴产业布局方面特色鲜明，胶州湾、崂山湾—鳌山湾则注重特色化发展，将目光聚焦于航运贸易服务、海水淡化等方面。青岛拥有国内唯一的国家级海洋药物中试基地和世界最大的海洋基因库，全球最大吨位"海上石油工厂"等国际顶级海工装备成功在青交付，以华大基因、正大制药、明月海藻、北海造船等为代表的海洋领域企业近些年也取得了一大批标志性的海洋成果。轨道交通产业引领"中国速度"打造"世界级"名片。青岛是我国轨道交通产业发展的"摇篮"和"高地"，孕育了中车四方股份等一大批行业知名企业和高速列车技术创新中心等一批高端研发平台，一列列"中国速度"标记着青岛符号从这里走向世界。从这走出的中国第一列蒸汽列车"八一号"、第一列高速列车"和谐号"，以及世界运营时速最高的列车"复兴号"见证着中国铁路运输的发展历程。2021年，由中国研制的时速达600公里的高速磁浮交通系统在青岛成功下线，该系统具有完全自主知识产权，成为中国高速磁浮成套技术以及工程能力的新名片；2022年，为雅加达—万隆高速铁路项目定制的高速动车组在青岛下线，"中国标准"高铁首次出口国外。青岛正不断为"中国速度"走出国门贡献力量。

2. 传统制造业与互联网互融共促呈现强大发展潜力

青岛制造业基础雄厚、门类齐全、结构完备。作为传统的制造业强市，

---

① 信息来源：青岛市海洋发展局。

青岛构建起种类丰富的工业体系，2021 年、2022 年连续两年在全国先进制造业百强市中列第 7 位[①]，为发展工业互联网奠定了坚实的工业基础。汽车制造、高端装备制造、家电制造是青岛最主要的制造产业，青岛的本土头部企业海尔、海信、澳柯玛等，自 20 世纪 80 年代以来一直在制造业耕耘。近年来，青岛锁定"世界工业互联网之都"，打造工业互联网"青岛模式"，加速领跑产业现代化"蝶变"。青岛是全国较早开展工业互联网领域探索的城市，拥有海尔卡奥斯、酷特智能等多个工业互联网平台，先后培育了杰华生物、聚好看等一批独角兽企业，在工信部公布的"2021 年工业互联网平台创新领航应用案例"榜单中，青岛双星等工业互联网应用企业入围。青岛打造的工业互联网企业综合服务平台是全国首个政府与企业联合建设、推行市场化运作的城市级综合服务平台，实现"一站式"服务快速响应，精准抓取企业需求，有效应对工业互联网"落地"挑战，促进传统制造业转型升级、提质增效。截至 2021 年底，平台赋能企业 3561 家，新增工业产值超 210 亿元，被亚太经济合作组织（APEC）称为"城市数字经济发展的新范式"[②]。2021 年 10 月，世界工业互联网产业大会在青岛举行，为青岛打造"世界工业互联网之都"增添风采。

3. 节能环保产业、芯屏产业等新兴产业占据发展领先优势

节能环保产业集群式发展。国家发展改革委公布的第一批国家战略性新兴产业集群中，山东有 7 个产业集群入选，其中包括青岛节能环保产业集群。高效节能电器产业是青岛节能环保产业集群的主导产业，也是青岛的传统优势产业，青岛节能环保产业集群不仅具有强大的技术研发实力，还在区域乃至世界范围内拥有广泛的品牌影响力，以海尔、海信等龙头企业为核心引领，丰富全面的配套产业构成雄厚的产业基础，上千家企业依托集群不断发展壮大，产业链产值达到千亿级。芯屏产业领先优势突出，头雁企业领航产业发展。围绕"强芯扩屏"，京东方、富

---

① 赛迪顾问：《先进制造业百强市（2022）》，2022。
② 信息来源：青岛市工业和信息化局。

士康、青岛光电显示新材料产业园汇聚于青岛西海岸新区，重点项目累计投资额突破千亿元①，聚焦芯屏产业不断延链、补链、强链，富士康半导体高端封测项目依托国际先进技术，名副其实展示"头雁力量"，京东方物联网移动显示端口器件青岛生产基地项目推动青岛开发区高端光电产业基地加速崛起，多个光电产业链项目围绕链主企业先后落地，一个千亿级芯屏产业集群已具雏形，芯屏产业集群在青加速崛起。

（四）创新型方式、多样化政策、细致化服务构筑人才集聚新高地

科技部外国人来华工作管理创新试点等多项创新政策落地青岛，在外籍人才引进、管理、服务方面具有领先制度优势，通过政策制定、模式创新、权限下放、服务升级等多举措吸引外籍人才来青。

1. 实施创新型的引才方式

推出以人才推介人才的创新引才政策。开发"中介引才奖励"系统，优化"红娘奖"等配套奖励政策，鼓励海内外中介机构和个人为青岛市企事业单位进行人才推荐，对介绍全职引进相应层次优秀人才、介绍引进相应称号专家，或引进后入选高层次人才团队的机构和个人均给予不同程度的资金奖励。鼓励设立离岸创新创业基地，"就地"集聚人才，开展国际科技合作，对接海外创新创业资源，吸引项目来青落地，如海尔数字科技（上海）累计吸引了8位海外高端技术型、管理型人才，海信视像科技股份有限公司在日本川崎市设立创新类离岸基地 TVS REGZA 株式会社，雇用电视画质芯片、音响等领域的当地人才800余人，在基地的聚才政策支持下，中日芯片专家进行技术合作，海信完成了4K画质芯片H3720产品的研发及上市②。

2. 便利外籍人才来青政策

放宽来华工作条件限制，更大范围吸收外籍人才。青岛根据外籍人才类别，不同程度上降低人才来青标准，对于 A 类外国高端人才，来青不要求

---

① 刘成:《青岛西海岸新区筑链芯屏产业》,《经济日报》2022 年 7 月 22 日,第 3 版。

② 《青岛 | 青岛认定首批 4 个离岸创新创业基地》,山东省人民政府网站,2021 年 11 月 24 日, http://www.shandong.gov.cn/art/2021/11/24/art_ 116200_ 513359.html。

工作经历，对于 B 类外国专业人才，来青年龄不受限制。便利外国留学生、创业者来青创业工作许可办理。出台《外国人在青岛工作管理服务暂行办法》，对在青创新创业的优秀留学人员，允许其在毕业 2 年内，凭工作经历办理工作许可；允许外籍人才在中国（山东）自由贸易试验区青岛片区、中国—上海合作组织地方经贸合作示范区范围内，通过园区、孵化器、众创空间等平台载体，在创业期内申请最长半年的工作许可和工作类居留许可，并经市级以上主管部门批准。下放外籍人才管理权限，给外籍人才集聚区更大的人才自主认定权。《外国人在青岛工作管理服务暂行办法》中规定中国（山东）自由贸易试验区青岛片区、中国—上海合作组织地方经贸合作示范区可在省市相关政策意见指导下，根据自身需求制定外籍人才分类认定标准，以支撑特殊人才来青发展。

3. 推进政务和生活服务便利化

推进政务服务便利化。2021 年 8 月 30 日起，对外国高端人才、外国专业人才办理中华人民共和国外国人工作许可和工作类居留许可实行"一窗受理、并联办理"的模式；将工作及居留许可期限最大化，持有外国人才签证人员允许免办工作许可，同时进一步压缩工作许可审批时间。推进生活服务便利化，解除外国人才在青发展后顾之忧。出台《外国人在青岛工作管理服务暂行办法》，允许用人单位为外国高端人才聘请外籍家政服务人员并为其办理相应工作许可和居留许可，从制度上支持解决外籍人才生活上的困难。2020 年 9 月，青岛正式获批在全国率先开展外籍人才薪酬购付汇便利化试点，试点的实施简化了材料，通过提升办事效率缩短流程周期，进而提升外籍人才金融服务体验。

（五）高水平营商服务生态和高能级国际合作平台彰显青岛特色"国际范儿"

青岛作为港口城市，国际航空和海洋运输便捷，较早通过对外贸易交流开启了国际化的进程，对外开放水平随着现代化建设的推进而不断提升。近年来，青岛全力部署国际城市战略，全力绘制青岛国际化城市发展蓝图，探

索国际城市建设行动方案和指标体系，推进实施国际城市战略以来，国际城市战略发展成效显著，建设国际化青岛未来可期。

上合示范区打造青岛国际合作新平台。中国—上海合作组织地方经贸合作示范区是青岛市开展国际交流与合作的重要国际平台，旨在进一步搭建"一带一路"国际合作新平台。近年来，围绕平台功能定位开展了一系列国际经济、科技和文化合作，形成了中国传化（上合）国际物流港、北方国际油气中心、上合示范区国际创新和产能合作中心等一系列国际项目。青岛上合国家客厅和央企"国际客厅"的设立也为上合组织国家乃至"一带一路"共建国家间的多边资本、技术、人才深度交融提供了更加聚焦的平台场所，实现国际合作的信息共享、资源互补。

特色化国际产业载体引领绿色低碳发展国际合作新模式。作为中德政府间合作项目，青岛中德生态园（国际经济合作区）聚焦生态技术领域打造世界高端生态技术研发区和宜居生态示范区，对标联合国2030年可持续发展目标，在引领自贸区绿色指标、生态指标建设方面领先全球。中日（青岛）地方发展合作示范区聚焦节能环保产业，重点发展材料科学、生物工程、能源技术、信息通信四大基础产业，加强高端制造、技术创新、产品研发等领域的国际交流与合作，促进节能环保产业集聚式发展，建立引领绿色低碳发展国际合作新模式的示范区。

"国际客厅"展示全新"青岛创意"。青岛结合自身特色，建设面向日、韩、德、以色列以及上合组织国家的"国际客厅"，用平台思维建设"对外链接国际资源、对内输出国际资源"的开放"超级市场"，使海内外企业和机构能够聚集在此开展交流合作，目前已取得一系列成效，中韩交流合作"国际客厅"相继吸引韩国中小企业支援中心等102家官方机构、商协会和企业入驻，累计举办60余项中韩经贸人文交流活动，青岛以色列"国际客厅"聚焦海洋经济、医疗健康、水科技、农业科技、智能制造等五大产业，促成IOSight、TOP Experts Center、Xinergy Global等以色列企业、机构，以及山东理工大学、康大集团等中方高校、企业在"客厅"找到合作伙伴。此外，青岛还建设了上合"一带一路"央企"国际客厅"等特色"国际客厅"，进一步扩大了"国际客厅"的特色功能范围。2021 年 7 月，青岛出台《全面提升"国际客厅"建设工作方案》，进一步提升国际化服务水平与质量，打造全球企业集聚、互动、链接的平台，目前，法国、英国"国际客厅"正在积极推进建设中，"国际客厅"广迎全球朋客指日可待。

完善涉外法律服务生态，对标国际标准建设国内领先知识产权服务体系，与国际接轨的专业化营商服务生态加快构建。涉外法律服务方面，上合"法智谷"聚焦打造集涉外法律服务产业、涉外法律学术研究、涉外法律配套赋能于一体，线上线下全产业链发展的涉外法律服务产业集聚区，形成全覆盖、多维度的涉外法律服务生态。2021 年，"法智谷"平台拥有超 600 个注册用户，其中 200 多个法律服务用户，近 300 个企业用户，平台用户发布法律需求共计 16 个，发布法律服务 23 个，实现服务撮合 91 次①。知识产权服务方面，青岛市知识产权事务中心已经被世界知识产权组织（WIPO）和国家知识产权局正式授予技术与创新支持中心（TISC），成为 TISC 在华设立的第 3 批 34 个正式运行单位之一，面向公众提供"一站式"知识产权综合性公共服务。在 2022 年，斥资近 50 亿元的青岛涉外法务中心建设项目启动，青岛涉外服务迈上新台阶。

（六）宜居宜业宜游宜学构筑高品质湾区城市

作为一座美丽的海滨城市，青岛以其天然的宜居宜游优势吸引着外籍人才，不断优化国际人才宜业环境，完善生活配套服务，持续推进建设高品质国际人才宜居港。

试点建立国际人才社区，营造一流"类海外"人才发展环境。智城·山东自贸区（青岛）国际人才社区通过打造国际文化氛围、做好生活服务保障、加强人才政策赋能以及助力市场化运营等全面推进人才发展环境建设。创新创业服务方面，为国际创业人才提供创业培训、投融资对接等相关

---

① 《青岛 | 上合示范区国际物流仲裁中心揭牌》，山东省人民政府网站，2021 年 12 月 21 日，http：//www.shandong.gov.cn/art/2021/12/21/art_ 116200_ 517565.html。

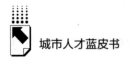

配套服务，搭建立体化的项目孵化模式，积极开展并深化国际创新创业领域的交流与合作，引进并培育了一批高质量的"涉外"创新创业项目。生活服务方面，面向国际人才诉求，建成了"一站式"的国际人才社区运营中心，以数字化服务平台为国际人才提供智能化的服务，提供配套的国际学校，助力国际人才解决子女教育问题，同时引进建立国际医院以及"线上诊疗"服务平台，并提供国际结算支付等金融服务。人才政策方面，制定了一系列专项支持政策，涉及外籍人才薪酬购付汇便利化试点、国际人才出入境、个税奖励等，设立涉外服务标准化的办事流程等，规范化、简化针对国际人才的办事服务体系。

持续打造更优国际化教育环境，满足国际化教育需求。出台了《关于加强国际化学校建设发展的实施意见》，从加快建设发展外籍人员子女学校、高中段中外合作办学项目学校、国际化特色民办学校、具备接收外国学生资质的学校等方面进行设计，在外籍人员子女入学、外籍人员子女学校课程设计、外籍教师引进等诸多方面提出切实可行的建设举措，如在市级和区级教育行政部门建立优秀人才子女入学（园）工作专门服务机制，实现"一站式"服务、"一次性"办理，以及全过程"零跑腿"等，为外籍人员子女在青接受高质量教育营造了良好的环境。组建青岛国际化教育联盟，依托联盟搭建青岛国际化教育合作交流平台，通过开展教育互通互联、信息共享、联合开发等提高联盟成员国际化学校的教学科研水平，打造更好的国际化教育生态。目前，青岛拥有40余所国际化学校，中外合作办学机构和办学项目数量、国际友好学校结对数量等均在省内处于领先地位，在国内同类城市中位居前列。

长久以来，青岛紧紧追随国家战略指导方向，深入实施创新驱动发展战略，不断打造战略科技力量，夯实海洋科技产业基础，推进高端装备制造、家电制造、汽车制造向工业互联网转型升级领先跑出"加速度"，大力发展芯屏产业等战略性新兴产业，持续推进国际化程度提升工作，对德、对日、对韩的国际科技合作不断深入，成为外籍人才来华发展的重要舞台。2021年度"魅力中国城市"主题活动调查测评结果显示，青岛优越的科研环境、良好的社会治安、包容友善的社会环境让外籍人才满意，但外籍人才对更便利的人才居留政策、更完善的生活服务、更优越的工作和职业发展环境及更深度的社会融入等方面提出更多改善期许。展望未来，青岛将锚定建设国际化创新型城市的目标，探索更加广泛的国际朋友圈，深度融入全球创新网络，聚焦聚力打造全球海洋中心城市、国际门户枢纽城市、国际化创新型城市和宜居宜业品质湾区城市，实施新时代"人才强青"计划，以创新吸引人才、以创新留聚人才，广开进贤之路、广纳天下英才，打造人才集聚之地、人才辈出之地、人才向往之地！

参考文献

中国经济信息社、交通运输部水运科学研究院：《世界一流港口综合评价报告（2022）》，2022。

《青岛市科技计划项目实施过程管理办法》，青岛市科学技术网站，2021年5月6日，http：//qdstc. qingdao. gov. cn/zcfg/gfxwj/202206/t20220622_ 6185752. shtml。

《关于进一步加强科研诚信建设的实施意见》，中共青岛市委、青岛市人民政府网站，2021年3月8日，http：//www. qingdao. gov. cn/zwgk/zdgk/fgwj/zcwj/swgw/2021ngw/202103/t2021 0326_ 3030104. shtml。

中国社会科学院财经战略研究院、中国社会科学出版社：《中国城市竞争力第19次报告》，2021。

赛迪顾问：《先进制造业百强市（2022）》，2022。

刘成：《青岛西海岸新区筑链芯屏产业》，《经济日报》2022年7月22日，第3版。

《青岛｜青岛认定首批4个离岸创新创业基地》，山东省人民政府网站，2021年11月24日，http：//www. shandong. gov. cn/art/2021/11/24/art_ 116200_ 513359. html。

《青岛｜上合示范区国际物流仲裁中心揭牌》，山东省人民政府网站，2021年12月21日，http：//www. shandong. gov. cn/art/2021/12/21/art_ 116200_ 517565. html。

B.4
2021年度苏州外籍人才吸引力调查报告

徐渴　刘静　袁硕平　沈犇*

摘　要： 本文基于苏州在 2021 年度"魅力中国——外籍人才眼中最具吸引力的中国城市"主题活动中的调查测评结果展开研究分析，通过分析苏州在 2021 年度"魅力中国城市"主题活动中的表现，挖掘吸引外籍人才集聚方面的优势和有效举措，分析苏州外籍人才在生活、工作方面的关注重点，为苏州未来进一步推进外籍人才工作提供参考。调查显示，2021 年苏州外籍人才吸引力在 41 个候选城市中排名第 7，社会环境、城市互评、城市外向度三大维度获得外籍人才认可。剖析其外籍人才吸引力排名靠前的原因在于，苏州制造业基础雄厚，创业环境优良，深度融入长三角一体化发展，千年姑苏文化已走出国门，"引育留用"外籍人才政策招法频出，助力苏州获得大批外籍人才瞩目。同时，在苏外籍人才对长期居留、劳动保护及多元化文化交流活动等方面也提出进一步改善的诉求。

关键词： 外籍人才　创新创业　苏州

---

* 徐渴，北京市长城企业战略研究所开放经济咨询师，主要研究方向为国际科技合作、国际人才发展等；刘静，北京市长城企业战略研究所高级项目经理，主要研究方向为国际科技合作、科技人才政策、开放经济等；袁硕平，北京市长城企业战略研究所国际业务总监，主要研究方向为科技创新规划、国际科技合作、科技人才政策、开放经济等；沈犇，科学技术部国外人才研究中心《专家工作通讯》编辑部编辑，主要研究方向为中国城市外籍人才吸引力、外国人才政策等。

苏州是长江三角洲经济圈最重要的中心城市之一，地处太湖之滨，因其优越的地理区位条件，苏州自古以来就是名城大郡，自吴王阖闾建城至今，已有2500多年历史，是中国首批历史文化名城和重点风景旅游城市，苏州园林、苏绣等文化标签名扬海外。苏州是中国的重要工业制造城市和国家级高新技术产业基地，拥有世界一流的工业制造体系，新兴产业发展迅速，多领域工业技术和创新技术达到国内外领先水平。依托联动长三角、承接上海的区位优势，苏州不断汇聚产业和创新资源、辐射发展动能，已成为新时代建设长三角世界级城市群的核心城市。新时期，苏州越发重视高新技术产业发展、海内外高层次人才引聚、通达世界各地的立体交通网建设，向建设成为具有国际影响力的现代化大都市进发。苏州在"魅力中国——外籍人才眼中最具吸引力的中国城市"（以下简称"魅力中国城市"）主题活动中连续11年均位列前10，2019~2021年排名持续上升。在2021年度"魅力中国城市"调查测评中，苏州市吸引力位列第7。苏州已成为外籍人才非常青睐、极具"姑苏"魅力的开放城市。

一 苏州城市概况①

苏州经济活力旺盛，经济总量全国领先，电子信息等科技产业集聚，产业基础雄厚。2021年苏州全市实现地区生产总值22718.3亿元，按可比价格计算比上年增长8.7%。全市规模以上工业总产值迈上4万亿元新台阶，同比增长17.2%，其中新兴产业产值、高新技术产业产值占规模以上工业总产值比重分别达54.0%和52.5%。新一代信息技术、生物医药、纳米技术、人工智能等四大先导产业产值9623.1亿元，占规模以上工业总产值的23.3%。

苏州的地理区位和交通区位优势明显。苏州市临海而建，地势平坦而河网稠密，靠近长江入海口，地处京杭大运河南端航运中心，为早期商品经济

---

① 本部分信息来源:苏州市人民政府网站。

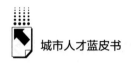

发展奠定坚实基础。进入现代发展时期，紧挨国际化大都市上海的区位优势使得全国各地通往上海的交通干线大多会聚于苏州，沪宁铁路、沪宁高速、沿江高速和苏昆太高速公路贯穿东西，苏州北站处在国家高铁"八纵八横"大动脉京沪线和通苏嘉甬的十字交会处，苏州现已成为长三角重要的区域交通枢纽。

苏州是山水秀丽的"园林之城"，以苏州园林、江南水乡而闻名天下。苏州位于长江三角洲中部，东临上海，南接嘉兴，西抱太湖，北依长江，拥有158公里长江岸线，境内京杭大运河纵贯南北。全市地势低平，境内河流纵横，湖泊众多，是著名的江南水乡。苏州目前仍坐落在春秋时代的位置上，基本保持着"水陆并行、河街相邻"的双棋盘格局，以"小桥流水、粉墙黛瓦、史迹名园"为独特风貌。苏州园林在世界造园史上具有独特的历史地位和巨大的艺术价值，享有"江南园林甲天下，苏州园林甲江南"之誉。据《苏州府志》统计，苏州在周代有园林6处、汉代4处、南北朝14处、唐代7处、宋代118处、元代48处、明代271处、清代130处，现存的苏州古典园林大部分是明清时期的建筑，包括大大小小几百处古典园林，至今保存完好的尚有数十处，代表了中国江南园林风格，拙政园、留园、网师园、环秀山庄等9处古典园林被联合国列入《世界遗产名录》。

二　苏州城市外籍人才吸引力分析①

本部分内容将简要介绍苏州在2021年度"魅力中国城市"主题活动中的表现。

（一）总体情况：排名稳居前10，城市魅力持续增加

苏州在"魅力中国城市"主题活动调查测评中，连续11年均位列前

---

① 本部分所有图表数据来源于2021年度"魅力中国——外籍人才眼中最具吸引力的中国城市"主题活动调查问卷，特此说明。

10，城市魅力在外籍人才眼中持续领先。2021年测评中，苏州在41个候选城市中排名第7，社会环境、城市互评、城市外向度表现优异。

（二）工作便利度：优越的科研环境与便利的办事流程提升外籍人才工作体验

工作便利度衡量外籍人才对所在城市工作环境的满意度，主要包括科研工作满意度、劳动保护等方面。2021年在41个候选城市中，苏州工作便利度排名第19。

在苏外籍人才对科研工作满意度、办理工作及居留许可便捷度等方面满意度较高。具体来看，外籍人才对科研工作满意度打出高分（见图1），尤其对苏州重视科技成果和知识产权保护方面有较高的评价。此外，外籍人才反映苏州营商环境改善，办理工作及居留许可越来越便捷。

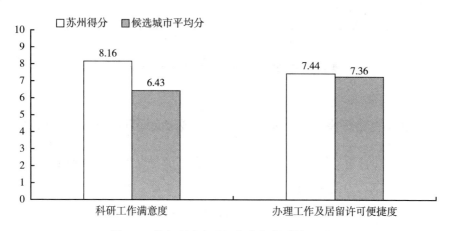

图1 工作便利度部分二级指标得分情况对比

说明：二级指标得分均已做0~10分的标准化处理，最高分为10分，下同。

（三）生活便利度：便利交通与发达网络提升生活舒适度

生活便利度衡量外籍人才对所在城市生活环境的满意度，主要包括医疗卫生、交通出行等方面。2021年在41个候选城市中，苏州生活便利度

位列第11。

在苏外籍人才对苏州生活便利度整体满意度高，苏州在交通出行、网络通信、休闲娱乐以及物价水平等方面均获好评，得分远超全国候选城市平均分。具体来看，苏州在交通出行和网络通信方面最受外籍人才认可，苏州休闲娱乐及物价水平也较受青睐（见图2）。

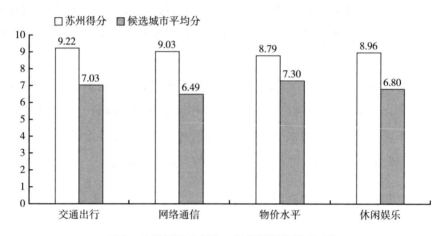

图2　生活便利度部分二级指标得分情况对比

（四）社会环境：日常生活便利度与城市交通获得外籍人才好评

社会环境衡量外籍人才对所在城市社会环境建设和发展方面的满意度，主要包括城市基础设施建设、社会友好程度等方面。2021年在41个候选城市中，苏州社会环境位列第5，各方面得到了外籍人才的好评。

在苏州的外籍人才对苏州日常生活便利度、城市交通、社会治安、城市基础设施建设、城市景观环境以及文化多样性颇有好评，苏州得分均高于全国候选城市平均分。具体来看，苏州日常生活便利度最让外籍人才满意，是社会环境部分得分最高的二级指标。城市交通方面，苏州获得外籍人才好评，得分排名全国第5。苏州良好的社会治安、完善的城市基础设施建设，获得外籍人才较高的打分。此外，外籍人才对苏州城市景观环境与文化多样性较为满意（见图3）。

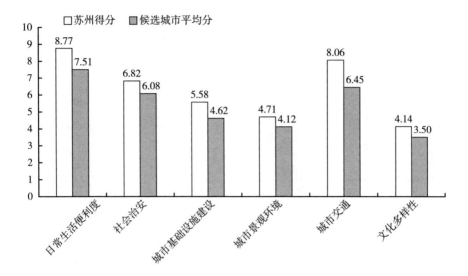

图3 社会环境部分二级指标得分情况对比

（五）城市互评：城市风貌美观度与居民友善度方面表现优异

城市互评是各城市外籍人才跳出自身工作生活所在城市，对所有候选城市在城市知名度、居民友善度、科技创新活跃度等方面进行排名。2021年在41个候选城市中，苏州城市互评位列第7，在全国排名较为领先。

苏州城市魅力获得全国外籍人才认可，城市风貌美观度、居民友善度、消费水平适宜度最受好评，舒适的气候环境也得到外籍人才青睐（见图4）。

（六）城市外向度：经济外向度与研发投入排名靠前

城市外向度是城市经济与国际经济联系的紧密程度，主要通过经济外向度、科研发展情况、城市统计基础数据等指标进行衡量。2021年在41个候选城市中，苏州城市外向度位列第8，苏州以开放的姿态吸引着世界各地的外籍人才。

2021年，苏州经济外向度在候选城市中排名第6，达111.50%。科研方

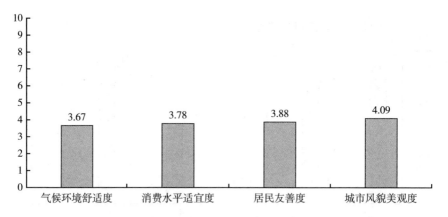

图4　城市互评部分二级指标得分情况对比

面，苏州重视研发和创新，R&D 投入占 GDP 比重高达 3.91%，排名全国大中城市第6①。

（七）长期居留、劳动保护及多元化文化交流活动等是在苏外籍人才关注热点

2021 年度"魅力中国城市"主题活动调查测评在问卷调查外籍人才满意度的同时，通过开放题形式了解、收集了外籍人才的关注热点，经过汇总与分析，发现苏州外籍人才的关注热点主要集中在生活、工作以及文化这三大领域。

生活领域，苏州外籍人才依然重点关注办事手续、长期居留、交通出行、医疗卫生等此前持续关注的问题，在互联网应用方面提出了更多诉求。办事手续和长期居留方面，苏州外籍人才希望进一步简化实名认证办事手续和流程，尽快落实中国永久居留身份证国民待遇。交通出行方面，苏州外籍人才建议建设苏州机场、设置更多停车位、制定电动交通工具交通规则等。医疗卫生方面，尽管外籍人才对苏州提供的医疗卫生条件表示满意，但外籍人才依然期待苏州加大医疗卫生方面的投入，提高外籍人才

① 信息来源：苏州市统计局网站。

医疗便利化水平，并提出简化医院看病流程、减少看病等待时间等建议。互联网应用方面，外籍人才希望能够与中国公民无差别地参与和使用苏州城市互联网，并提出希望能够提高外籍人士移动支付的便利化水平，提高手机应用软件的外籍人士友好度，如允许护照认证、增设 App 英文版等。此外，外籍人才希望能够有更多针对外国人的信息发布公众号等官方新媒体。

工作领域，苏州外籍人才对创业环境和工作环境的关注正在不断加强。创业环境方面，外籍人才对苏州科技成果和知识产权保护满意度较高，近八成的外籍人才表示苏州营商环境日益改善。工作环境方面，外籍人才认为苏州具有科学的人才考核评价体系和激励模式，绝大多数外籍人才认为自己的才能在苏州得到了充分施展，同时提出希望苏州完善海外人才劳动保护和劳动申诉机制，开展更多会展活动和合作交流。此外，外籍人才也表示希望苏州完善涉及外籍人才的编制制度，优化外籍人才在待遇、培训及职称评定等方面的体制机制。

文化领域，国际化环境的优化、文化交流的深入、休闲娱乐场所的增设逐渐成为外籍人才越来越迫切的诉求。国际化环境方面，较多外籍人才表示希望苏州继续提高国际化程度，推进文化多元化、开放化，希望能够有更多的英文标识，提供政策、法规的英文版本等。文化交流方面，外籍人才提出希望有更多的语言学习机会和渠道，提高外籍人才汉语能力和本地居民的英语交流能力，组织更多针对外籍人才的文化活动，使之更好与本地深入交流。一位来自俄罗斯，现就职于清华大学苏州汽车研究院的博士表示，组织汉语学习班不仅可以帮助国外人才提高汉语水平以及更了解中国的基本文化，还有助于帮助他们更快融入团队，提高工作效率。现担任某医药企业首席科学官的华人专家则强调了文化交流活动的必要性，面对常年已经形成的欧美文化氛围，即使可以与中国人流利沟通，定期举办的文化交流活动在帮助外籍专家融入苏州中的作用依旧是不可或缺的。休闲娱乐场所方面，外籍人才建议增设更多公园、图书馆，提供更多健身场所和健身器材，丰富日常休闲文化活动。

三 苏州城市国际人才环境现状

（一）"苏州制造"孕育"全球工业大市"

自改革开放以来，苏州逐步形成了二三产业双轮驱动模式，工业制造业向中高端稳步迈进。近年来，苏州紧跟科技创新浪潮，加快发展先进制造业，重点培育生物医药和新型医疗器械、集成电路、新型显示等十大千亿级先进制造业集群，其中电子信息、装备制造、先进材料、生物医药四大主导产业实现了多个国内或国际上的"第一"，也是来苏外籍人才优先选择的就业领域。2021年，苏州市政府出台了《关于全力打响"苏州制造"品牌的若干措施》，主要包括加快产业自主创新发展、推动先进制造业集群发展、提升产业链现代化水平、推进制造业智能化改造和数字化转型、加快制造业绿色发展、优化企业发展环境等6个部分共计25条措施，旨在打造全国高端制造基地。2021年全年，苏州全市高新技术产业、新兴产业产值占规上工业总产值比重分别达52.5%、54.0%，10年内分别提高了11.2个、11.0个百分点。强大的制造业实力让苏州于2021年实现规上工业总产值突破4万亿元①，稳居全国前列，在GDP以及出口额上也稳居全国第一梯队。

专栏1 苏州总体经济及制造业相关概况

1. 总体经济

根据江苏省统计局公布的数据，2021年，苏州GDP为22718.34亿元人民币，同比增长8.7%，排名全国第6，仅次于上海、北京、深圳、广州与重庆，距离全球GDP排名第20的悉尼仅有300亿元的差距，短期内有望跻身全球GDP Top20。

---

① 信息来源：苏州市人民政府网站。

2. 制造业

苏州拥有 35 个工业大类，涉及 167 个工业中类、491 个工业小类，有超过 16 万家工业企业，其中规模以上工业企业近 12000 家，是我国工业门类最齐全的城市之一；制造业实现行业大类全覆盖，制造业行业中类、行业小类覆盖率分别达 90.4%、79.3%，是我国制造业体系最完备的城市之一。全市拥有国家级智能制造业示范工厂 3 家、省级智能制造业示范工厂 13 家、示范智能车间 576 个；新增全球"灯塔工厂"3 家，累计达 5 家，占全国的 1/6。

3. 四大主导产业

万亿级电子信息产业塑造发展新优势。和舰芯片制造（苏州）股份有限公司是中国十大半导体制造企业，全球前十大封测企业有 6 家进驻苏州工业园区，并培育出一批细分行业隐形冠军。

装备制造产业门类齐全、底蕴深厚。中交天和机械设备制造有限公司自主设计、研发、制造的国内首台超大直径掘进同步拼装盾构机"兴业号"顺利始发；苏州大方特种车股份有限公司研制的全球首台新一代纯电动框架运输车成功实现"云交付"；苏州华兴源创科技股份有限公司的检测设备已成为世界主要平板显示公司的"定制款"。

先进材料产业诞生引领性创新产品。常熟三爱富中昊化工新材料有限公司研发的新一代汽车空调用制冷剂是目前全球温室效应潜值最低的有机氟材料产品之一；江苏盛纺纳米材料科技股份有限公司自主研发的"喷射平涂"亲水工艺产品技术，被评为中国产业用纺织品行业十大创新产品技术。

生物医药产业创新能力位居全国前列。苏州工业园区在产业综合竞争力以及产业、人才、技术三个专项竞争力方面均居全国 215 家生物医药产业园首位[①]；飞依诺通过了 ISO 13485：2012 质量体系认证、国家药监局的产品注册及欧盟 CE 认证，并获得意大利 A'Design 医疗器械设计金奖，荣登福布斯"非上市公司潜力企业榜"。

[①] 信息来源：苏州工业园区管委会网站。

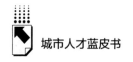

（二）具有国际影响力的创新创业"天堂"

中国科学技术信息研究所发布的《国家创新型城市创新能力评价报告2021》① 中，苏州创新能力位列全国第5，排名相较2020年提升2位，是前5名中唯一的地级市。同年，苏州获批"一区两中心"，成为我国唯一拥有两个国家技术创新中心的地级市。在国内国外双循环、新旧动能转换的双重发展格局背景下，苏州前瞻打造了开放发展、产业生态、创新生态、营商环境等优势条件，吸引了诸多高新技术企业，陆续引入了多家科研机构，苏州工业园区汇聚了国际航空巨头空中客车、德国光学仪器领跑者蔡司等200多家跨国企业研发中心②，成为企业实现研发到投产的无缝衔接的理想之城。苏州尤为注重深化大院大所与企业之间的科创融合，依托苏州大学建设运营苏州市产学研学院，加强产学研人才培养、理论研究、对接合作和品牌运营，打造"产学研合作看苏州"品牌，成为苏大科教人才资源与苏州产业发展新的纽带。除此以外，苏州还整合海内外资源，利用中新、中德、中日、自贸片区等重大开放创新平台优势，加快布局建设一批海外离岸创新中心，支持企业设立海外技术研发机构，以推动创新阵地前移。

专栏2　落地苏州的主要企业研发中心

1. 空中客车中国研发中心③

空中客车中国研发中心签约落户苏州工业园区。该中心将重点围绕氢能源基础设施开展研发工作，同时为空客全球提供先进制造、电气化、未来客舱及新科技的研发创新服务。

---

① 中国科学技术信息研究所：《国家创新型城市创新能力评价报告2021》，科学技术文献出版社，2022。
② 信息来源：苏州工业园区管委会网站。
③ 《空中客车中国研发中心签约落户苏州》，苏州工业园区管委会网站，2022年6月25日，http：//www.sipac.gov.cn/szgyyq/mtjj/202206/a30c53ab78094063983f7181abb00188.shtml。

空中客车全球执委会成员、空中客车公司首席技术官萨宾和空中客车全球执行副总裁、空中客车中国公司首席执行官徐岗表示，空客致力于引领航空航天领域的去碳化进程，中国研发中心是实现这一愿景的重要载体。未来将借助苏州优越的区位条件和长三角地区航空、氢能源相关产业链优势，加强空客与中国的产业伙伴关系。中国航空市场前景广阔，空客中国研发中心的成立将进一步拓展空客在中国的产业布局，也标志着空客沿着做中国长期可靠战略合作伙伴的道路向前迈出了坚实一步。

2. 蔡司研发生产新基地[①]

2022年全球光学及光电技术领军者德国蔡司集团在园区奠基启动"凤栖"工程建设，这是蔡司集团在中国首次购地自建项目，标志着公司在中国本土化的进一步深化与扩展。此次奠基的蔡司研发生产新基地项目总投资2500万美元，将陆续引入显微镜事业部B&C级全球产品中心，包含产品管理、研发、生产与全球分销，以及工业测量事业部的部分全球生产基地及大中华区客户与解决方案中心。医疗事业部也将新增Ⅱ类医疗设备的生产，如手术显微镜、眼科诊断等，同时还将拓展蔡司总部以及各事业部的全球采购业务。未来，新基地还将陆续引进集团其他事业板块的业务。

3. 德国卡赫全球研发中心[②]

2022年苏州工业园区重点项目集中签约及跨国企业联合创新中心启用入驻活动圆满举行。作为首批入驻跨国企业联合创新中心的企业代表，全球最大的清洁设备和清洁解决方案提供商德国卡赫应邀出席。宣布投资1亿元在苏州工业园区打造全球高科技研发中心，进一步扎根中国市场。作为全球清洁行业领军者，研发和创新不仅是卡赫实现可持续发展的动力，更是品牌近年来在华发展的重心所在。坐落于苏州工业园

---

① 信息来源：苏州工业园区管委会网站。
② 《加码在华投资力度，德国卡赫全球研发中心落户中国苏州》，搜狐网，2022年6月10日，https：//www.sohu.com/a/555795080_ 104421。

区核心地带的卡赫全球研发中心，占地 1.3 万平方米，除了承载卡赫在中国乃至全球市场上的产品和技术研发，也将成为其与本土企业、高校、科研院所、创新平台进行资源对接和深度合作的桥梁。

4. 华为苏州"一基地、四总部、六中心"①

在苏州市数字经济和数字化发展推进大会上，苏州市人民政府与华为技术有限公司签署全面战略合作协议。根据协议，双方今后将开展深度合作，推动苏州率先建成全国"数字化引领转型升级"标杆城市。今后，双方将围绕"一基地、四总部、六中心"，聚焦苏州城市智能体建设。"一基地"即华为桑田岛基地，基地于 2012 年启动建设，占地 647 亩，总建筑面积约 76 万平方米，是华为华东区域四大研发基地之一。2018 年 10 月，华为苏研所整体搬迁入驻桑田岛基地。华为苏研所定位为华为企业业务（BG）中国区总部，全力打造华为行业解决方案创新中心的全球总部。根据协议，华为"四总部"将落地并入驻华为桑田岛基地，华为"六中心"将落地苏州。其中，"四总部"包括华为公司中国区政企总部、华为公司中国区云与计算总部、华为公司 EBG 全球 OpenLab 总部、华为公司 WLAN 全球研发总部。"四总部"将立足苏州，推进华为政企业务的发展和云计算、人工智能、WLAN 等技术的创新。同时，将搭建面向全球高新技术领域的创新孵化中心平台，带动人工智能产业链上下游企业落户苏州。此次落地苏州的华为"六中心"，包括工业互联网赋能中心、人工智能创新中心、智能网联汽车测试中心、数字产业链协同中心、数字化治理与服务示范中心、ICT 人才培养中心。"六中心"旨在发挥华为强大的技术与生态能力，赋能苏州本地产业，助力企业实现智能化改造和数字化转型，以便更好地牵引产业资源集聚，形成产业技术优势和规模优势，打造有效率、有温度、有特色的苏州数字之城名片。

---

① 《苏州和华为重磅签约！"四总部""六中心"来啦!》，澎湃新闻，2021 年 1 月 4 日，https：//www.thepaper.cn/newsDetail_ forward_ 10650315。

专栏3　苏州重要高校资源

1. 苏州大学

苏州大学是国家"双一流"建设高校，国家"211工程""2011计划"首批入选高校，国家国防科技工业局与江苏省人民政府共建高校，江苏省属重点综合性大学，入选国家"111计划"、卓越法律人才教育培养计划、卓越工程师教育培养计划、卓越医生教育培养计划、国家建设高水平大学公派研究生项目、国家大学生创新性实验计划、国家创新人才培养示范基地、海外高层次人才创新创业基地。共设有31个一级学科博士点、1个专业学位博士点、30个博士后流动站，苏州大学与30多个国家和地区的200余所（家）高校和研究机构建立了校际交流关系，拥有来自全球的来华留学生千余人，2020年，学校获批建立中国—葡萄牙文化遗产保护科学"一带一路"联合实验室。

2. 西交利物浦大学

西交利物浦大学是经中华人民共和国教育部批准、由西安交通大学和英国利物浦大学合作创立的具有独立法人资格的中外合作大学，是中外合作大学联盟成员、江苏省省级硕士学位授予立项建设单位。学校化学系应用化学专业获得英国皇家化学学会认证，西浦成为中国国内第一个本科学位获得该专业认证的中外合作大学，学校与国家开发银行、苏州市人民政府正式签署合作协议，共同创建"西浦新时代发展研究院"；西浦国际商学院（IBSS）获欧洲质量发展体系EQUIS认证，IBSS已同时获AACSB和EQUIS两项认证，且均以获认证的"最年轻商学院"创下商学院认证史上的纪录。学生可在大二第二学期选择"2+2"中英联合培训方案。

苏州科技创新实力获国内外高度认可。苏州科技综合实力连续12年居全省首位，全社会研发投入占地区生产总值比重由2016年的2.73%提高到

2021 年的 3.91%（见表 1）。2012 年以来，苏州获得国家科学技术奖通用项目 41 个，获得省级科学技术奖项目 345 个。在 2022 年首届全国颠覆性技术创新大赛上，苏州 7 个项目获得总决赛最高奖优胜奖，占全国约 20.0%、全省 87.5%。2021 年，苏州共有省级以上研发机构 2252 家，其中工程技术研究中心 1193 家、企业技术中心 919 家、工程中心 140 家；省级以上众创空间 340 家、国家级众创空间 66 家；省级企业重点实验室 10 家、省级以上学科重点实验室 7 家，累计建设市级新型研发机构 78 家。在世界知识产权组织（WIPO）发布的《2021 年全球创新指数报告》中，苏州在全球前 100 名的科技创新集群中排名第 63，相较 2018 年排名第 100 有了大幅飞跃。

表 1　2011~2021 年苏州重点科技创新指标数据

项目	2011 年	2013 年	2015 年	2017 年	2019 年	2021 年
科技进步贡献率(%)	58.0	59.9	62.0	63.7	65.7	67.5
全社会研发投入(亿元)	258.91	334.50	385.81	479.20	700.34	888.70
全社会研发投入占地区生产总值比重(%)	2.42	2.57	2.61	2.77	3.64	3.91
高新技术企业数(家)	1339	2446	3478	4464	7052	11165
省双创人才(人)	205	403	579	782	985	1236
姑苏创新创业领军人才(人)	229	474	741	1012	1449	2233

资料来源：历年苏州市政府工作报告。

（三）联动上海深度参与长三角一体化

苏州充分发挥主导产业优势，加快融入长三角产业创新格局。围绕电子信息、装备制造、生物医药、先进材料等产业创新集群，大力引进大院大所，主动对接上海科技创新资源，推动共建 G60 科创走廊、环太湖科创圈、吴淞江科创带等，全力打造苏南国家自主创新示范区核心区。同时，苏州积极把握沪苏同城化的机遇，依托上海国际化平台寻求更多国际资源，以更大力度、更高质量服务长三角一体化发展。苏州"十四五"规划强调，要用好上海所具备的独特功能，不断探索新机制新模式，积极参与上海"五个中心"建设。在"大商务"方面，积极承接中国国际进口博览会溢出效应，开展进博会配套活动，设立虹桥品汇分中心；联合虹桥在昆山打造全国进口贸易促进创新示范区，2022 年 1~7 月昆山外贸进出口总值 3751.4 亿元[①]，创历史同期新高；前四届进博会，苏州工业园区企业累计达成意向交易额 8.9 亿美元[②]，中新服务贸易创新论坛也成为进博会重要配套活动。在"大交通"方面，2022 年 5 月，上海港空箱中心太仓港分中心正式揭牌运营，覆盖 11 家国际集装箱班轮公司[③]，苏州融入上海国际航运中心建设更进一步。

（四）久负盛名的千年姑苏文化

苏州城始建于公元前 514 年，是全国首批 24 个历史文化名城之一，也是全国重点旅游城市，2018 年被世界遗产城市组织授予"世界遗产典范城市"称号，平江、山塘历史街区分别被评为中国历史文化名街和中国最受欢迎的旅游历史文化名街。姑苏文化的璀璨结晶已走出国门，在国际上拥有一席之地，获得了众多国际友人的青睐。其中，苏州园林展现了中国文化的精华，具有独特的历史地位和巨大的艺术价值；苏绣技艺精湛、艺术境界高远，在海内外具有极高收藏价值；吴门画派作为苏州的文化名片之一，为更多外籍友人提供了近距离接触中国文化的机会。

专栏 4　姑苏文化瑰宝吸引海外目光

1. 苏州园林

截至 2018 年，苏州市范围内有 108 处园林被列入苏州园林名录，拙政园、留园、网师园、环秀山庄、沧浪亭、狮子林、艺圃、耦园、退思园等 9 处古典园林被联合国列入《世界遗产名录》。2019 年，由苏州市园

---

① 信息来源：昆山市人民政府办公室网站。
② 信息来源：苏州工业园区管委会网站。
③ 信息来源：江苏省交通运输厅网站。

林和绿化管理局组织实施并申报的"苏州园林可园修复项目"荣获亚太地区文化遗产保护奖——杰出奖，这是苏州园林首次获得联合国教科文组织文化遗产保护类大奖，也是国内古典园林修复项目首次获奖，同时是苏州在文化遗产保护方面获得的由政府间国际组织颁发的最高奖项。同年，海外规模最大、最完整的苏州园林项目流芳园在美国洛杉矶竣工，自1980年以网师园"殿春簃"为蓝本建造的明轩落户美国以来，苏州园林海外项目已超过100个，成为向世界展示中华传统文化的窗口。2022年4月，苏州园林新作"中国竹园"亮相国际花事盛宴——2022年荷兰阿尔梅勒世界园艺博览会，以233种花卉绘就4200平方米的江南立体画①，向世界呈现别具特色的苏式园林。苏州园林凭借精湛的造园技艺、移步换景的体验让人流连忘返，不仅在国内"圈粉"无数，还频频走出国门，成为文化传播的使者。

2. 苏绣

苏绣至今已有2000余年的历史，是我国四大名绣之一，2006年被列为国家级非物质文化遗产。其发源地在苏州原吴县一带，早在三国时期（220~280年）就有了关于苏绣制作的记载，其风骨神韵在隋唐时期就已奠定基础，迨至宋元其基本技法与特色已渐趋形成，明清以降苏绣艺术开始走向成熟，具有图案秀丽、构思巧妙、绣工细致、针法活泼、色彩清雅、地方特色浓郁等特征。2018年9月，腾讯与姚建萍大师跨界合作，受邀在纽约时装周进行了主题为"中国文化与虚拟时尚"的静态展览，这是纽约时装周史上首次将中国传统苏绣文化、电子游戏、时尚结合在一起。如今，收藏界又有了"藏金不如藏绣"的说法，苏绣不仅被更多国内藏家发现和追捧，更得到海外众多收藏者和收藏机构的青睐。

---

① 《现代版"苏州园林"将亮相"世界级"舞台》，新浪网，2022年1月12日，https：//k. sina. com. cn/article_ 5675440730_ 152485a5a02001bg7o. html。

3. 吴门画派

吴门画派艺术上尚意趣,以山水、花鸟、人物等题材,表现自身品格和情怀,进而体现自得其乐的精神生活。2010年10月,"新吴门画派——苏州国画院中国画作品展"(欧洲巡展)引起众多前来观展的国际友人对苏州这座城市的向往。2012年6月,"新吴门画派"展在波特兰文化艺术中心盛大开幕,受到了美国主流媒体和民众的积极评价,也引起了中外媒体的广泛关注,提升了"新吴门画派"的国际知名度和影响力。2019年6月,由中国苏州国画院主办的"新吴门画派"中国画作品展在马来西亚古城马六甲举行,受到了当地艺术爱好者的好评;2021年10月,"新吴门画派——苏州国画院中国画作品展"欧洲六国巡展在意大利威尼斯国际大学隆重开幕,激发了观众无限热情。

(五)多渠道、立体化的引才生态

多年来,苏州致力打造海内外高层次引智平台,以具有全国竞争力的引才投入、针对性的柔性引才计划、创新型的精准引才方式、前沿性的引才阵地吸引、集聚外籍人才,打造最优引才制度生态。

实施柔性引才策略,以海鸥计划柔性引进海外人才智力。为充分适应海外高层次人才流动特点,提升引才聚才的灵活性,苏州早在2011年就制订了"海鸥计划",重点面向外籍专家以及尚未取得外国国籍但长期在海外工作或定居的人才,鼓励企业、高校、科研机构及各类社会组织以项目合作、技术指导、培训咨询等多种形式柔性引进海外人才,现已构建起以政府为引导、企业为主体、各类组织共同参与的引才格局,成为苏州海外人才工作的标志性品牌。截至2021年底,"海鸥计划"已组织申报11个批次,申报累计已有1291个项目涉及的1666位海外专家入选,其中外籍人才入选1395

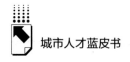

人，占比高达 83.7%①，申报项目所涉领域广泛，包括生物医药、新一代信息技术、高端装备制造、新材料、新能源等，为苏州主导产业和新兴产业领域柔性引进了大量海外精英。

创新"精准引才"方式，以人才地图加快集聚全球科技人才。2022 年 7 月，苏州在江苏省首创开发全球科技人才地图，并于国际精英创业周开幕式现场发布。全球科技人才地图根据产业创新集群的产业链、技术链需求，涉及 40 多个产业领域，深入打造人才链，其中，领军人才发现系统通过多指标构建高精度人才数字画像，创新集群人才支撑系统从需求出发绘制人才引进路径，科技招商智能导航系统以模型算法遴选人才并传递人才和政策信息，苏州通过大数据科学和人工智能技术打造引才数字化引擎，形成人才引育的闭环管理系统，自动构建适配的人才链，基本实现全球人才"一键选人"，提高精准招才引智能力。

推进招才引智阵地前移，搭建国际化事业平台，持续拓展国际创新人才寻访、招引渠道。苏州建立了人才工作联络站和离岸孵化器，依托全球 37 家海外人才合作组织，发挥 11 个海外人才工作联络站的引才功能，定向联络引进国际创新人才，以离岸孵化器群形成规模效应，推动建成 10 家国际创客育成中心。苏州将以"云端链接"继续发力，大力举办苏州产业链全球合作云对接活动，推出苏州产业链全球合作对接图，让苏州企业与全球企业之间实现直接的、多元的合作伙伴对接，助力海外人才来苏。

举办创新创业赛事活动和高端产业国际性大会，以双创资源互动交流促进海外人才引进。苏州国际精英创业周活动自 2008 年开始开展，已成为苏州创新创业资源和国际创新创业人才引进的最大的良性互动平台，2021 年创业周共吸引 3020 名海内外高层次人才参会，共签约项目 1806 个，历年落户项目累计 9069 个②，打造成为"人到苏州必有为"引才品牌。依托苏州海外人才合作组织和海外人才联络点，连续多年举办"赢在苏州"国际精

---

① 《11 年飞来"海鸥"1666 只》，苏州新闻网，2022 年 4 月 7 日，http://www.subaonet.com/2022/szyw/0407/481790.shtml。

② 信息来源：苏州市科技局网站。

英海外系列创新创业大赛等面向海外创新创业的系列活动，吸引大批外籍创新人才参与活动对接、洽谈与考察，创业苏州、扎根苏州，截至 2021 年 11 月，"赢在苏州"大赛已成功举办 11 届共 74 场赛事，覆盖全球 40 多个国家和地区，共吸引 8096 个项目参赛，累计 2.9 万余名（次）人才参加现场活动[1]。此外，苏州积极承办了化学制药、新能源汽车、人工智能等高端产业的国际会议，以高端产业国际交流催发人才吸引力，包括第十三届化学制药国际峰会、苏州国际汽车博览会暨新能源汽车及智能汽车博览会、2022 年全球人工智能产品应用博览会等。

建立更高效、更完备的行政服务制度体系，解决外籍人才普遍反映的"办事难、审批流程手续烦琐"等问题。苏州建立外籍高层次人才服务绿色通道，以"单一窗口"办事，提高外国人来华许可审批效率；设立高层次人才"一站式"服务中心，建立外籍高层次人才工作、居留、出入境服务绿色通道，由前台一个窗口受理申请，多部门在后台协同办理业务，需要国际创新人才本人去相关部门办理的业务，工作人员会联系各职能部门开通绿色通道陪同办理。此外，苏州还通过缩短市级受理时限，为优秀外国学生实习和创新创业活动提供最大便利。

（六）国际接轨、载体支撑的人才发展平台

对于外籍人才在当地的职业发展，需要政府与企业提供足够的辅导与培训让他们适应新环境，并充分培育适宜外籍人才一展所长的平台。苏州通过完善人才技能认定、培训辅导、创新平台载体建设等工作，为在苏州的外籍人才提供更完善的服务，让其在苏州能安心发挥自身所长，实现"人到苏州必有为"。

全面接轨国际人才评价标准，打破外籍高技能人才评审与使用壁垒。为突出"跨域、互认和共享"，促进外籍专业人才向苏州流动，苏州在 2019 年 6 月成立全国首个有外国专家的职称评审委员会——苏州德资企业专业技术联合评审委员会，主要负责国际职业资格比照认定与苏州市德资企业中级

---

① 信息来源：苏州市人力资源和社会保障局网站。

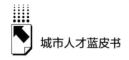

职称评审（机械工程大类）工作。2020 年 4 月，苏州发布《苏州市德资企业专业技术资格条件》（中英版），率先实现了中外专业技术人才评价体系融合。目前，苏州已累计发布了 6 批 433 项比照认定目录①，180 位持有各类国际职业资格证书的人才通过比照认定获得职称，在技能人才实现国内外"双向互认"上已经成为国内的排头兵。

搭建外籍人才创新平台载体，助力更多海外人才实现"人到苏州必有为"。为充分发挥外籍人才在科技创新中的重要作用，苏州大力推进相关创新平台载体建设，目前已建有 11 家外籍院士工作站，305 家省、市外国专家工作室②。同时，苏州的重大科研平台通过系列措施充分发挥外籍人才创新能力，如姑苏实验室对首席科学家、顶尖人才待遇一事一议多元化聘用，根据项目需要实验室可通过双聘任务合同制、人才派遣、聘期制等多种方式聘用非全职科研人员；提供全方位配套的生活环境，为外籍高层次人才申请在华永久居留、办理最高时限居留许可等提供最大便利。中国科学技术大学苏州高等研究院获批外籍院士工作站，为海外人才提供灵活的人事制度，由中国科学技术大学派驻苏州高等研究院双聘工作，叠加享受中国科学技术大学和苏州地方的人才待遇，享受中国科学技术大学或苏州高等研究院事业编制，参加中国科学技术大学人才职称评审。

开展政策及创新创业讲座与培训会，帮助外籍人才更好地理解政策、更好创业。为使外籍人才对当地的政策有更深入的了解，在这片创业的沃土上充分施展自己的才能，苏州自 2016 年起组织人社局、公安局等部门就外国人入境就业和出入境管理相关问题进行专项政策解读；2020 年，印发了《关于打造"苏州最舒心"外国人才创新创业环境的若干举措》③，并同步开展"外籍人才创新创业政策讲解"专题讲座，以帮助更多的外籍人才深入了解创业现状以及创新创业环境建设情况。

① 信息来源：苏州市科技局网站。
② 信息来源：苏州市人民政府网站。
③ 《关于外国人才工作生活便利化服务若干举措（试行）》，苏州工业园区管委会网站，2020年 12 月 31 日，http：//techpioneers. sipac. gov. cn/Policy/Detail. aspx？ ContentID＝3195。

（七）全方位、便利化、贴心式的生活配套服务

在对外籍人才的配套服务上，需关注医疗、教育、社区等日常生活各个方面，提供无微不至的服务，真正做到"想其所想""拴心留人"。苏州从办事手续便捷化到医疗、子女教育保障，从国际化社区建设到外籍人才文化融入、创业扶持，为国际人才在苏生活、工作保驾护航。

大力推进国际医疗制度和国际医疗机构建设，引进国际高端医疗资源，解决外籍人才在华就医难问题。苏州斥资 96 亿元建设苏州国际医疗健康中心，构建国际医疗保险支付系统，制定《苏州市高层次人才享受医疗保健待遇暂行办法》，开辟就医绿色通道，按照高端人才层级类别，提供陪同就诊、一对一健康顾问和健康咨询服务、优先安排床位以及免费的年度体检套餐等人才专属服务。新冠疫情期间，苏州充分考虑到外籍人员的防疫需求，以中、英、法、日、韩、德等 6 种语言发布《致在苏外籍友人的一封公开信》，引导在苏州的外籍人士科学理性防疫。苏州还建立了一支外语志愿者队伍，包括英、法、日、韩、德、西等多种语言，为疫情防控工作提供语言帮助。

不断引入国际化教育资源，开展合作办学，建设国际学校，更好满足外籍人才在华子女教育需求。目前苏州的国际学校/国际部总量已有 50 余所，其中有 6 所外籍人员子女学校、1 所台商子女学校、1 所海归人才子女学校，数量仅次于北上广深，共聘请外籍教师 2622 人。苏州德威外籍人员子女学校、苏州新加坡外籍人员子女学校、昆山加拿大外籍人员子女学校跻身"2022 胡润百学·中国外籍人员子女学校 30 强"。此外，截至 2019 年底，苏州有 7 家中外合作办学机构和 29 个中外合作办学项目，2021 年，苏州涉外办学数量居江苏省首位[①]。在政策方面，苏州出台《苏州市高层次人才子女教育服务办法》，按照高端人才层级类别提供专属子女教育服务待遇。

打造更高质量、更全面、更多元化国际社区环境，让来自不同国家的外

---

① 信息来源：苏州市教育局网站。

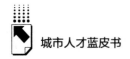

籍人才和谐共处。苏州打造了金鸡湖商务区、苏州2.5产业园人才社区等高品质人才社区，建设了文华人才公寓等一批国际人才公寓、高端住宅，不断提升物业管理服务品质，同时还配套建设了国际商业购物中心等国际化文化休闲场所，在外籍专家聚集的苏州高新区、苏州工业园区等地设立苏州独墅湖图书馆、外国专家书屋等文化场景服务点，并提供多种图文标识。在城市整体风貌建设方面，苏州有众多具有异域风情的建筑群，让外籍人才有身处家乡的感觉，其中淮海街将其建筑建设成日本当地风格，让在苏州高新区内工作的日籍人士有"家"的感觉，真正实现"拴心留人"。

组织、举办外籍人才文化、科技交流体验活动，增强外籍人才在苏归属感、认同感。苏州举办外国专家看苏州活动，以文化体验、参观等形式向外籍人才讲述苏州故事，推动外国专家本地化融入；成立"拾遗"体验工作坊，举办苏绣、昆曲、苏扇、核雕、石雕、剪纸等苏州非遗项目的文化体验活动；组织外籍人才组团参加中国国际人才交流大会，设立展厅展示苏州创新创业环境和"十三五"科技创新成果，以科技交流凝聚外籍人才。

近年来，苏州坚持打造"强富美高"新图景的社会主义现代化强市的奋斗目标，聚焦强化创新核心支撑、打响"苏州制造""江南文化"品牌等重点方向发力攻坚，同时紧抓长三角一体化发展国家战略机遇，加快"沪苏同城化"进程，深入开展"海鸥计划"、全球科技人才地图、国际精英创业周等系列引才计划，这一切无不吸引着来自全球各地的人才。2021年度"魅力中国城市"调查测评结果显示，苏州外籍人才认为苏州生活便利、办事便捷、城市风貌秀美、居民友善，科研环境也日臻完善，而在长期居留待遇落实、创造更加优良的工作和创新创业环境以及更包容多元的文化环境方面需要进一步改善。面向未来，苏州将继续围绕打造"创业者乐园、创新者天堂"的目标，在人才引进、培养、使用、评价、流动、激励等方面开展政策设计和机制突破，对标国际惯例完善精准专业的人才服务体系，同时持续优化创新创业生态，提升城市国际化水平，打造英才首选之城！

参考文献

《2021 年政府工作报告》，苏州市人民政府网站，2021 年 1 月 19 日，https：//www. suzhou. gov. cn/szsrmzf/zfgzbg/202102/55d29f1019f2422595a6683104506e24. shtml。

《空中客车中国研发中心签约落户苏州》，苏州工业园区管委会网站，2022 年 6 月 25 日，http：//www. sipac. gov. cn/szgyyq/mtjj/202206/a30c53ab78094063983f7181abb00188. shtml。

中国科学技术信息研究所：《国家创新型城市创新能力评价报告 2021》，科学技术文献出版社，2022。

《加码在华投资力度，德国卡赫全球研发中心落户中国苏州》，搜狐网，2022 年 6 月 10 日，https：//www. sohu. com/a/555795080_ 104421。

《苏州和华为重磅签约！"四总部""六中心"来啦!》，澎湃新闻，2021 年 1 月 4 日，https：//www. thepaper. cn/newsDetail_ forward_ 10650315。

《现代版"苏州园林"将亮相"世界级"舞台》，新浪网，2022 年 1 月 12 日，https：//k. sina. com. cn/article_ 5675440730_ 152485a5a02001bg7o. html。

《11 年飞来"海鸥"1666 只》，苏州新闻网，2022 年 4 月 7 日，http：//www. subaonet. com/2022/szyw/0407/481790. shtml。

《关于外国人才工作生活便利化服务若干举措（试行）》，苏州工业园区管委会网站，2020 年 12 月 31 日，http：//techpioneers. sipac. gov. cn/Policy/Detail. aspx? ContentID=3195。

B.5
2021年度西安外籍人才吸引力
调查报告

徐庆群　李　浩　冯　杰　张贺彦*

摘　要： 西安是古老与现代交汇之城、东西方文化交融之地，置身于西安就
　　　　仿佛置身于多元文化中心。西安已正式获批综合性国家科学中心和
　　　　有全国影响力的区域科技创新中心，成为继北京、上海、粤港澳大
　　　　湾区的深圳之后，全国第四个获批"双中心"的城市。为此，面对
　　　　深入实施科教兴国战略、人才强国战略、创新驱动发展战略机遇以
　　　　及加快建设世界科技强国、实现高水平科技自立自强的决策部署，
　　　　本文从外籍人才吸引力视角，含工作便利度、生活便利度、社会环
　　　　境、城市互评、城市外向度等维度分析西安城市的发展潜力，通过
　　　　秦创原创新驱动平台、西安都市圈等实实在在的建设进展诠释国际人
　　　　才环境现状，立体展现西安城市底蕴，为进一步引才引智提供参考。

关键词： 秦创原　引才引智　西安

　　西安作为国家重要的战略支点城市，是"一带一路"倡议向西开放和
贯通欧亚通道的重要节点城市，是新时代推进西部大开发形成新格局、黄河

---

* 徐庆群，科学技术部国外人才研究中心《国际人才交流》《专家工作通讯》总编辑、编审，主
要研究方向为国际传播、国际合作与交流等；李浩，科技中国杂志社总编室主任，兼任上海师
范大学全球创新资本研究院研究员，主要研究方向为科技发展战略、产业创新生态、科技人才
等；冯杰，科学技术部国外人才研究中心《国际人才交流》编辑部编辑，主要研究方向为国际
人才交流、国际科技合作、科技对外宣传等；张贺彦，科学技术部国外人才研究中心《国际人
才交流》编辑部编辑，主要研究方向为国际人才交流、国际科技合作、科技对外宣传等。

流域生态保护和高质量发展、关中平原城市群和西安都市圈发展的战略要地，承担着建设全国重要科研和文教中心、黄河流域对外开放门户和国家中心城市的重要使命。同时，这座城市也是国家全面创新改革试验区、国家自主创新示范区、国家双创示范基地和国家级硬科技创新示范区、西安综合性国家科学中心、具有全国影响力的区域科技创新中心等。在2021年度"魅力中国——外籍人才眼中最具吸引力的中国城市"（以下简称"魅力中国城市"）主题活动中，在41个候选城市中总排名为第11。

西安是古老与现代交汇之城、东西方文化交融之地，置身于西安就仿佛置身于多元文化中心。过去，张骞出使西域，丝绸之路上驼队商旅络绎不绝，数万名外国人生活在唐长安城中。如今，探索内陆与"一带一路"共建国家经济合作和人文交流新模式，陕西自由贸易试验区成立，通过制度创新营造出法治化、国际化、便利化的营商环境。西安支持更多外籍优秀创业人才"留下来"。西安也在全力打造"硬科技之都"，持续加强对世界一流杰出人才的引进和培养，引才引智实现了从"区位吸引""政策引才"向"创新吸引""事业引才"的转变，探索形成科技创新和人才队伍建设的"西安品牌"，让身在西安和来到西安的人都感受到这座城市的热情与包容。

一　西安城市概况

西安地处我国关中平原中部，属暖温带半湿润大陆性季风气候，冷暖干湿四季分明。西安地区自古有"八水绕长安"之美称。市区东有灞河、浐河，南有潏河、滈河，西有皂河、沣河，北有渭河、泾河，此外还有黑河、石川河、涝河、零河等较大河流。西安市统计局数据显示，2022年末全市常住人口1299.59万人，比上年末增加12.29万人。2022年西安市经济运行情况报告显示，西安地区生产总值（GDP）11486.51亿元。分产业看，第一产业增加值323.58亿元；第二产业增加值4071.56亿元；第三产业增加值7091.37亿元。

西安是我国中西部地区重要的科技创新中心城市，是重要的科研、高等教育、国防科技工业和高新技术产业基地，承担自由贸易试验区、国家全面创新改革试验区、新一代人工智能试验区等 20 多项国家级创新改革试点、示范任务。《西安市 2022 年国民经济和社会发展统计公报》显示，2022 年末西安拥有普通高等学校（本专科）63 所，在校学生 83.56 万人，毕业生 21.73 万人。研究生培养单位 43 所，在校学生 17.76 万人，毕业生 3.95 万人。西安拥有富集的科教资源，拥有各类高校 84 所，其中普通高等学校 63 所，7 所高校的 13 种学科跻身全国"世界一流学科建设"行列，占入选学科种类的 12.1%。2022 年末西安拥有国家级高新技术企业 10431 家，全年专利授权量 58045 件，其中，发明专利授权量 17136 件。全年共签订技术合同 6.44 万个，技术合同成交额 2881.30 亿元。截至 2021 年 9 月，西安已与 41 个国家的 64 个城市结为友好城市，与 3 个国家的 4 个城市结成 4 对友好区县。

二　西安城市外籍人才吸引力分析[①]

（一）总体情况

西安在 2021 年度"魅力中国——外籍人才眼中最具潜力的中国城市"中名列前茅，2021 年总榜单上排名第 11。西安对外友好交流合作成果显著，当年新增常住人口数量增长迅速。

（二）工作便利度

从一级指标来看，西安在 41 个候选城市中工作便利度排名第 12。外籍人才对西安的科研工作满意度、办理工作及居留许可便捷度、人际关系、企业工作满意度、工作内容、工作方式等方面颇有好评，得分均超过所有候选城市平均分。具体来看，西安的科研工作满意度得分较高，是西安工作便利

---

① 本部分所有图表数据来源于 2021 年度"魅力中国——外籍人才眼中最具吸引力的中国城市"主题活动调查问卷，特此说明。

度的优势指标。工作压力、培训机会、升迁机会以及劳动保护给予了外籍人才较好的工作体验。此外，外籍人才也给西安便捷的工作及居留许可办理打出较高评分（见图1）。

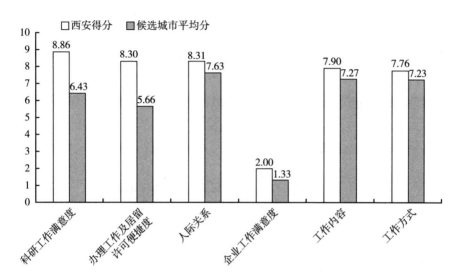

图1 工作便利度部分二级指标得分情况对比

说明：二级指标得分均已做0~10分的标准化处理，最高分为10分，下同。

（三）生活便利度

从一级指标来看，生活便利度实现大幅飞跃，在41个候选城市中从2020年20名外跻身前15名。外籍人才对西安的交通出行、社区生活、网络通信、物价水平、休闲娱乐等方面满意度高，得分高于全国候选城市平均分（见图2）。

（四）社会环境

从一级指标来看，社会环境指标存在短板，在五项一级指标中排名最靠后（第23名），后续需着重关注。西安在社会友好程度、易理解的语言标识、城市交通方面得分高于候选城市平均分，但城市景观环境、城市基础设施建设指标得分低于候选城市平均分（见图3）。

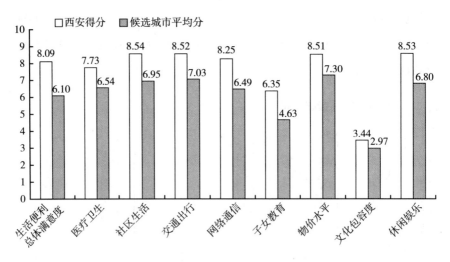

图 2　生活便利度所有二级指标得分情况对比

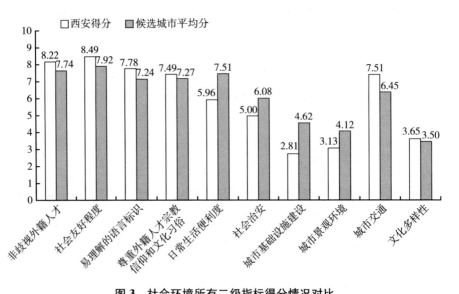

图 3　社会环境所有二级指标得分情况对比

（五）城市互评

从一级指标来看，城市互评在 41 个候选城市中排名第 17。外籍人才对西安城市评价积极，其中城市知名度、居民友善度、城市风貌美观度、气候环境舒适度、消费水平适宜度等方面获得好评（见图4），科技创新活跃度获得外籍人才认可。

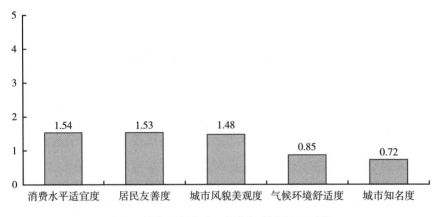

图4 城市互评部分二级指标得分情况对比

（六）城市外向度

从一级指标来看，城市外向度评分较上年小幅上升3名至第5名。西安在友好城市数量、当年新增常住人口数量、瞪羚企业数量表现出色。西安共有64个友好城市，数量在候选城市中排名第5；当年新增常住人口数量为20.3万人，在候选城市中排名第4；瞪羚企业共有217家，在候选城市中排名第10。

（七）外籍人才提出人员流动、人员交往以及深化国家科技交流需加强，属于未来重点关注改善方向

工作环境方面，外籍人才关注度不断提升，尤其关注语言交流、工作签证便利化、政策稳定、未来发展机会和在西安创业扶持。提出无法注册国内移动应用程序，期待更加包容的工作氛围与更合规的劳动力市场。生活服务方面，外籍人才重点关注医疗、教育服务，越发重视关乎身体健康

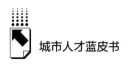
的生活质量指标、自然安静的居住环境、健康丰富的休闲娱乐氛围。社会环境方面，外籍专家期待社会环境更加开放、包容和美丽，重点关注城市基础设施建设、国际化语言环境，提出在公共场所多一些英文标牌或者中文拼音。

三　西安城市国际人才环境现状

西安领跑年度外籍人才眼中最具潜力的中国城市，体现了西安外向型经济发展、创新型发展以及外籍人才工作方面的不断进步。

（一）西安在新时代奋进强大

秦创原创新驱动平台建设正式启动两年来，以西咸新区和西部科技创新港为总窗口，创新资源集聚效应明显，营造了良好的创新创业氛围。秦创原在全国的品牌效应彰显，秦创原现象、秦创原生态、秦创原模式和秦创原板块初现，企业主体、人才主力、市场主导、政府主推的创新生态体系逐步完善，具体表现为以下方面。一是国家级重点项目不断落地。获批建设西安综合性科学中心和具有全国影响力的科技创新中心，启动碑林环大学硬科技创新街区国家试点和国家先进技术创新示范基地建设，"空天动力未来产业科技园"入选国家首批未来产业科技园建设试点。二是城市创新人才集聚，创新能力稳步提升。荣获首批国家知识产权强市建设示范城市，2022年全球"科技集群"排名跃升至第22；出台十项举措优化创投生态，大力推广科技成果转化"三项改革"；创建人才综合服务港、高端人才服务基地和青年人才驿站，设立人才发展基金，2022年引进和培养高层次人才8287人。三是新载体、新平台、新生态加速发展。2022年，重组、新建7家全国重点实验室，国家级孵化载体达到104个，认定西安电子谷等"三器"示范及特色平台67个；科创大厦加速器、沣东立体联动孵化器总基地建成启用；国家超算西安中心一期正式投运，"未来人工智能计算中心"算力位居全国第2，西北有色金属研究院等5家单位入选首批"科创中国"创新基地；经开区中国电子西安产业园获批 2022 年度国家小微企业创业创新示范基地；全球首台最大直径 3.6 米阴极辊和生箔一体机西安泰金工业电化学技术有限公司工厂成功下线，航天企业晟光硅研半导体项目获全国智能制造创新大赛潜力组一等奖……诸此种种足以证明，秦创原建设成效颇丰，秦创原创新驱动平台持续触发"核裂变"，堪称推动科技成果裂变的"核反应堆"。

高质量推进秦创原创新驱动平台收官建设。2023 年西安市《政府工作报告》将"发挥秦创原平台效应，加快建设西安综合性科学中心和具有全国影响力的科技创新中心"列为 2023 年重点工作任务之一。2021 年 3 月，秦创原创新驱动平台建设正式启动。两年来，秦创原在全国的品牌效应彰显，秦创原现象、秦创原生态、秦创原模式和秦创原板块初现，企业主体、人才主力、市场主导、政府主推的创新生态体系逐步完善，机床、光伏、氢能、储能等产业链规划布局，先进制造、新能源、新材料、生物医药等领域一大批中小企业落户集聚，一大批传统企业创新发展，一大批高校院所科技成果就地转化。在西咸新区，立体联动"孵化器""飞地园区"加快推进，秦创原工作站和协同创新中心正在发挥重要作用，区域协同创新成效已经显现。

发挥秦创原吸引集聚效应，加速科技成果就地转化。秦创原不是一个地方，也不是某家机构，而是一个概念，它肩负着科技成果转化、建设共性技术研发平台、实现校地校企合作、创新人才教育培养、推进政产研深度融合等科创重任。全市深入实施《秦创原创新驱动平台建设三年行动计划（2021—2023 年）》，着力打造"三器"建设示范样板，深化科技成果转化"三项改革"，强化中试孵化、对接交易、科技金融支撑，全力构建一站式、全链条、全周期的科技成果转化服务体系，推动更多科技成果就地孵化落地、商业化、产业化；高标准打造总窗口总平台，形成集聚、示范和推动作用，促进科技创新示范带和先进制造业示范带双向发力；更加聚焦创新主体培育，大力实施"登高、升规、晋位、上市"四大工程，实现科技型企业数量倍增、质量提升；更加突出创新生态优化，完善"一中心一平台一公司"功能，建好人才、资本、科技三大市场，构建全链条全周期服务体系；

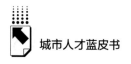

更加强化创新合力凝聚，加强政策衔接、协调配合、利益共享，全力把秦创原创新驱动平台打造成创新创造的高地。

（二）"五个聚焦"攻坚发力

西安拥有各类重点实验室、工程技术研究中心 535 个，其中国家级重点实验室 23 个，国家级工程技术研究中心 2 个。国家高新技术企业超 5000 家，国家级科技企业孵化器 25 个，国家级备案众创空间 71 个。西安六大支柱产业异军突起。（1）电子信息产业。全市电子信息产业已逐步形成以半导体、智能终端、电子元器件、通信设备等为主导，软件研发、系统应用、物联网传感等产业链协同配套服务的发展格局，拥有半导体、智能终端、电子元器件三大核心产业。（2）汽车产业。全市汽车产业发展迅速，产量规模不断扩大，技术水平不断提升，形成了以新能源轿车和重型卡车为优势特色的现代汽车产业体系，拥有汽车生产企业 86 家，从业人员约 8.5 万人，总资产达 1000 亿元，形成以陕汽、比亚迪、法士特等为代表的商用车、乘用车和关键零部件制造的核心产业。（3）航空航天产业。航空航天产业是西安军工实力的典型，目前集聚了陕西省 90%以上的航空航天科研生产单位。（4）高端装备产业。全市高端装备产业企业承担着多项国家智能制造试点示范项目，通过实施智能化改造升级，企业的数字化、网络化和智能化水平进一步提升，形成以电力装备、轨道交通装备、专用通用装备等为主的高端装备制造业体系。（5）新材料新能源产业。全市新材料新能源优势主要集中在稀有金属合金材料、超导材料、复合材料、太阳能光伏、风能装备等行业，形成高新区电子信息材料、经开区金属新材料、航空基地复合材料、航天基地光伏材料、西咸新区高分子材料等产学研一体化的区域发展特色。（6）食品和生物医药。全市生物医药产业以西咸新区、高新区、经开区等开发区为主要承载地，形成了化学与制剂生产、天然植物提取、基因检测等产业集群。空军军医大学、西北大学、西安交通大学、西北农林科技大学等高校在生物医药、精准医疗、现代中药和医疗器械等方面具有深厚的研究积累。自身发展环境优良，邻近"天然植物基因库"秦岭，蕴含 2730 多种高质量植物药资源，其中优质地道药材32种、大宗药材400余种。

2023年全市科技创新工作围绕"五个聚焦"攻坚发力，"顶天"是要融入国家科技发展战略，"立地"是要培育规模巨大的科技企业塔字形成长体系。全市把"科技是第一生产力、人才是第一资源、创新是第一动力"融入高标准抓好科技创新工作的西安实践中，构建"顶天立地"的科技创新体系，重点围绕"五个聚焦"攻坚发力。一是聚焦融入国家创新体系攻坚发力。凝心聚力打造西安综合性国家科学中心、科技创新中心，从平台建设、未来产业布局、人才引培、科技金融结合、创新生态营造等方面加大推进力度。继续推动国家硬科技创新示范区和碑林环大学硬科技创新街区建设。二是聚焦秦创原创新驱动平台攻坚发力。推动全域秦创原建设走深走实，强化部门、区县、开发区工作联动，秦创原总窗口、科技大市场、知识产权服务平台协同发力，加快丝路科学城、秦创原生态科创岛、幸福林带秦创智谷、大庆智路科创城规划建设。三是聚焦科技企业创新发展攻坚发力。实施科技企业倍增计划，鼓励企业持续加大研发投入，完善金融市场和金融工具对科技企业的支持机制，拓宽科技型中小企业融资途径，开展技术产权资产证券化（票据化）和创新信用贷款试点。四是聚焦激活创新要素攻坚发力。巩固科技成果"三项改革"试点成果。继续推进技术要素市场化配置改革，提升西安科技大市场服务水平，完善仪器设备共享、职业化技术转移人才培养等工作机制，促进创新链、产业链、资金链、人才链"四链"协同融合。五是聚焦科技合作交流攻坚发力。加强跨区域合作，深化与粤港澳大湾区和上海技术交易所合作，推进科技成果价值评估。打造硬科技城市品牌，举办硬科技和创新创业系列活动，支持和服务高校、科研机构和企业"走出去""引进来"，营造具有全球竞争力的开放创新生态。

（三）科创环境引领，突出抓创新

科创环境方面，西安综合科教实力居全国前列，拥有各类科研机构460多家，驻市高校83所，其中普通高校63所、高校在校生130万人；第二轮"双一流"建设学科18个（第一轮15个）；两院院士67位（含1位外籍院

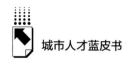

士)、各类专业技术人员近 100 万人。获批 7 个全国重点实验室,省级、市级重点实验室 336 个(省级、市级各 168 个);市级以上工程技术研究中心 499 个(国家级 2 个、省级 152 个、市级 345 个)。支持建设秦创原"三器"示范平台 67 个、新型研发机构 32 个、创新联合体 22 个、共性技术研发平台 11 个。

产业环境方面,陕西省委、省政府着力推进秦创原创新驱动平台建设,为西安打造成全国重要的科技创新策源地提供了有力支撑。2022 年全市科技工作"高、科、技、研、上"五大重要科技创新指标持续攀升、加速增长。"高"指国家高新技术企业,总数达到 10305 家,同比增长 44.3%,占全省 86.1%,预计超越成都、南京,居副省级城市第 5。"科"指科技型中小企业,总数达到 12369 家,同比增长 43.9%,占全省 72.7%,居副省级城市第 4。"技"指技术合同成交额,达到 2880.8 亿元(登记技术合同 65684 项),同比增长 30%,占全省 94.3%,连续两年增幅超过 30%。"研"指全社会研发经费投入,达到 553.67 亿元,同比增长 9.41%,占全省 79%,研发强度 5.18%,高于全省 2.83 个百分点,高于全国 2.74 个百分点,居副省级城市第 2。规上工业企业研发经费投入 191.63 亿元,占全省 59.9%,投入强度 1.92%。"上"指上市企业,总数达到 99 家(境内 61 家、境外 38 家),占全省 76% 以上,2022 年新增 11 家。科创板上市 12 家,居副省级城市第 6;上市公司总市值 1.23 万亿元,居副省级城市第 6。

人才服务生态建设环境方面,西安市级领导带头联系驻市院士专家,重要节日登门慰问,定期对接问计、见面问效,重要政策出台征求意见,重大会议邀请列席。建立人才引进培养、项目扶持、跟踪服务、考核问效的全流程管理模式,形成环节明确、路径清晰、责任到位、反馈及时的工作闭环,实时掌握人才项目落地和作用发挥情况,精准对接人才实际需求。开通高层次人才咨询、预约热线,成立医疗服务保障专家组,建立"一人一档"医疗服务档案,真正做到诊断、治疗、保健全流程"绿色通道"。加大金融支持力度。设立 5 亿元西安市人才发展基金:引入市场化、专业化投资机构运营管理,重点支持科技成果本地转化、技术创新、产业链关键环节提升等项目，为人才创新创业、孵化培育和企业快速发展提供金融支持。人才个人所得税奖励：对引进的年薪超过30万元的高层次人才，个人所得税本市留成部分予以全额奖励。高标准筹建西安人才综合服务港。上线西安人才一体化综合服务平台：涵盖政策宣传、项目申报、互动交流、科技服务等功能，实现人才申报确认、子女就学、个税奖励、金融服务礼遇等多项政策在线办理，让"数据多跑路、人才少跑腿"。建成西安人才交流活动中心和高端人才服务基地：为高层次人才开辟集学术交流、产学研对接、康养休闲于一体的高端交流服务阵地。

（四）集聚人才为古都西安注入了强大的创新创业活力

全面实施人才强市战略，畅通人才流动渠道，吸引和会聚各类国内国外人才，激发人才创新创业创造活力，推动西安人才数量质量全面提升。一是随着GDP突破万亿元大关，大西安都市圈已基本形成，西安的经济综合实力、国际战略地位、国际影响力不断提升，国际化程度持续深化。西安市在不断加大人才引进力度，推动西安人才效能全面提升。为实现区域经济的持续发展，西安市注重人才与智力支撑，着力为高层次人才建立"人才之家"，提供完善的人才服务保障，促进形成人才集聚高地，推动社会经济高质量发展。二是西安市以助推科技成果就地转化和优化人才创新创业服务为主攻方向，积极建设校地对接、成果转化、人才发展三类平台，实施西安英才梯次引育、创新主体培育两项工程，进一步凝聚创新要素，不断提升"西引力"。三是西安市在招才引智方面，重点瞄准"头部"企业、科技型企业、大院名所、领军团队等，持续招大引强、招新引精，形成集聚之势，通过打造高水平科创平台、聚集高层次创新人才、营造最优创新生态、聚焦聚力科技创新，加快以人才为核心的创新要素集聚发展。

用服务温暖人才，用环境打动人才。在提升服务能级、改善服务体验上下功夫，用人才服务"小切口"做出秦创原人才生态"大文章"。西安市先后出台《西安市深化人才发展体制机制改革打造"一带一路"人才高地若干政策措施》《人才队伍建设及科技创新行动三年计划》，研究制定加强人

才工作助推高质量发展的实施意见，坚决破除户籍、身份、学历、人事关系等各种机制障碍和利益藩篱，构建人才引育、流动、评价和服务的全方位政策体系。深入贯彻落实中央关于建设国家吸引集聚人才平台的安排部署，研究制定加快建设国家级吸引集聚人才平台实施方案，通过构筑培养集聚一流人才的创新载体、优化人才科技创新服务机构、打造人才宜居宜业环境等，积极建设"一带一路"共建国家人才交流合作的核心支点，在加快建设人才战略支点和构建雁阵格局中体现西安担当。

（五）西安市加强对外贸易提质增量和对外开放水平提升工作

在精准引才引智方面，西安围绕构建全市"6+5+6+1"现代产业体系，提升西安"硬科技"城市品牌，打造"精品引智工程"，实施"国家外国专家项目"及"西安市海外高层次人才引智项目"。2021年，共获批科技部高端外国专家项目12个、专项引智项目10个，争取经费1904万元，较上一年度增加71.3%，连续多年位居副省级城市第1；通过实施"西安英才计划"等市级重点人才工程，遴选资助115个高层次人才及团队项目，立项支持84个海外高层次人才项目。在构建国际科技合作平台方面，作为古丝绸之路起点，西安着眼丝路科创中心等目标，建设出一批面向丝路国家的国家科技合作平台，促成陕西师范大学和陕西地矿科技产业股份有限公司与"一带一路"共建国家吉尔吉斯斯坦国立农业大学联合建立了"中吉药物开发国际联合实验室"。此外，2021年新认定30家"西安市国际科技合作基地"，基地总数达到74家；与新加坡、以色列、德国境外机构建立了西安海外科技交流合作工作站等，形成了海外高端人才来西安发展的便捷通道。

2022年，完成外国人来华工作许可通知、工作证办理、变更、延期等业务1895人次，举办线上、线下各类培训6次，参训企业300余家、参训人员500余人次；为重点产业链龙头企业设立"一对一"服务员机制，实现高层次外籍人才"一次都不跑"，切实解决重点企业在引进外国高端人才过程中遇到的"急难愁盼"问题；协调推进秦创原总窗口外国人来华工作许可和工作类居留许可"一窗联办"事项，实现了在西咸新区范围内外国人服务质量和涉外管理领域综合治理能力的双提升；先后参与举办了首期"走读西安"外宣沙龙活动、外国专家走进西安梁家滩国际学校开展交流活动、海外人才中秋夜联谊活动 3 场外国专家沙龙活动，新设立一家"外国专家书屋"和两家"外国专家流动书屋"。举办 2022 全球硬科技创新大会。举办 2022 第 16 届中国西安国际科学技术产业博览会暨硬科技产业博览会，设立 6 个专题展区及 3 个特色专区，展示内容涵盖航空航天、电子信息、人工智能、新能源与节能环保等细分领域。

2023 年，以西安市获批建设综合性国家科学中心和科技创新中心为契机，加大科技对外开放合作力度，促进西安成为科技对外开放和"一带一路"高层次人才集聚地、科技创新中心和创新高地。一是持续加强"一带一路"科技合作交流。充分利用国家"一带一路"相关政策，支持和帮助企业主体在参与国际科技合作中运用和享受好相应政策和资金；主动对接，积极推介西安市创新主体参与陕西省"一带一路"创新合作项目。二是优化提升国际科技合作平台服务能力。加强国际科技合作基地管理，进一步优化和完善西安市国际科技合作基地管理办法，促进平台更快发展；持续拓展海外研发中心、离岸创新中心服务功能，支持创新型企业与"一带一路"共建国家和地区企业、机构合作。三是深度挖掘具备全球视野的科技人才资源。持续实施外国专家引进计划项目，吸引世界顶尖科技人才和团队参与全市经济社会发展；不断扩大全球硬科技创新大会、国际创业大赛等活动的国际影响力，组织参加高交会、国际人才交流大会、陕西科创会等会展活动，深入挖掘资源，持续推进全市科技创新和引才引智工作。

（六）海外人才服务体系建设的一流承载体

1.中国国际人才市场西安市场

中国国际人才市场西安市场的法人主体机构是西安海外人才发展促进中心，主要开展西安地区海外人才的吸引、培养、引荐和服务工作，是促进海外高层次人才创新创业项目落地，实现人才和科技资源集聚、成果转化的国际交流、人才与科技的创新服务平台。

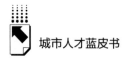

原西安市外国专家局于 2021 年 4 月批准将中心正式落户位于高新区核心 CBD 区域的西安国际人才大厦。中心依托中国国际人才交流协会在全球设立的办事机构，与世界各国的 300 多家专家组织、国际人才组织、培训机构、高校和科研院所，建立起国际人才交流与合作的资源平台，面向全球开展国际人才、技术创新合作。为促进西安外籍人才的引进与服务，中心为外国专家、外籍人才和留学人员提供涵盖工作许可、签证、职业服务、商业及社会保险、人才公寓、人才奖补政策咨询、职称认定等服务。

2. 西安人才综合服务港

西安人才综合服务港坐落于西安高新区核心区域，致力于为西安市高层次人才提供"一站式"服务，助力西安打造优质人才生态。依托西安人才集聚效应，整合科研成果资源优势，西安人才综合服务港力争发挥合力作用，建立区域人才协同机制，营造尊才爱才惜才氛围，为高层次人才提供交流分享的平台。设立海外联系机制。建立"西安高新区海外招才引智联盟"；人才港落牌"西安海外人才服务基地"；设立西安欧美同学会会员部，将西安人才综合服务港作为海归学生回国报到第一站，与陕西省欧美同学会、西安欧美同学会积极对接，定期举办海归活动。自人才港运营以来，累计举办招才引智各类活动 82 余场，累计参与人才 5000 多名，覆盖企业 1500 余家。

3. 西安国际港务区

西安国际港务区组建于 2008 年，位于西安主城区东北部浐灞泾渭三角洲，浐河、灞河、泾河、渭河四水聚港，是陕西、西安为打造内陆改革开放高地而设立的经济先导区。面向全球开展"新陆港人"海外人才计划，以中央商务区为主要承载地，引育创新人才和商贸人才队伍。形成"一心、三轴、六片区"的总体空间结构；"一心"为中欧班列西安集结中心；"三轴"分别为中央商务轴、丝路交往轴、灞渭河生态轴；"六片区"为港口功能片区、中央商务片区、港城综合发展片区、现代商贸片区、临港先进制造片区、国际人文科创协作片区、央地合作共建区。重点打造三类人才发展平台。（1）拓宽人才交流平台。高标准建设西安"一带一路"人才发展战略

研究中心，构建"两翼多轮"的规划布局。"两翼"为：研究中心下设
"'一带一路'人才战略研究院"与"'一带一路'企业家学院"；"多轮"
为：综合配套"人才社区""人才一站式服务""校企地合作平台"等多个
支撑载体，通过人才战略研究和企业家培训，推进"一带一路"共建国家
人才充分交流，吸引人才和总部企业集聚，加快建设向西开放前沿。瞄准全
球人才流动新形势，以境外人才合作招引为重点，以与清华大学、"一带一
路"共建国家高校、欧美同学会、丝路规划中心、欧华联、用人单位合作
为方式，发挥中欧班列沿线触角作用，在匈牙利建立"中欧班列（西安）
国际交流总站"，在"一带一路"共建国家设立分站，加强海外人才的引
进、交流。（2）布局商贸合作基础设施。打造中欧班列（西安）集结中心，
加强国家级"一带一路"国际商事法律服务示范区、国家首批进口贸易促
进创新示范区、国家跨境电子商务综合试验区、国家电子商务示范基地等对
外贸易基础设施建设，建设"一带一路电商创新中心"。（3）建设技术创新
转化平台。对前沿和共性技术类科研院所形成多元投入机制，支持应用技术
类科研院所开展市场化创新、企业化发展，组建院所创新联盟。以西部超导
为核心建立西安国际港务区医工科技产业园，设立西安国际港务区研发创新
中心，争取优势领域的重大创新平台获得国家支持。常态化开展产学研协同
创新对接活动，持续推动科技成果供需高效对接。围绕重点产业技术创新体
系布局，建设集成点发展智能制造、商贸物流、数字经济等类别的产业公共
技术服务平台。支持各类主体设立专业化技术转移转化机构。

（七）高水平培育建设西安都市圈

2022年3月，《西安都市圈发展规划》获批。这是继南京、福州、成
都、长株潭都市圈发展规划之后国家批复的第5个都市圈发展规划，也是目
前西北地区唯一获批的都市圈发展规划。《西安都市圈发展规划》提出，西
安都市圈地处我国"两横三纵"城镇化战略格局中陆桥通道横轴和包昆通
道纵轴的交会处，是关中平原城市群的核心区域，是西部地区发展条件最
好、经济人口承载能力最强的区域之一，是西北地区的经济中心、文化中

心、科技中心和对外交往中心，在社会主义现代化国家建设大局和构建新发展格局中具有重要地位。放眼全国区域发展大局，充分发挥西安龙头作用，坚持协调共进，推动跨行政区域合作和城乡融合发展，加快塑造以创新驱动为引领、以开放为支撑的发展新动能，全面提升都市圈竞争力和同城化水平。到2025年，都市圈高质量发展迈出坚实步伐，西安国家中心城市辐射带动能力进一步提升，非省会功能有序疏解，西安—咸阳一体化发展取得实质性进展，周边城镇发展水平和承载能力明显提升，城市间同城化协调发展机制更加健全，大中小城市和小城镇发展更加协调。网络化、多层次、综合立体交通网基本建成，基础设施互联互通水平大幅提升。秦创原创新驱动总平台全面建成，研发经费支出占GDP比重提高到4.2%以上，"双链"融合达到更高水平，以创新为引领的现代产业体系更加完善，分工有序、协作高效的都市圈空间格局基本形成。见山望水的生态保护格局基本确立，多层次区域生态网络不断健全，万元生产总值用水量降至34立方米，大气污染联防联控取得明显进展，设区的市级以上城市空气质量优良天数比例保持在80%以上、声环境功能区夜间达标率达到85%，绿色低碳生产生活方式基本形成。城市治理体系和治理能力现代化加快推进，城市内涝问题全面解决，公共卫生体系和重大疫情防控救治体系不断完善，城市安全发展水平全面提升。公共服务共享发展水平显著提升，共同富裕迈出坚实步伐，公共文化产品和服务供给更加丰富，文化产业竞争力大幅增加，社会文明程度得到新的提高，区域协同治理能力显著增强。到2035年，现代化的西安都市圈基本建成，圈内同城化、全域一体化基本实现，形成大中小城市和小城镇协调发展的格局，发展品质、经济实力、创新能力、文化竞争力迈上更高水平，区域协同创新体系基本建成，内陆改革开放高地功能进一步强化，阻碍生产要素自由流动的行政壁垒和体制机制障碍基本消除，在全国全球价值链和产业链分工体系中的地位大幅跃升，城乡发展差距显著缩小，都市圈基本公共服务实现均等化，全面建成具有全国影响力和历史文化魅力的现代化都市圈。

一座城市科技经济社会发展，归根结底要靠优秀人才的集聚、扎根和奉献。包容、重视人才已经融入西安城的历史基因中，延绵千年，影响至今。

2023 年是全面贯彻落实党的二十大精神的开局之年，也是西安全市推进秦创原创新驱动平台建设三年行动方案的收官之年。站在新的历史起点、新的征程上，西安以加快建设国家级吸引集聚人才平台为总牵引，实施更加积极、更加开放、更加有效的人才政策，加快打造内陆改革开放人才高地，全面建设国家中心城市，奋力谱写西安高质量发展新篇章，打造中国式现代化西安实践的典范。

参考文献

《最新！西安推出"人才政策包"，打造全国一流人才栖息地和创新策源地》，澎湃新闻，2022 年 10 月 29 日，https：//www. thepaper. cn/newsDetail_ forward_ 20509166。

《智库观点 | 王方：以秦创原"三支队伍"建设，构筑全省科技成果转化多通道》，西安市科学技术局网站，2022 年 2 月 28 日，http：//xakj. xa. gov. cn/ztzl/zkgd/621c7bd0f8fd1c0bdc83142b. html。

方炜：《着力强化秦创原"一总两带"发展引领》，《西安日报》2023 年 2 月 27 日，第 7 版。

王胜军：《高质量推进秦创原创新驱动平台建设》，《西安日报》2023 年 1 月 30 日，第 7 版。

关颖：《秦创原：点燃西安高质量发展"新引擎"》，《西安日报》2023 年 2 月 20 日，第 4 版。

游石：《建 1000 亿基金群　西安意欲何为?》，《西安日报》2023 年 2 月 13 日，第 4 版。

游石：《中国第四个"双中心"，为什么是西安?》，《西安日报》2023 年 2 月 6 日，第 4 版。

案　例　篇
Case Reports

B.6
中关村国家自主创新示范区：
瞄准国际一流　推动原始创新*

施辉阳**

摘　要： 中关村坚持强化国家战略使命担当，深入实施创新驱动发展战略，加快建设世界领先科技园区，走出了一条具有中国特色科技创新引领经济高质量发展的新路子，已经成为我国原始创新的策源地、自主创新的主阵地和高科技企业的出发地。本文系统梳理十八大以来中关村创新发展总体情况，围绕先行先试改革、高水平科技自立自强、创新型产业集群发展、科技型企业梯队培育、创新创业高地建设、内外联动等六个方面总结取得的主要成效与经验做法，为更好发挥中关村创新引领示范作用、促进国家高新区高质量发展提供决策参考。

* 本文所有数据、图的资料来源于《中关村国家自主创新示范区发展数据手册（2022）》，特此说明；本文中关村国家自主创新示范区简称"中关村"或"示范区"。

** 施辉阳，北京市科委、中关村管委会园区发展建设处处长，主要研究方向为中关村科技园区发展建设工作。

关键词： 中关村　世界领先科技园区　创新驱动发展战略

中关村是我国第一个国家高新区和第一个国家自主创新示范区，是我国创新发展的一面旗帜。中关村始终牢记自主创新的战略使命，充分发挥科技体制机制创新"试验田"作用，持续深化先行先试改革，不断优化创新创业生态，加快培育高精尖产业，走出了一条具有中国特色科技创新引领经济高质量发展的新路子。经过十年的发展，中关村已经成为我国原始创新的策源地、自主创新的主阵地和高科技企业的出发地。

一　紧扣痛点难点，先行先试改革 实现新突破

2021年，中关村会同科技部研究形成《关于支持中关村国家自主创新示范区开展高水平科技自立自强先行先试改革的若干措施》，谋划开展新一轮先行先试改革，已经中央深改委审议通过。当前，中关村新一轮先行先试改革措施正在加快落地实施，在做强创新主体、集聚创新要素、优化创新机制上求突破、谋创新。

十八大以来，示范区发挥改革"试验田"作用，先行先试并推广了一批辐射全国的改革政策，政策创新极大地释放了示范区科技创新的活力。国家层面先后支持中关村实施了"1+6"、"新四条"、"新新四条"、两轮人才特区政策、财税政策等80多项改革措施，出台了促进在京高校和央企科技成果转化实施方案、中关村国际人才20条新政等一系列政策，率先落地公司型创投机构企业所得税、技术转让所得税优惠政策试点，持续开展了投贷联动、设立民营银行、企业境外并购外汇管理、企业外债便利化、建设生物医药国检试验区、创新医疗器械应用推广、强化高价值专利运营等改革试点，已有30多项政策被复制推广到全国。

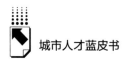

二 坚持自立自强，原始创新策源能力持续提升

十八大以来，示范区坚持"四个面向"，加强"从0到1"的基础研究和关键核心技术攻关，推动国家实验室、新型研发机构等一批战略科技力量落地，涌现出一批重大原始创新成果。前沿技术领域，产生了百度全球最大自动驾驶平台 Apollo、寒武纪国际领先的深度学习智能芯片、旷视国际领先的人工智能算法平台 Brain++、天智航全球唯一可开展脊柱全节段手术的骨科手术机器人、利亚德全球唯一量产的 0.7 毫米高清 LED 小间距显示制造技术、京东方国际领先柔性 AMOLED 生产技术等一批创新成果，空天信息创新研究院的超高精度定位技术、字节跳动的 TikTok 推荐算法技术等入选《麻省理工科技评论》"2021 年全球十大突破性技术"。关键核心技术领域，产生一批技术水平国际领先、实现进口替代或填补国内空白的硬科技成果，发布了国内首款通用 CPU、国内首个自主可控软硬件技术体系"长安链"、全球首个 FPD-EDA 全流程解决方案、全球首个治疗肝衰竭的干细胞新药等一批创新成果。"科技抗疫"贡献中关村力量，在新冠病毒快速检测、抗体与疫苗研发、治疗药物研发、无接触诊疗等方面快速响应，展现科技实力，研制生产了一批"科技抗疫"重磅产品，国内唯一中和抗体药物和 5 款新冠疫苗获批上市，9 款新型冠状病毒检测试剂、6 款新冠病毒肺炎诊疗仪器设备通过国家应急审批上市；北京生物制品研究所、科兴中维等企业研发的新冠疫苗成为"全球公共产品"，出口巴基斯坦、印尼等 50 余个国家和地区；呼吸机、CT 机、新冠病毒检测试剂、测温设备等一大批硬核科技产品驰援海外，助力全球"科技抗疫"。

三 聚焦高质量发展，创新型产业集群加速培育

十八大以来，示范区聚焦国家重大战略需求，启动实施中关村高精

尖产业"强链工程"，加强关键核心技术攻关，促进产业链与创新链融合，打造自主可控、安全高效的供应链产业链。从 2012 年的以电子制造、软件和信息服务等为代表的信息技术产业，到 2021 年的以人工智能、区块链、大数据、云计算、集成电路等为代表的新一代信息技术产业，产业结构优化升级，不断向高精尖经济结构调整，初步形成"241"高精尖产业体系。中关村总收入从 2012 年的 2.5 万亿元发展到 2021 年的 8.4 万亿元，对全市经济增长贡献率在 30% 以上，约占全国高新区的 1/6，复合增长率达 14.5%（见图 1），中关村成为北京高质量发展的重要引擎。2012 年示范区地均收入 51.3 亿元/公里^2，地均税费 3.0 亿元/公里^2，2021 年分别增长至 172.9 亿元/公里^2、6.5 亿元/公里^2，增长率分别达到 237.0%、116.7%，进一步实现集聚集约发展。电子信息和生物医药"双发动机"作用凸显。电子信息产业集群规模由 2012 年的 8941.5 亿元增加至 2021 年的 42936.5 亿元，是 2012 年的 4.8 倍，人工智能产业综合实力位居全球前列，大数据、信息安全市场占有率全国第一，集成电路设计收入约占全国 1/3；生物医药产业在新冠疫苗和新冠病毒检测试剂带动下增势强劲，总收入由千亿元增长至近 5000 亿元，聚集 1600 余家企业。先进制造、现代交通、新材料、绿色能源与节能环保四大重点产业亮点纷呈，如先进制造特色产业集群初步形成，汇聚京东方、北汽福田等近 2000 家企业，总收入翻了近一番，达近万亿元（见图 2、图 3）。福田康明斯、三一重工入选世界经济论坛"灯塔工厂"，小米"黑灯工厂"成为世界级行业标杆，树根互联、梅卡曼德等 7 家企业入选"2021 年全球智能制造科技创新 50 强"。数字经济蓬勃发展，数字经济核心产业信息传输、软件和信息技术服务业实现总收入 1.9 万亿元，十年翻了两番，涌现出金融科技、无人驾驶、智慧物流、新零售等跨界融合新业态。一批新型显示屏、超高清云转播平台、小度机器人、食品安全溯源系统等新技术新产品助力"科技冬奥"，示范应用于场馆建设、赛事保障、观赛体验等冬奥场景。

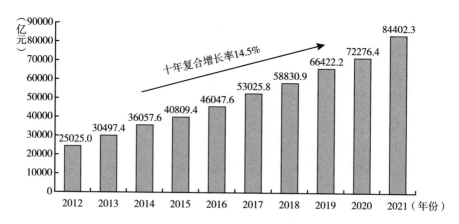

图1　2012~2021年中关村总收入

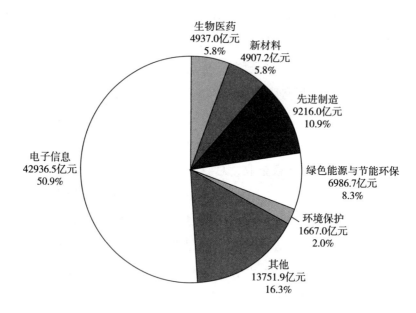

图2　2021年中关村总收入按技术领域分布

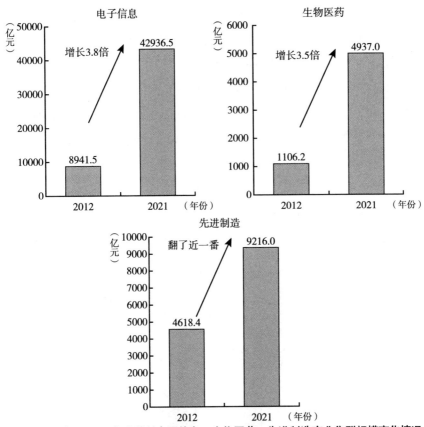

图3　2012年和2021年中关村电子信息、生物医药、先进制造产业集群规模变化情况

四　强化主体地位，科技型企业发展领跑全国

十八大以来，示范区着力构建"大企业强、独角兽企业多、中小企业活"的创新企业矩阵，连续五年每年新创办科技型企业2.5万家以上（见图4），涌现了一批硬核头部企业。2021年，中关村高新技术企业2.4万家，是2012年的1.6倍；拥有年收入亿元以上企业4106家，是2012年的2.2倍（见图5）；千亿元企业实现零的突破，达到8家；企业研究开发费用超过4600亿元，占总收入比重5%以上（见图6）；企业有效发明专利拥有量突破18万件，专利授权量91589件（见图7），PCT国际专利申请量8189件（见图8）；中关村

企业和产业联盟累计主导创制发布标准 1.2 万项，其中国际标准 605 项（见图9）。创新型领军企业不断增多，10 家企业入选《财富》"2021 年世界 500强"，7 家企业入选 Brand Finance "2021 年全球科技品牌价值 100 强"，28 家企业入选福布斯"2021 年全球上市企业 2000 强"。高价值高成长企业持续壮大，截至 2022 年上半年，上市企业总数达 466 家（不含新三板，多地上市不重复计算），是 2012 年的 2 倍，总市值合计 10.11 万亿元，其中 22 家企业市值超千亿元；拥有独角兽企业 102 家，数量位居全球城市第 2，其中 47 家为2021 年新晋独角兽企业，4 家为估值超 100 亿美元的超级独角兽企业。科技新锐企业持续涌现，在人工智能、集成电路、机器人、纳米材料等领域涌现一批技术含量高、资本助力强的优质初创企业，硬科技属性更加彰显。

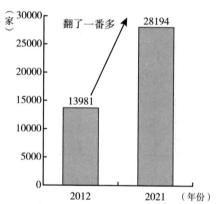

图 4　2012 年和 2021 年中关村新创办科技型企业数

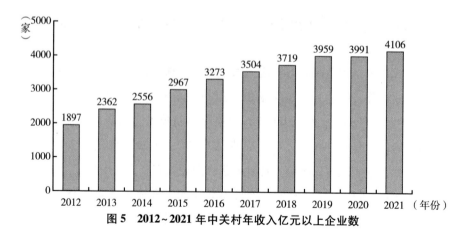

图 5　2012~2021 年中关村年收入亿元以上企业数

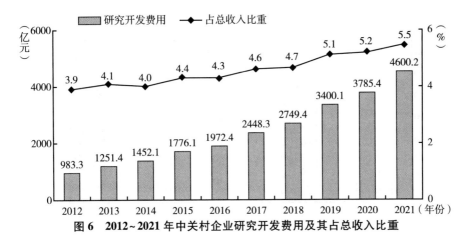

图 6 2012~2021 年中关村企业研究开发费用及其占总收入比重

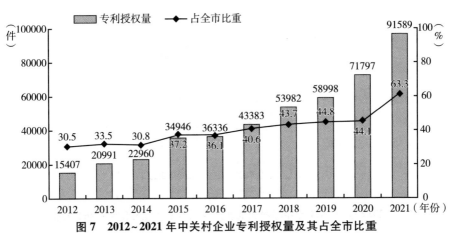

图 7 2012~2021 年中关村企业专利授权量及其占全市比重

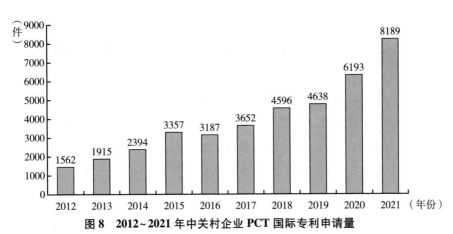

图 8 2012~2021 年中关村企业 PCT 国际专利申请量

173

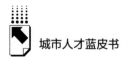

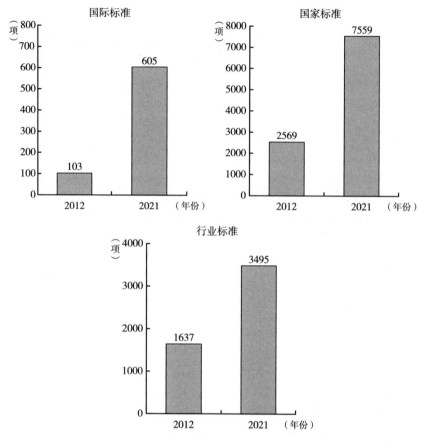

图9　2012年和2021年中关村企业和产业联盟累计主导创制发布标准数量

五　瞄准国际一流，全球创新创业高地建设加快推进

作为我国最具吸引力的创新创业中心之一，十八大以来，示范区坚持以创新创业需求为导向，加快双创服务迭代升级，着力打造全链条全生命周期的专业化国际化的双创服务生态系统。培育科技企业孵化器、大学科技园、特色园区等近500个，其中国家级科技企业孵化器66个、国家级众创空间147个；支持建设技术创新中心、工程研究中心等各类共性技术平台超过1000个，高精尖产业协同创新平台体系累计服务企业约18000家次；集聚

了近 600 个联盟协会和民非组织以及上千家法律、会计、知识产权服务机构。中关村人才特区建设稳步推进，集聚外籍从业人员近万人、海归 5 万多人（见图 10），本科及以上学历人员占比超六成，较 2012 年提高 14.5 个百分点（见图 11）。建设全国首家国家科技金融创新中心和国家级金融科技示范区，风险投资高度活跃，集聚股权投资机构约 1800 家，是 2012 年的 9 倍，股权投资案例数达 1707 起，披露股权投资金额近 2400 亿元，均占全国两成左右（见图 12）。

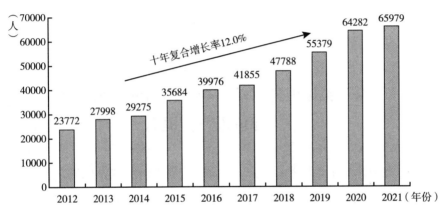

图 10　2012～2021 年中关村外籍从业人员及海归变动情况

图 11　2012～2021 年中关村本科及以上学历人员规模及其占从业人员规模比重

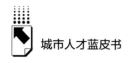

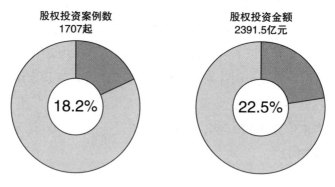

图 12　2021 年中关村企业股权投资案例数、金额及其占全国比重

六　深化内外联动，全球创新网络枢纽地位进一步提高

十八大以来，示范区紧抓北京"两区""三平台"建设机遇，以全球视野谋划中关村国际化发展布局，以更高水平对外开放推动国际创新合作。"中关村论坛"规格全面升级，成为我国面向全球科技创新交流合作的国家级平台。出口方面，受新冠疫苗、移动终端产品等海外需求大增的拉动，2021 年示范区出口高位增长，达 3893.8 亿元，同比增长 46%，较 2012年翻了一番多。创新合作方面，示范区集聚了 300 多家跨国公司地区总部和研发中心，在硅谷、伦敦等地设立了 19 个海外联络处，较 2012 年增加9 个，上市公司在境外设立分支机构 842 家，较 2012 年翻了近一番（见图 13）。同时，示范区在强化一区多园统筹联动、推动京津冀产业链创新链融合、深化跨区域协同创新与产业联动等方面也取得重要进展。截至2021 年底，中关村企业在京外设立分公司累计 4.12 万家，设立子公司3.39 万家，是 2012 年的 9 倍；累计在津冀地区设立分支机构 9032 家，有142 家科技企业在雄安新区设立分支机构，与全国 26 个省区市 77 个地区（单位）建立战略合作关系，较 2012 年增加 1.3 倍，共建了 27 个科技成

果产业化基地，较 2012 年增加 12.5 倍。2021 年中关村流向外省区市技术合同成交额由 2012 年的 602.4 亿元增加至 2800.5 亿元（见图 14、图 15）。做强企业"一站式"服务，建设科创网络服务平台，经过 4 年多的时间，平台已积累可用数据 1.14 亿条，累计访问量 240 万次，日访问量 2 万多次，同比增长 43.2 倍。

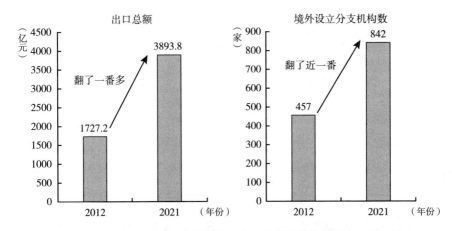

图 13　2012 年和 2021 年中关村企业出口总额及境外设立分支机构数

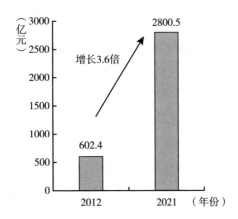

图 14　2012 年和 2021 年中关村流向外省区市技术合同成交额

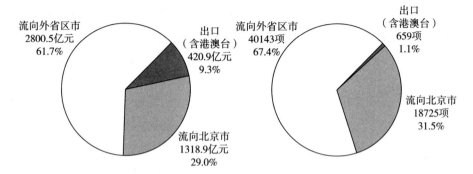

图 15　2021 年中关村技术合同成交额、成交项数流向分布

参考文献

张漫子：《中关村加快建设世界领先科技园区》，《北京日报》2022 年 6 月 24 日，第 14 版。

《加快建设世界领先科技园区和创新高地》，《前线》2022 年第 4 期。

《北京国际科技创新中心建设开创新局面》，《北京日报》2022 年 10 月 17 日，第 16 版。

光明日报调研组：《推动高水平科技自立自强行稳致远》，《光明日报》2023 年 1 月 13 日，第 5 版。

董城、邹韵婕：《北京中关村：激活高水平科技自立自强的人才引擎》，《光明日报》2023 年 4 月 9 日，第 7 版。

B.7

上海市：新发展阶段外国人才工作发展环境的现状及对策研究

戴 杨　王旭阳　徐慧斌　祝融融*

摘　要： 新发展阶段，人才是创新的第一资源，外籍人才是人才的必要组成和引进的重要对象。上海作为国内国际化程度最高和外籍人才最多的城市，引进、用好外籍人才对于推动上海建设高水平人才高地具有重要的战略意义。近年来上海不断突破创新，于全国范围内率先出台了促进外籍人才工作发展的诸多特色新政，为上海经济社会发展提供强劲持续的人才保障与智力支撑。为构建新发展格局，推动更高水平开放合作，充分发挥外籍人才价值，摸清新形势下外籍人才在沪工作发展面临的问题与挑战尤为重要。本文在上海市外国人来华工作管理与服务经验的基础上，通过开展座谈、发放问卷等方式调研外籍人才和用人单位，分析在沪工作外籍人才发展环境，研究构建外籍"高精尖缺"人才全周期服务体系，优化语言环境，加大政策支持力度，为外籍人才创造更适宜的工作生活环境，发挥国外智力优势，落实人才引领发展战略。

关键词： 外籍人才　新发展阶段　上海

---

* 戴杨，外专服务部（国际交流部）部长、副研究员，主要研究方向为人才政策、科技管理、科技政策；王旭阳，工程师，主要研究方向为人才数据与评价；徐慧斌，助理工程师，主要研究方向为外国人才管理与服务；祝融融，工程师，主要研究方向为人才政策及管理。

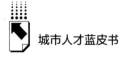

习近平总书记在党的二十大报告中提到："教育、科技、人才是全面建设社会主义现代化国家的基础性、战略性支撑"，"深入实施人才强国战略"，"实施更加积极、更加开放、更加有效的人才政策"，"加快建设世界重要人才中心和创新高地"①。上海在加快建设具有世界影响力的社会主义现代化国际大都市进程中，在科技部、国家外国专家局的支持下率先实行更加开放、更加便利的外国人才引进政策，大力吸引外国科技人才、创新创业人才和高技能人才，在疫情期间连续出台了5版"不见面"审批新政，为上海的用人主体和外籍人才提供便利化措施。当前，全球科技创新进入空前密集活跃期，同时伴随着国际贸易和外国人才交流中的不确定因素渐增，科技竞争进而引发的全球人才激烈竞争态势使我国的人才工作面对着新的挑战要求。人才作为可流动的资源，是全球人才竞争的重要内容。在新发展阶段，外籍人才来沪工作的内在倾向和外部环境都在发生显著变化，本文旨在通过调研在沪外籍人才工作发展环境的现状，发现面临的挑战问题，为上海抓住新发展阶段契机，"引、留、用"好外国人才资源，助力高水平人才高地建设提供对策建议。

一　背景及概况

（一）外籍人才引进新态势

当今世界正在经历百年未有之大变局，新一轮科技革命和产业变革方兴未艾，地缘政治危机频发，传统强国与新兴大国间的竞争博弈进一步加剧，外籍人才的流动呈现日趋复杂的态势。

1. 外国人才流动不断加快

随着经济全球化和知识经济的到来，世界各国都已经意识到外籍人才对

---

① 《习近平：高举中国特色社会主义伟大旗帜　为全面建设社会主义现代化国家而团结奋斗——在中国共产党第二十次全国代表大会上的报告》，中国政府网，2022年10月25日，https://www.gov.cn/xinwen/2022-10/25/content_5721685.htm。

于国家发展的重要性，频繁出台各项优惠政策，吸引外籍人才为本国发展服务，在全球范围内促使外籍人才流动加速。这种趋势对于中国引进外籍人才既是机遇也是挑战，一方面要建立开放且有竞争力的外籍人才引进机制，另一方面要优化各种配套措施以留住外籍人才。2020年，全球国际移民人口达到历史新高2.81亿人，全球国际移民中52%为男性，印度是世界上迁出移民人口最多的国家，最大的移民目的国依然是美国，欧洲目前是国际移民最主要的目的地，有8700万人，占国际移民人口的31%，国际移民存在"两极分化"的效应，移民活动越来越多地与高度发达的国家有关。

2. 引进人才举措推陈出新

面临新形势下的发展趋势，中国始终坚持"聚天下英才而用之"的战略思想，牢牢把握新发展阶段需求，对招才引智工作提出新的要求。在引进外籍人才举措上，我国在北京、上海、重庆、杭州、广州、深圳6个城市开展营商环境创新试点，将外籍"高精尖缺"人才纳入地方人才服务保障体系，进一步扩大外国高端人才（A类）和外国专业人才（B类）的认定范围，制定并定期调整行业领域"急需紧缺"人才岗位目录，创新外国人来华工作许可制度，提供相关便利措施。

3. 人才引进渠道走向多元

当前，国际竞争愈加激烈，国际形势已发生明显变化，部分国家通过建立科技壁垒、人才壁垒，阻碍人力资源在全球范围内自由流动。引进外籍人才的传统通道逐渐收窄，亟待我们打破传统方式与观念，形成面向全球、更加灵活的遴选机制和投入方式，利用"揭榜挂帅"、人才池、飞地等创新引才模式，支持众创空间、功能型平台、孵化器、园区等创业载体为创业期外国人才办理来华工作许可。

4. 人才发展环境日趋重要

外籍人才作为国际流动资源和国际竞争对象，对环境的感知、认同更加敏锐。在新形势下，积极营造人才发展的社会环境、人才创新创业的工作环境、拴心留人的生活环境、引才聚才的政策环境，是外籍人才"引得进、留得住、用得好"的重要抓手。中国的全球人才竞争力排名近年来屡创新

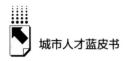
高（第36位），其中以正规教育（第2位）闻名于世的培养人才的能力（第8位），终身学习机制（第6位）造就的巨大的全球知识技能储备（第39位）和市场环境（第10位）促进下人才的就业能力（第3位），使中国拥有创新创业人才的经济影响力（第25位）。

（二）在沪外籍人才发展基本情况

1. 在沪工作外籍人才概况

（1）总体情况

据第七次全国人口普查统计，在上海居住、工作、留学的常住外国人10余万人，占全国的12%。在沪持永久居留身份证的外籍人才超1万人。自2017年4月全面实施外国人来华工作许可制度以来，上海共核发"外国人工作许可证"39万余份，其中外国高端人才7.5万余份，占比约19%，引进集聚外国人才和高端专家数量居全国第1。根据LinkedIn（领英）平台数据，在上海工作过的外国人才共计16万人，疫情后在上海寻找工作机会的全球外国人才约3万人，主要为工商经济、市场商务和电子计算机专业人才。

（2）结构特征

在沪工作外籍人才的分布特点十分突出。人才分布全球170余个国家，主要来自欧美创新大国和亚洲关键小国。性别以男性为主，尤以30~39岁男性居多，年龄偏青年化；经调研，这与成立家庭后在沪的生活成本及外国人才市场需求密切相关，外国青年人才更容易适应在上海的生活、工作。在沪工作外国人才以本科、硕士研究生学历居多，博士研究生学历占比呈逐年小幅上升趋势。近年来，通过建设世界一流大学与研究机构，引进外资研发中心或跨国公司地区总部，上海着力为外国高水平、高学历人才提供更多更具有吸引力的工作机会与事业发展方向，受过本科教育是对大部分来沪工作外籍人才的基本要求。

（3）行业分布

在沪工作外籍人才在各行业均有分布，尤其集中在零售业、教育业、制造业、商务服务业和信息技术服务业，这些行业对拥有国际化背景的人才有针对性需求，市场容量大，需一定专业素养；超过八成的外国人才在民营或外资企业工作。

2. 在沪外国人才发展环境

（1）城市综合环境

2022年上海地区生产总值4.5万亿元，人均地区生产总值17.9万元，总量规模排全球城市第6位。上海现有外商投资企业6万余家，经累计认定外资研发中心536家、跨国公司地区总部902家，其中《财富》"2022年世界500强"企业落户地区总部121家，是中国内地跨国公司地区总部最集中的城市。2022年上海外贸进出口总额4.2万亿元，口岸货物贸易总额10.4万亿元，保持世界城市首位。上海浦东、虹桥两大国际机场共起降航班32.7万架次，空港旅客吞吐量2887.5万人次，新华—波罗的海国际航运中心发展指数排名保持世界第3。

上海首创的政务服务品牌"一网通办"入选联合国全球电子政务调查报告经典案例。通过窗口整合、业务流程再造，已陆续在全市开设20余处外国人工作、居留许可"单一窗口"，实现一窗受理、同步发证，提升"一网通办"涉外服务专窗功能。为优化上海市营商环境，在沪外资项目全面实行准入前国民待遇加负面清单制度，加强涉外商事法律服务，建设"一站式"多元解纷中心。

上海是华东地区医疗中心和教育中心之一，全市共有卫生机构6421家、外资医疗机构32家，卫生技术人员总数24.6万人，其中，执业医师8.5万人、护士11.1万人。2022年共诊疗2.3亿人次，开放床位17.4万张。疫情前在全市共有来自185个国家和地区的61400名外国留学生就读。上海共有外籍人员子女学校（含本地学校国际部）36家，在校学生3万名，覆盖从幼儿园至高中的学段。为方便外籍毕业生毕业后工作生活，2022年起在"五个新城"工作的外籍高校毕业生享有与"双自"及"临港"地区、虹桥商务区和"上海科技创新职业清单"内用人单位录用外籍高校毕业生同等的优惠举措，外国留学生毕业后可直接在上海创新创业。

上海诞生了我国第一代国际人才社区,从 20 世纪 80~90 年代建设的主要服务商务人士的古北社区,到 20 世纪 90 年代中后期至 21 世纪初建设的主要面向跨国企业高管的碧云、联洋社区,以及仍在建设的面向世界顶尖科学家的临港社区,国际人才社区正从最初的高端居住配套社区,演进到主动创造工作内容与任务的科学家社区,突破了居住功能的边界。

(2)人才制度环境

上海正在深入学习贯彻习近平总书记关于做好新时代人才工作的重要思想和中央人才工作会议精神,举全市之力加快推进高水平人才高地建设,为加快建设具有世界影响力的社会主义现代化国际大都市提供人才支撑、打好人才基础。

上海外籍人才政策创新引领全国,发挥"头雁效应"和"窗口作用"。于全国率先试点"单一窗口"、"审批权下放"、"不见面"审批、创业期办证、薪酬购付汇便利化等一系列外国人才新政,努力开创新时代引进外国人才和智力工作的新局面。如在 2020 年底,上海率先建立的外籍人才薪酬购付汇便利化通道,为在沪工作外籍人才提供可分次、可跨行、零审单的"一件通"高效金融服务,已累计有 1500 余位外籍人才享受薪酬购付汇便利,受益单位 400 余家。

上海外籍人才服务日趋精准化,在服务品牌打造、引才需求对接、交流平台搭建等方面,提供精准、智慧、高效、便捷的人才服务。在过去三年中,不间断举行新春慰问外国专家云聚会、"外国人才在上海"国际沙龙、"到上海去"中欧(中澳)创新与职业发展论坛、海外名校工程科技人才线上职业见面会等活动,展现上海人文环境、城市温度和国际化氛围,助力外籍人才融入,为用人单位和外籍人才间搭建交流平台。

(3)科技创新环境

2022 年上海全社会研发经费支出占 GDP 的比重达 4.2%。地方财政科学技术支出(预算数)460.7 亿元。上海—苏州集群位列全球科技集群第 6;在"2022 年自然指数——科研城市"榜单上,上海升至全球第 3 位;上海科研人员在国际三大顶尖学术期刊(CNS)上发表论文 120 篇,同比增长

12.1%，占全国总数的 28.8%。2022 年上海牵头承担国家科技重大专项 929 个，获批国家自然科学基金项目 4649 个。

上海继续深入实施三大先导产业"上海方案"，持续推进前沿技术与关键核心技术攻关。2022 年，上海战略性新兴产业总产值较上年增长 7.2%，其中新能源汽车产值较上年增长 64.4%。2022 年，上海有效期内高新技术企业超 2.2 万家，同比增长 10%。全年新增 155 家科技小巨人（含培育），数量累计超过 2600 家。科创板上市企业 78 家，位列全国第 2，募集资金金额居全国第 1。

《2022 "理想之城"——全球高水平科学家分析报告》显示，上海高水平科学家体现出高集聚度、高增长率和高国际化"三高"显著特征。目前上海顶尖科学家集聚的机构以高校、中国科学院研究所和医疗卫生机构为主。上海的高水平科学家 2021 年比 2012 年增加了 8000 多人，总人数达到 2012 年的 3.8 倍，位列全球前 5。上海从国外引进的科学家普遍多于流出，对国内城市则以输出辐射为主，凸显上海作为国际人才枢纽的战略功能。

二 在沪外国人才工作发展环境的现状调研

本文以外国人才集聚水平和国际营商环境全球领先的上海作为城市样本，对在沪外国人才工作发展环境的现状与新形势下显现的问题进行调查研究。

（一）调研设计

本研究选取上海市 75 家聘用外籍人才的典型单位作为调研对象，以调研疫情后在沪外籍人才工作生活的诉求与不足之处，我们根据聘用外籍人才分布和单位类型遴选单位，其中高校院所 19 家、外资公司 29 家、其他单位 27 家（含民营企业、教育机构及非政府组织等），覆盖全市外国人才集聚的主要行业，包括教育/科研行业 31 家、制造行业 12 家、金融/贸易行业 9 家、信息/通信行业 4 家等。这些单位年聘用外国人才合计近 4000 人，约占外籍人才总量的 6%，具有一定的样本覆盖度与外国人才代表性。我们以这

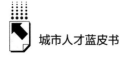
75家单位人事部门为调研座谈对象，通过它们向聘用的外籍人才发放问卷并汇总收集结果意见。座谈调研内容分为单位涉外服务、人才需求和优化建议等三方面。调查问卷则从来沪工作因素、工作生活压力、整体环境评价和优化建议等角度收集在沪工作外籍人才工作生活中的关注点与不足之处，探索外籍人才服务下一步方向。

（二）调研结果分析

1. 外国人才问卷调研结果

调研结果显示，在沪工作外籍人才眼中，上海是一个具有开放环境、发展潜力与创新活力的国际化大都市。"充满活力""国际化""安全""便利性"都是外籍人才问卷中上海评价的高频词（见图1），甚至有的外籍人才称上海是他的"第二个家"，赞美上海是"东西交融的""多元文化的""大熔炉"。"海纳百川"的气质使上海连续12年入选"魅力中国——外籍人才眼中最具吸引力的中国城市"，在社会环境、城市互评、城市外向度等方面全国领先，培训机会、日常生活便利度、文化多样性、外商直接投资占GDP比重、移动互联网宽带接入用户数量、社会友好程度等指标位居全国第1，吸引全球外籍人才汇聚于此。

图1　外籍人才眼中上海特点词云

外籍人才对在上海工作总体满意，主要优势是国际开放，而不足之处主要是政务服务、语言融入和项目资源等（见图2）。对在上海生活，体会到的优缺点都十分明显，优势主要是便利交通、生活条件、文化魅力和城市安全，不足之处主要是网络信息、金融服务、出入境手续和生态环境（见图3）。

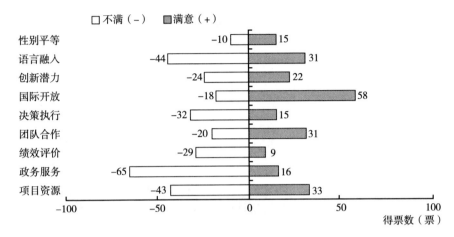

图2　外籍人才眼中上海工作环境优势/不足之处

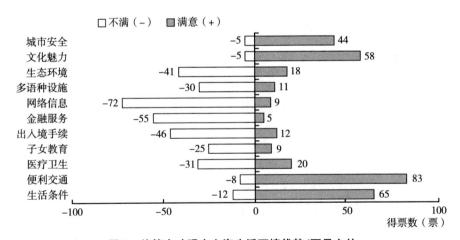

图3　外籍人才眼中上海生活环境优势/不足之处

调研了解，上海的外籍人才吸引力尚未达到发达国家国际化大都市水平。受疫情影响，在沪外籍人才对留沪工作表现出不同程度的担忧，主要围绕在语言、经济、生活便利和管理门槛等方面。年龄在60岁及以上的外籍人才关注如何保障退休后的生活，而30~45岁的中青年外国人才则更重视

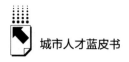
家庭子女教育及事业发展。大部分被调研的外籍人才表达出对疫情后长期留沪工作的乐观意向（见图4）。

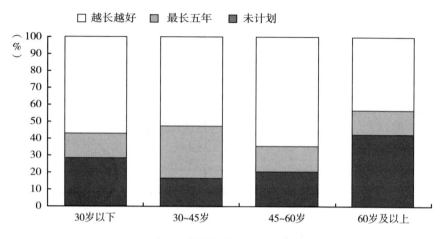

图4　不同年龄段外籍人才留沪意向

2. 用人单位座谈调研结果

调研各单位人事部门了解，常见的外籍人才聘用方式由人才内部推荐、海外单位派遣和社会网络平台招聘组成，聘用方式选择情况见图5。外籍人才在沟通渠道和择业平台上与国内明显不同，常用的人才市场招聘和校园招聘往往少有外籍人才参与。

在聘用外籍人才主要来源国家和地区方面，北美与欧洲的科技大国仍是首选，日本、韩国因地缘优势、发展程度较高、人员受教育水平与技能素质较好在亚洲地区名列前茅，单位聘用外籍人才主要来源国家和地区详细情况见图6。以欧美为主的外籍人才来沪工作结构受全球疫情及国际形势影响，美国、印度、西班牙籍人才数量明显下降，部分国家聘用通道受阻，外国人才对于来沪工作存在较大顾虑。

调研发现，从用人单位角度，希望通过引进外籍人才在重点产业的独有知识和技术上形成突破，以拥有更强大的国际竞争力。而除了希望引进国外先进的技术方法、管理理念之外，用人单位同样看重外籍人才建设和带领团

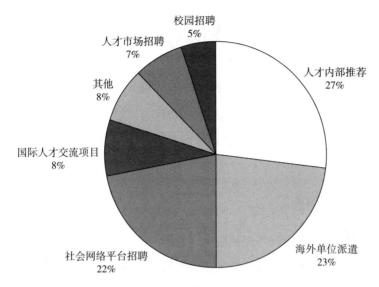

图5　单位聘用外籍人才常用方式

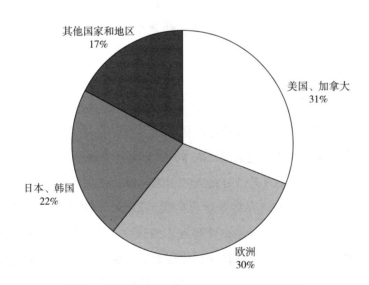

图6　单位聘用外籍人才主要来源国家和地区

队的能力，希望其能建设一支具有较强创新能力的本土化工作团队。相较于学历和行业资源，拥有丰富工作经验和高超专业技能的外籍人才更能在沪找到适合的用人单位和工作岗位。

三　问题与挑战

在上海工作生活或有意愿来沪工作的外国人面临的问题与挑战多种多样，从调研反馈的情况来看，新发展阶段几大传统问题出现了变化，语言不通引起的隔阂、经济压力下发展持续性和政策信息触达度等催生出新发展阶段的新挑战。

（一）语言隔阂

语言隔阂不仅影响日常交流融入，也给外国人才申请项目、团队协作甚至衣食住行各方面带来或多或少的困难，在乘坐地铁、火车购买车票时身份认证烦琐，办理外汇、税务业务不够顺畅等。疫情后原有的社会运行模式迅速发生变化，而中文大环境与不完善的多语言设施造成的语言隔阂，加深了外籍人才在变化中的无助感与孤独感，使"国际化"这一上海的重要特点和属性无法充分体现。

（二）经济压力

受疫情、产业结构调整和全球经济下行压力影响，用人单位聘用外籍人才将承担更大成本，其中包括经济成本、时间成本与风险成本等，用人单位面对更高投入与更长期见效的外籍人才引进选择变得更为慎重。欧美制造业产业链向本土转移，全球零售业运营向线上转型，国内教培业"双减"后大幅调整等行业现象不断发生；外籍人才的医疗、社会保险机制不够完善，保险服务体系不够完备，子女教育、住房租赁、赋税等生活成本居高不下；多重压力叠加于工作经济成本之上，限制了外籍人才长期工作定居意愿。

（三）信息不对称

外籍人才对我国的签证居留等管理政策和流程不甚了解。在离境、跨境交通和入境手续上存在门槛，使外籍人才对来华工作有所顾虑。而由于政策宣传覆盖面与时效性不足，外籍人才不能够及时获取全面准确信息，西方政客、媒体借疫情和脱钩等问题"污名化"中国，损害我国国际形象，双向的信息不对称使外籍人才对中国政府与政策不甚理解。

四　对策与启示

习近平总书记在科学家座谈会上的讲话中指出："要面向世界汇聚一流人才，吸引海外高端人才，为海外科学家在华工作提供具有国际竞争力和吸引力的环境条件。"[1] 要构筑集聚全球优秀人才的科研创新高地，完善高端人才、专业人才来华工作、科研、交流的政策。国际化程度不足、经济压力大、服务机制尚不完善等问题阻碍了新发展阶段外籍人才稳定地在沪工作生活，影响了上海迈向社会主义现代化国际大都市的步伐，亟须通过政策引领与举措落地相呼应、环境营造与服务优化相结合，完善在沪外籍人才服务体系，构建"来得了、待得住、用得好、流得动"的人才生态。

（一）针对"高精尖缺"外籍人才，构建全周期服务体系

我国的外籍人才服务体系尚不完备，亟须进一步打通市区两级、各部门的外籍人才服务管理机制，多维度拓展，充分发挥用人单位、社团组织、第三方服务机构、社会资源的多元协同作用，打造统一的服务平台。引导鼓励各行政区和功能区结合本区外籍人才特征及发展建设方向，培育和发展国际化服务队伍，市区间协调联动，统筹管理协同促进外籍人才在沪发展新模式。上海市外专局以外国人来华工作分类标准和上海市外籍高层次人才认定标准为基础，面向全市重点单位人才需求，汇总上海科技领域、产业领域、金融领域等人才开发目录及浦东新区"高精尖缺"海外人才认定标准内容，推出上海市外籍"高精尖"人才认定标准和上海市外籍"急需紧缺"人才岗位目

---

[1] 《习近平：在科学家座谈会上的讲话》，中国政府网，2020 年 9 月 11 日，https：//www.gov.cn/xinwen/2020-09/11/content_ 5542862.htm。

录，按需引才，动态调整，构建跨部门协同服务机制，力求在引进、工作、生活、安居、就医等多方面发力，解决外籍人才在沪工作痛点、难点。

（二）优化国际语言环境，打造魅力中国城市标杆

为了让外国人更直观了解最新政策，有关部门丰富政策告知语种，在媒体、官网、移动端、线下宣发等多渠道同时呈现。古北社区等"国际人才社区"、中微华为等大型企业为外国人才安排汉语学习课程和中外融入活动，以单位培训、社区联动、志愿服务等形式推进外国人才融入，营造国际化环境和团队，发挥协同作用，建立情感纽带。市外国人来华工作服务中心于2022年底推出《外国人才在沪工作生活服务手册》，首发中英文双语版本，包含环境综述、实用指南、便民信息三个部分，详尽描述了外籍人才从抵沪之初到融入上海所面临的签证、工作、创业、金融、住房、医疗、教育、美食、娱乐等诸多方面的信息服务，作为外籍人才在沪工作生活的"指南针"，也是全面展示上海风貌、讲好中国故事、吸引外国人才的城市名片。

（三）充实政策工具箱，疏通外国人才工作发展堵点

2023年全市进一步加大薪酬购付汇便利化、外国人来华工作许可制度便利化等新政措施宣传推广力度，通过资格互认打通信息壁垒，提供更便捷的金融服务和出入境流程，"减材料、少跑动"进一步提高在沪工作外籍人才对政务服务的体验度。在上海科技项目中开放面向国际化的科研任务，吸引国际科研团队来沪合作，并在申请提交与评审过程中更加注重多元化、国际性与开放性，探索支持多语种、远程参与等创新举措。落实高端外籍人才个税减免、房租抵扣等福利政策，加强管理外籍人才社保缴纳。面向异地办学、高层次人才跨境服务等需求，加快推进长三角生态绿色一体化发展示范区、长三角G60科创走廊等试点地区外国高层次人才互通互认，方便外籍人才合规流动及用人单位跨境协作。

（四）做好中国故事的国际传播，吸引全球人才来沪工作发展

为构建国际舆论话语体系，用事实说话，吸引外籍人才更加深入地体验真实中国，用国际语态讲好上海故事，把握国际传播主动权，2021年上海市政府新闻办与《新民晚报》共同策划《百年大党·老外讲故事》系列节目，采访100位来自全球六大洲30余个国家的在沪外国人，他们中有科学家、企业家、艺术家、体育明星和创业者，通过自身视角，讲述他们在上海生活工作的所闻所见所感。后又推出两款同类系列产品《老外讲故事·海外员工看中国》《老外讲故事·另眼观盛会》，秉承"以人为本"的思想，展现上海城市魅力为外籍人才留下深刻印象，做好每一位在华工作外籍人才服务，从工作行为细节中展现上海"海纳百川、追求卓越、开明睿智、大气谦和"的精神风貌。

五　结语

进入21世纪以来，新一轮科技革命和产业变革正在重构全球创新版图、全球经济结构。世界各国争相调整、适应，通过吸引国际高层次人才以求在新一轮科技创新竞争中占据有利位势。新时代的中国迎来新一轮科技革命和产业变革同中国转变发展方式的历史性交汇期，更加认识到积极参与并带动国际智力流动对国家长远经济发展与技术进步具有重要意义。上海为加快建成社会主义现代化国际大都市，更当挺身而出，进一步解放思想，完善体制机制，健全政策措施，以更广的眼界、更宽的思路和更大的胸襟去开展外国人才工作。

参考文献

李保东等编《博鳌亚洲论坛创新报告2021》，2021。

高懿：《中国科技人才国际流动现状、问题及启示》，《科技中国》2020年第12期。

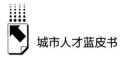

袁越凡、程龙：《新形势下中国国际人才引进策略研究》，《劳动保障世界》2020年第12期。

吴瑞君、陈程：《我国海外科技人才回流趋势及引才政策创新研究》，《北京教育学院学报》2020年第4期。

冯薇：《国际人才引进中的社会融入管理问题研究》，《长春师范大学学报》2021年第1期。

上海市教育委员会：《上海教育数据概览》，2019。

余海燕、沈桂龙、余嘉勉：《后疫情时代产业链发展的趋势与应急管理》，《党政研究》2021年第3期。

汪怿、朱雯霞：《建立健全外国人才公共服务体系的思考》，《中国人事科学》2020年第12期。

McAuliffe, M. and Triandafyllidou, A. (eds.), World Migration Report 2022 (Geneva, Switzerland: International Organization for Migration, 2022).

Bruno Lanvin and Felipe Monteiro (eds.), The Global Talent Competitiveness Index (Fontainebleau, France: INSEAD, 2022).

B.8
长三角生态绿色一体化发展示范区：深入推动外国人来华工作许可制度便利化创新

季超杰*

摘　要： 长三角地区在我国现代化建设大局和全方位开放格局中具有举足轻重的战略地位。推动长江三角洲一体化发展，得到了习近平总书记的亲自谋划、亲自部署、亲自推动。为探索出切实可行的长三角一体化发展新路径，2019年10月25日，国务院批复成立长三角生态绿色一体化发展示范区，作为实施长三角一体化发展战略的先手棋和突破口，探索打造长三角一体化发展的"试验田"和"样板间"。制度创新是党和国家赋予一体化示范区的一项重要任务。近年来，一体化示范区聚焦外国人来华工作许可积极探索、先行先试、主动破局，通过稳步扩大政策受益范围、实施统一的互认措施、规范"单一窗口"服务标准等，创新优化政策措施，让外国人才引得进、流得动、用得好，为相关领域制度完善创新提供了有效样本和宝贵经验。

关键词： 长三角生态绿色一体化发展示范区　外国人来华工作许可　便利化

党的二十大报告强调，教育、科技、人才是全面建设社会主义现代化国

---

* 季超杰，科学技术部国外人才研究中心《国际人才交流》编辑部编辑，主要研究方向为国际人才交流合作、国内外人才政策等。

家的基础性、战略性支撑。为深入实施人才强国战略，党中央提出，要加快建设世界重要人才中心和创新高地，促进人才区域合理布局和协调发展，着力形成人才国际竞争的比较优势。人才作为第一资源、最宝贵资源，除了加强自主培养，引进用好外国人才也很关键。中国共产党成立100年来，许多国际友人和外国专家为中国人民的解放、为新中国的建设、为中国改革开放事业做出了卓越贡献。2012年，习近平同志当选党的总书记后出席的首场外事活动，就是和在华工作的优秀外国专家代表座谈，可见其对外国专家工作的重视。长三角生态绿色一体化发展示范区（以下简称"一体化示范区"）聚焦外国人来华工作许可积极探索、先行先试、主动破局，创新优化政策措施，让外国人才引得进、流得动、用得好，为相关领域制度完善创新提供了有效样本和宝贵经验。

一 坚持问题导向 找准制度创新突破点

长三角地区在我国现代化建设大局和全方位开放格局中具有举足轻重的战略地位。推动长江三角洲一体化发展，得到了习近平总书记的亲自谋划、亲自部署、亲自推动。为探索出切实可行的长三角一体化发展新路径，2019年10月25日，国务院批复成立长三角生态绿色一体化发展示范区，作为实施长三角一体化发展战略的先手棋和突破口，探索打造长三角一体化发展的"试验田"和"样板间"。一体化示范区范围涉及上海市青浦区、江苏省苏州市吴江区、浙江省嘉兴市嘉善县三地，总面积接近2300平方公里。同时，青浦区金泽镇和朱家角镇、吴江区黎里镇、嘉善县西塘镇和姚庄镇5个镇、面积约660平方公里，被划定为一体化示范区先行启动区。

制度创新是党和国家赋予一体化示范区的一项重要任务。2019年，国家发展改革委网站对外发布《长三角生态绿色一体化发展示范区总体方案》①，

---

① 《国家发展改革委关于印发长三角生态绿色一体化发展示范区总体方案的通知》（发改地区〔2019〕1686号），2019年10月26日。

总体方案明确了一体化示范区生态优势转化新标杆、绿色创新发展新高地、一体化制度创新试验田、人与自然和谐宜居新典范的战略定位。总体方案明确提出，支持一体化示范区探索行之有效的一体化制度安排，先行先试推进全面深化改革系统集成，高起点扩大开放，到 2025 年形成一批可复制可推广经验，释放重大改革系统集成的政策红利，在推动长三角地区更高质量一体化发展中发挥示范引领作用，尤其在激发创新创业活力方面，总体方案进一步明确提出要完善吸引海外高端人才制度。

对于外国人来华工作，我国坚持"鼓励高端、控制一般、限制低端"原则，并出台完善了相关工作管理制度。《中华人民共和国出境入境管理法》① 规定，外国人在中国境内工作，应当按照规定取得工作许可和工作类居留证件，任何单位和个人不得聘用未取得工作许可和工作类居留证件的外国人。其中，工作许可事项归口于科技系统的外国专家部门，居留许可事项归口于公安系统的出入境管理部门。此外，根据《外国人来华工作分类标准（试行）》，外国人来华工作许可按人才层次分为 A、B、C 三类，除了固定认定条件之外，也与当地上年度社会平均工资收入挂钩。外国人才无论取得哪一类证件，在变换工作单位时，都要先行注销现有工作许可，并提交新的工作许可证明。

作为中国资本要素、人才要素最为活跃的地区之一，长三角地区长期受到外资企业和外国人才青睐。在《长三角生态绿色一体化发展示范区总体方案》整体框架下，长三角生态绿色一体化发展示范区执委会以推动外国人来华工作许可制度便利化创新为突破点，完善吸引海外高端人才制度，通过探索区域协调机制，创新政策举措，积极推动解决外国人来华工作许可办理过程中人才反映的难点堵点问题，进一步提升人才服务能级、方便人才要素流动、激发人才创新创业活力。

---

① 《中华人民共和国出境入境管理法》（中华人民共和国主席令第五十七号），2012 年 6 月 30 日。

二 坚持需求导向 提升政策红利获得感

一是明确导向、渐进探索，稳步扩大政策受益范围。在方案顶层设计过程中，一体化示范区执委会严格落实《国家外国专家局 人力资源社会保障部 外交部 公安部关于全面实施外国人来华工作许可制度的通知》① 精神，遵循"鼓励高端、控制一般、限制低端"原则，探索具有国际竞争力的人才制度优势和平衡保护国内就业市场相统一的原则，强化 A、B、C 三类来华工作的外国人分类管理，充分发挥市场配置资源的决定性作用，打破行政壁垒，畅通人才要素流动渠道，为外国高端人才在一体化示范区内自由流动提供便捷服务。

2020 年 7 月 23 日，一体化示范区执委会联合上海、江苏、浙江一市两省科技部门发布《长三角生态绿色一体化发展示范区外国高端人才工作许可互认实施方案》，实施互认的对象明确聚焦"外国高端人才"，即符合《外国人来华工作分类标准（试行）》中 A 类标准的人才。通过试行，相关配套体制机制逐步建立，业务流程进一步理顺。2021 年 6 月 16 日，一体化示范区执委会在与相关部门研究并在评估试行结果的基础上，会同一市两省科技部门发布《长三角生态绿色一体化发展示范区外国专业人才工作许可互认实施方案》，将互认范围从 A 类拓展到 B 类，进一步扩大了政策受益面，让更多人才切实享受政策红利。

二是一地认定、三地互认，实施统一的互认措施。一体化示范区横跨一市两省，三地的情况各异、权限不同，方案制定过程中，一体化示范区执委会按照三地最优、统一标准的要求，一方面简政放权，支持两区一县进行外国人来华工作许可属地审批办理，另一方面突破三地平均工资差异和建立外国人跨区域转聘减免材料绿色通道，实现了外国人来华工作许可在一体化示

---

① 《国家外国专家局 人力资源社会保障部 外交部 公安部关于全面实施外国人来华工作许可制度的通知》（外专发〔2017〕40 号），2017 年 3 月 28 日。

范区范围内一地认定、三地互认，为人才市场化流动提供便利。

在认定标准方面，按现行《外国人来华工作分类标准（试行）》规定，外国高端人才、外国专业人才除了满足学历、技能等条件外，其平均工资收入应分别不低于本地区上年度社会平均工资收入6倍和4倍。2020年，一体化示范区内三地上年度社会平均工资收入分别为青浦10.0万元、吴江8.7万元、嘉善6.5万元，互认实施方案突破这一限制，一地认定、三地互认，认定标准得到统一。

在许可期限方面，互认实施方案尽可能为外籍人才提供在中国长期稳定发展的预期。在符合相关规定的框架下，"外国高端人才"可给予最长有效期为5年、"外国专业人才"可给予最长有效期为2年的工作许可，让外籍人才能够更加安心工作。

在材料减免方面，经一体化示范区范围内任意一地认定为A类或B类外国人才的，人才转聘至一体化示范区范围内的任意一地工作，即与上家单位终止合同关系后未出境，且工作居留未注销或已注销换成其他停留签证1个月内，再次新办工作许可时可免于提供部分材料，包括工作资历证明（从事岗位、职业不同的除外）、最高学位（学历）证书及认证、无犯罪记录证明、体检证明等，并在该地直接被认定为A类或B类外国人才。

三是简化程序，优化流程，规范"单一窗口"服务标准。作为实施外国人来华工作许可互认的基础，一体化示范区在受理点设立"单一窗口"，外专部门与出入境管理部门业务办理人员入驻同一业务办理窗口，窗口统一挂"外国人来华工作、居留许可单一窗口"牌子，将工作许可办理窗口、居留许可办理窗口合二为一。

在业务流程方面，外专部门出具受理回执单，出入境管理部门据此办理工作类居留许可，实现业务并联。外专部门每日将审批结果移交出入境管理部门，出入境管理部门根据审批结果及其他相关材料签发工作类居留许可，实现"外国人来华工作、居留许可单一窗口"对外一次性告知、一次性填表、一次性发证。

在办理时限方面，为进一步便民增效，一体化示范区执委会与外专部

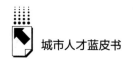

门、出入境管理部门多次座谈，坚持目标不变、压缩时限的原则，通过简化申请材料、优化审批流程，在相关部门的大力支持下，实现办理时间压缩50%以上，统一对外承诺一体化示范区"外国人来华工作、居留许可单一窗口"办理时限为 7 个工作日（如遇特殊情况可适当延长办理时间）。

此外，一体化示范区在业务办理方面进一步实现了全程网办、"不见面"审批。在符合相关规定的情况下，如外籍人员满足外国高端人才互认申报条件，用人单位可在申报系统内提交材料，可享受全程网上办理、"不见面"审批服务，预审通过后经办人无须至外专受理窗口递交书面材料，只需待决定环节通过后，直接到窗口领取外国人来华工作许可证即可。

一体化示范区外国人业务"单一窗口"设立以来，极大地为办事人员、企业提供了便利。2022 年 8 月 18 日，一体化示范区执委会与上海市、江苏省、浙江省科技部门、出入境管理部门联合印发了《长三角生态绿色一体化发展示范区"外国人来华工作、居留许可单一窗口"服务规范（试行）》，从窗口服务标准方面进行了统一和规范，并明确相关工作机制，具体包括统一服务模式、统一受理对象、统一业务范围，进一步提升外国人业务办理的便利感和满意度。

三　坚持效果导向　凸显先行先试引领性

通过一体化示范区在外国人来华工作许可互认方面的不断探索，实施方案和配套政策相继出台完善，在制度层面已基本实现了实际流动的外国人来华工作许可互认范围的全覆盖。原先吴江、嘉善只有受理权，没有审批权，目前嘉善县获得了上级部门下放的外国人来华工作许可属地审批权限。一体化示范区范围内，三地通过设立外国人业务"单一窗口"，并突破地区差异，实现外国人跨区域转聘减免材料。其中，外国人业务"单一窗口"已实现并联业务受理 631 件（截至 2022 年 6 月 22 日）。该项制度在一体化示范区持续深化，并在全国范围内得以广泛推广复制，制度创新的先行先试作用明显。

2020 年 9 月 25 日，长三角城市联盟通过了《关于复制推广长三角一体化示范区人才制度创新成果的实施方案》①，其中宁波市、温州市、湖州市、马鞍山市、芜湖市等 17 个城市宣布要复制 A 类许可互认的制度创新；2021 年 5 月 26 日，江苏省科学技术厅、安徽省科学技术厅联合印发《南京都市圈外国人才来华工作许可互认实施方案》；2022 年 3 月，四川省科技厅与重庆市科技局出台《川渝地区外国高端人才工作许可互认实施方案》②；2022 年 3 月，中山市科学技术局发布《关于进一步优化外国人来华工作许可办理的若干措施》，其中第二条明确"实行外国人工作许可资质互认。已取得粤港澳大湾区内地其他城市工作许可的外国人，在我市办理工作许可时，无需重复提交工作资历证明（从事岗位、职业不同的除外）、最高学位（学历）证书，原则上按原许可认定类别直接办理工作许可证"③；2023 年 1 月 29 日，四川省科技厅与省公安厅联合印发了《成德眉资外国人才来华工作许可互认试点实施方案》，将在成德眉资区域开展外国人才来华工作许可互认试点，明确"经成都、德阳、眉山、资阳任一市级科技行政管理部门认定的外国高端人才（A 类）和外国专业人才（B 类），转聘到其他三市工作时可直接认定"④。

习近平总书记指出："中国改革开放事业取得了巨大成就，外国专家功不可没。"⑤ 面向我国建设世界重要人才中心和创新高地的宏伟蓝图，必须坚持"聚天下英才而用之"理念，加强国际人才交流，吸引更多外国人才参与中国式现代化建设。一体化示范区将坚持践行新发展理念、创新新发展

① 《重磅！长三角一体化示范区 5 项人才制度创新成果被复制推广》，浙江在线，2020 年 9 月 26 日，http://jx.zjol.com.cn/202009/t20200926_12321183_ext.shtml。
② 《川渝共同出台外国高端人才工作许可互认方案》，《华西都市报》2022 年 3 月 23 日，第 5 版。
③ 《中山市科学技术局印发关于进一步优化外国人来华工作许可办理的若干措施的通知》（中山科发〔2022〕55 号），2022 年 3 月 28 日。
④ 徐莉莎：《成德眉资试点外国人才来华工作许可互认》，《四川日报》2023 年 1 月 30 日，第 1 版。
⑤ 《笑迎全球化"人才红利"》，人民网，2015 年 5 月 23 日，http://opinion.people.com.cn/n/2015/0523/c1003-27045157.html。

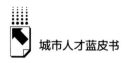

模式，为外国人才安心在华工作提供保障，为全国区域协调发展提供更多可复制可推广的新成果。

参考文献

《国家外国专家局　人力资源社会保障部　外交部　公安部关于全面实施外国人来华工作许可制度的通知》（外专发〔2017〕40 号），2017 年 3 月 28 日。

《重磅！长三角一体化示范区 5 项人才制度创新成果被复制推广》，浙江在线，2020 年 9 月 26 日，http：//jx. zjol. com. cn/202009/t20200926_ 12321183_ ext. shtml。

《川渝共同出台外国高端人才工作许可互认方案》，《华西都市报》2022 年 3 月 23 日，第 5 版。

《中山市科学技术局印发关于进一步优化外国人来华工作许可办理的若干措施的通知》（中山科发〔2022〕55 号），2022 年 3 月 28 日。

徐莉莎：《成德眉资试点外国人才来华工作许可互认》，《四川日报》2023 年 1 月 30 日，第 1 版。

同济大学：深耕高水平国际人才合作交流
推进高质量科技创新

张 川 周 晴 李 静*

摘 要： 当今世界，国际政治经济、文化科技等战略格局深刻调整，给高等教育国际合作带来了新的挑战。高等学校是教育的主阵地，而高水平的国际合作也是一流人才培养和创新生态系统构建的重要内涵。当前的国际局势下，通过高水平的国际合作来培养、引进、用好拔尖创新人才成为在国际竞争中立于不败之地的重要路径。为此，本文从国际人才交流合作特色成效、做法经验及工作展望三个方面全面梳理了同济大学国际人才交流工作脉络。教育培养创新人才，科技活动产出创新成果，人才工作蓄积创新智力，持续建构同济大学世界一流的国际化学术氛围和国际化学术生态，以世界一流人才队伍支撑一流大学建设。

关键词： 国际人才合作 学科发展 科技创新 国际化学术生态

同济大学深入贯彻落实党的十九大和十九届历次全会、二十大以及中央人才工作会议精神，坚持教育优先发展、科技自立自强、人才引领驱动，以国际引智为依托，厚植国际科研合作沃土，聚天下英才而用之。学校的国际人才工作坚持党建引领、党管人才，持续丰富国际交流合作内涵，充分利用

---

* 张川，同济大学外事办公室专家科副科长，主要研究方向为行政管理；周晴，同济大学外事办公室外国专家事务管理专员，主要研究方向为行政管理；李静，同济大学外事办公室副主任，主要研究方向为高等教育政策及高等教育比较、跨文化交际管理。

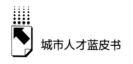
对德对欧合作优势，坚持"平台吸引人、事业发展人、待遇留住人、感情感化人"，致力于以高质量的国际人才工作助力学校提升科学研究和人才培养水平，不断提升学校的核心竞争力、国际影响力和社会服务能力，构建高水平国际人才集聚高地，为建设中国特色世界一流大学提供有力支撑。

一　世界一流大学建设的特色成效

第一，引育并举，推陈出新，传统优势学科勇立潮头。聚焦"长板"领域，服务国家创新驱动发展战略。在传统优势学科，如连续在软科和USNEWS排名世界第1的土木学科，发挥优势工科引领带动作用，不断推陈出新，注重学科交叉融合，奋力实现高水平科技自立自强。近年来，依托科技部学科创新引智基地，中外专家联合创建6个国际联合实验室/研究中心，主办5本国际英文期刊，通过世界顶级水平科技合作催生2项国际科学技术合作奖。通过搭建大团队、大平台，参与大项目，催生大成果，近年来土木工程学院3位中国教授、2位外籍教授当选中国科学院/工程院院士，形成国内人才与国际人才深化合作、互利共赢的良好氛围，战略科学家与青年人才携手共进、勇攀高峰的振奋局面，有力促进世界一流学科建设，彰显中国土木的国际地位。海洋地质学科牵头建设"国家海底科学观测网"大科学工程，负责国际最大深海研究大科学计划（IODP）的中国基地，促进发展中国家建立大洋钻探联盟，打造世界一流海洋科技研究中心及人才基地。

第二，系统引智，机制创新，新兴学科飞速发展。设计学科是同济大学布局的新兴学科，同济大学2009年成立设计创意学院。学院在2015年获批科技部"高校国际化示范学院推进计划"以来，不仅成建制地引进外籍高端人才，实现34%教师为外籍教师、30%研究生为留学生（均来自发达国家），而且注重对标世界一流，推动学院综合改革和体制机制创新，搭建追求卓越的创新学术生态。近年来，学科水平和国际影响力得到快速提升，根据2022年发布的QS世界大学学科排名，该学科位居全球第12，连续四年领跑亚洲。学院1位外教获得中国政府友谊奖，2位外教获得上海市"白玉兰纪念奖"，1位教授当选瑞典皇家工程科学院院士。目前，同济大学设计创意学院正在成为科技部火炬基地——环同济知识经济圈向千亿级迈进的全新学科引擎。上海自主智能无人系统科学中心作为交叉学科平台，持续引进人工智能领域顶级专家，形成院士领衔的国际化顶尖研究团队，作为首席科学家获批自然科学基金委基础科学中心、教育部自主智能无人系统前沿科学中心、成立中国（上海）数字城市研究院。医学生命学科获批自然科学基金委重点国际合作项目6项，获批教育部细胞干性与命运编辑前沿科学中心，获得国家自然科学二等奖等。

第三，互利共赢、融合发展，推动科技创新高质量发展。通过广泛的国际学术交流，在一些重点领域取得丰硕创新成果。依托新能源汽车及动力系统国家工程研究中心、节能与环保汽车创新引智基地，与国际过滤器巨头曼胡默尔、德国能源与环境技术研究所展开富有成效的合作，"基于寿命延长的燃料电池汽车智能阴极空滤系统研究及开发"项目获批国家重点研发计划政府间合作专项。该项目的成功合作将提高燃料电池汽车的环境适应性，提升燃料电池汽车的寿命，解决当下燃料电池汽车发展的燃眉之急。建筑与城市规划学院依托未来城市与建筑创新引智基地，与哈佛大学等共建国际博士研究生院，引进院士级专家担任国际导师；建立国际智能城市大数据共享平台，掀起数字设计与机器人建造领域的创新。与奥地利欧亚太平洋学术协会共建"中奥隧道与地下工程研究中心"，依托该中心的国际科技合作项目"新奥法隧道工程的集约化升级及城市高质量发展示范应用"提出以隧道衬砌3D打印建造为核心、以结构混合计算反馈控制为抓手的研发路线，推动"新奥法"的集约化、智能化技术升级。

二　世界一流人才集聚的经验探索

第一，充分发挥国际合作优势，坚定不移加大海外引才力度。近年来，同济大学国际人才工作聚焦创新，精准发力，在科技部、上海市及同济大学各级各类外国专家项目的支持下，国际人才层次、来源、领域及工作方式进

一步丰富多元。同济大学积极应对疫情带来的不利影响，充分利用线上线下相结合等更为灵活的方式开展国际人才工作，长短期外国专家数量稳定在较高水平，科技部各类外国专家项目获批数及经费数均名列全国高校前茅，全方位、多层次、宽领域的国际人才工作格局已经基本形成并不断完善。

学校充分发挥上海开放引才的综合优势，紧抓海外人才回流的历史机遇，聚焦"四个面向"，放大上海高峰人才工程示范引领效应。通过建立海外引才服务工作站、持续举办国际青年学者论坛，广发"英雄帖"，依托各优势学科力量，打出组合拳，持续挖掘海外优秀人才，特别是吸引海外博士和博士后回国工作。近两年，学校通过上海"国际人才蓄水池"工程，从海外引进人才近300人，是此前历年总数的3倍多，引才窗口期的人才政策效应迅速凸显。

学校建有中德、中法、中意、中西和中芬等12个国际合作平台学院，在意大利设立海外校区，在德国曼海姆、法国巴黎、意大利佛罗伦萨、日本大阪设立联络办公室，打造了平台对平台的国际合作协调模式，支撑和指导各专业学院与国际伙伴开展引才育才，以及跨学科、跨文化人才培养和科学研究。学校充分发挥对德、对欧合作交流和引才优势，2022年推出"中德合作2.0战略"，建立了中德博士研究生院和中德联合研究中心。首创中外领军科学家"团队式"科教融合国际合作育人新平台，实施"中外双学术带头人"（双PI）制度，组建中外教席教授共同领衔的合作研究团队，开展产学研合作的交叉学科育人，推动科技创新，引领学科发展，为全球性挑战提供解决方案。

第二，不断优化国际人才发展生态，全面促进学科创新发展。同济大学鼓励国内外顶尖人才协同创新、融合发展，中外教师共创卓越学术、推动社会进步，形成"事业吸引人才、人才成就事业"的良性循环。学校聚焦国际学术前沿与重大战略需求，瞄准基础研究和关键核心技术开展联合科研攻关，中外科学家携手合作，全面促进学科创新发展，为服务区域发展战略、建设高质量人才中心和创新高地注入新活力、赋能新动力。

建筑与城市规划学院以开放包容、博采众长为特色，围绕交叉创新团队建设，共引进国际师资 123 名，其中不乏德国工程院院士、澳大利亚工程院院士等，培养了一批国际顶尖学者领衔、结构合理、梯队完备的一流师资。学院创立"未来城市建筑"国际博士研究生院，实现师资国际化，开放课程面向国内、国际研究生。建设数字设计与建造国际博士研究生项目，组织多届"Digital FUTURES"暑期工作营和国际研讨会。和联合国人居署等国际组织联合发布了包括《中国城镇化 30 年》在内的一批具有国际影响力的重要报告，成为国际院校和知名学者了解认识中国城市发展和规划的学术门户。创办 5 本英文国际期刊，以英文期刊为窗口，多角度多维度向世界展示中国相关领域的科技实力与文化风采。环境学科与德国达姆施达特工业大学等多家德国高校和研究机构共建中德清洁水创新合作研究平台，与中德两国优秀高校、科研机构和企业协同创新，围绕重点领域水污染、水环境预警与监控、饮用水安全等重大科技问题共同开展研究攻关，以实现水资源的有效利用。

设计创意学院依托"高校国际化示范学院推进计划"，整建制引进外籍高端人才，借鉴国际先进经验，探索符合中国国情的国际化教学科研模式，构建具备国际视野和竞争力的一流国际人才的培养体系和符合国际惯例的科研组织体系。在中外专家的通力协作下，相关学科发展驶上快车道。近年来，艺术与设计学科在 QS 世界大学学科排名中持续攀升。"Nice 2035 未来生活原型街"等一批代表性创新探索实践中，无不凝结着外籍专家们的创意设计大手笔。

同济大学瞄准国际前沿，牵头建设上海自主智能无人系统科学中心，围绕自主与感知、智能与涌现、协同与群智等重大科学问题和无人系统在芯片、器件、算法、单体、多体协同等领域面临的"卡脖子"问题，着重开展人工智能领域的前沿科学难题和关键核心共性技术的攻关，服务上海科创中心建设。目前在上海市人工智能战略咨询专家委员会中，同济大学的教授就占据了 4 席。中心依托建设教育部前沿科学中心、人工智能国家产教融合平台和无人系统的重大基础设施、浦江国家人工智能实验室，吸引了一批国内外一流创新人才。如德国顶尖人工智能专家、同济大学教授、2021 年当

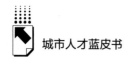

选中国工程院外籍院士的奥托·海因里希·赫尔佐格（Otto Heinrich Herzog）长期与中国工程院院士吴志强教授紧密合作，以深厚的学术造诣和对中国的热爱，将近40年的人工智能研究工作经验应用于同济大学人工智能与城市规划学科交叉创新之中，推动中德两国人工智能领域的高端合作，为上海建设全球人工智能高地、提升中国人工智能国际影响力、人工智能赋能区域规划与治理做出了卓越贡献。

第三，依托平台搭建战略科学家成长梯队，推动科技创新高质量发展。同济大学以人才资源的集聚为引领、以国际科技合作项目为主体、以合作平台建设为基础，充分集聚国内外创新资源、推动国际科技合作务实发展、提升学校国际科技创新能力。通过不断完善人才工作链条，着力搭建战略科学家成长梯队，形成了战略科学家与青年人才携手共进、国内人才与国际人才深化合作及互利共赢的良好氛围。目前，学校已与国外伙伴院校合作建立了18个省部级及以上国际合作实验室，包括4个科技部国际联合研究中心、3个教育部国际合作联合实验室、1个上海市"一带一路"国际联合实验室、9个"高等学校学科创新引智基地"及1个"高等学校国际化示范学院推进计划"。值得一提的是，教育部批建的中德联合研究中心（同济大学）是国内首个跨学科国际联合研究平台，重点聚焦中德两国重大战略需求，发挥多学科优势，积极探索国际化科研合作和人才培养的新模式。

学校以优势特色学科为基础，以国家、省部级重点科研基地为平台，海外顶尖学术大师以及一大批学术骨干与学校优秀科研团队，联合开展科技攻关研究，承担了近70个国家重点国际科技合作项目，取得了一系列具有国际影响力的科研成果。学科创新引智基地将学科建设、科学研究、人才培养和国际交流合作融为一体，基于凝练重大科学问题推动基础研究和应用研究，以高水平外国专家团队引进带动创新人才培养，通过长期稳定支持保障基地可持续发展，培养了大批学科带头人、科技领军人才和优秀青年骨干，为教学、科研、人才协同创新发展提供了有力的平台支撑。如交通运输工程学院依托"交通安全学科创新引智基地"建设，服务交通强国战略需求，抓住交通运输工程世界一流学科和上海市"高峰"学科的建设契机，围绕交通安全研究的"人—车—路—管理"四大研究方向，引进国际顶尖的专家学者和国际化背景的中青年教师队伍，培养国际视野的领军人才与团队，积极推进科教融合和产教融合，提高我国在交通安全领域的国际影响力。在上海市的大力支持下，将同济大学建设的上海自主智能无人系统科学中心和上海市重点实验室作为交叉学科平台，持续引进人工智能领域顶级专家，形成院士领衔、中外科学家参与的国际化顶尖研究团队，作为首席科学家获批自然科学基金委基础科学中心、教育部前沿科学中心，建设中国（上海）数字城市研究院，进一步提高了学校的整体学科水平和国际地位。

在国际合作平台的带动下，学校教师国际活跃度和学术影响力持续提升。55 人在重要国际学术机构和组织高端任职，35 人被海外高校授予名誉学衔，64 人担任高水平学术期刊主要职务，21 人担任发展中国家科学院和美国、德国、瑞典等国科学院或工程院外籍院士。近 5 年，10 人获 ASCE 纽马克奖、德国洪堡研究奖、德国海因茨·迈耶-莱布尼茨奖、IStructE 世界结构大奖等国际大奖。

第四，持续健全人才服务保障体系，厚植人才干事创业发展沃土。多措并举，不断完善和优化外籍教师管理服务工作流程，强化人才安全。全面梳理外国专家工作流程，在校内多个部门的协同下，2019 年修订了《外籍教师管理办法》，2020 年出台了《关于加强外籍教师管理的工作方案》，制定《同济大学外事工作指南》及《同济大学外籍教师手册》（英文版）。严把院聘外籍教师的入口关，重点规范外籍教师的招聘管理。根据国家及上海市关于人才安全工作总体部署，在校党委统一领导下，健全海外引才安全保护工作协调机制和海外人才安全事件应对机制，定期开展引才风险检视，夯实人才安全基础，确保安全工作无盲区。2021 年印发《同济大学引进人才政治把关工作办法》，明确建立人才政治把关工作专班，严格落实校院四级把关程序。同时不断推动部门协作，创新引才模式，聚焦重点任务，加强各部门各级各类引才项目的衔接，发挥国际人才在本土人才培养中的作用。

不断提升服务水平，改善引智生态。通过构建"一门式"中外高层次人才服务体系，简化服务环节，提高响应速度，改善服务质量。学校为每一

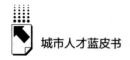

位高层次人才制定职业发展全周期手册，为人才发展的里程碑节点和可能遇到的痛点问题提供预先指导。促使国际人才引进工作从"重引进"向"吸引—培养—管理—服务"全链条转型，帮助高层次人才实现自我定位、深度融入、共同成长。全校上下为国际人才的发展创造更好的环境和氛围，了解需求、热情关心、细化服务，保障国际人才安心开展教学科研工作，让国际人才在同济感到温暖，以具有国际竞争力的一流人才队伍为一流大学建设提供坚实的人力资源保障。

三　世界一流人才培养的工作展望

面对新时代新使命新征程，同济大学继续坚持以世界一流人才培养为根本，推进国际合作高质量、内涵式发展，不断强化同济大学国际化办学的优势，建构同济大学世界一流的国际化学术氛围和国际化学术生态，推动学校国际化综合办学实力、人才培养与科学研究水平和社会美誉度及影响力的显著提升，重点在以下两方面开展工作。

大力引进海外优质智力资源。长短兼顾，聘请世界一流学者来校任教和交流；重点支持一流学科聘请一批高水平境外专家来校长期任教、任职，助力其与本校教师形成教学科研团队，助力学科保持国内领先和国际先进水平；每年在学校有较好基础的科研领域遴选建设 1~2 个示范性国际专家工作室，实现成建制引智；充分利用科技部国际科技合作基地、教育部国际合作联合实验室、高等学校学科创新引智基地等国际化科研平台引进国际知名外籍专家学者，对接国内团队智力融合，构筑集聚国内外优秀人才的科研创新高地，构建学校一流的国际化学术团队。

中外协同促进国际科技创新合作。提升国际科技合作的层次与水平，遴选具有相对优势的科研领域开展合作，努力造就世界级科技大师及创新团队。加大国际学术参与度，积极参与国际大科学工程（计划），提升学校整体实力和国际影响力。鼓励教师发挥对外学术影响力，支持主办一批有国际影响力的高层次国际学术会议。积极参与"一带一路"科技创新联盟

（BRSIN），搭建平台，促进学校与"一带一路"共建国家的杰出青年科学家交流。

　　教育培养创新人才，科技活动产出创新成果，人才工作蓄积创新智力。站在新的历史起点，同济大学将继续深入学习贯彻党的二十大精神，坚持以习近平新时代中国特色社会主义思想为指导，以高质量发展为统领，进一步发挥科教融合、人才会聚、学科综合、国际合作等综合性优势，不断提升国际人才工作水平，以国际化高层次人才集聚和国内国外科研团队融合发展带动一流科学研究、高水平学科建设和国际化人才培养，构建高水平国际人才集聚高地，实现新时代教育对外开放新突破和新引领，以世界一流人才队伍支撑一流大学建设，为国家科技创新事业发展源源不断地会聚和培养优秀创新人才。

专题篇
Special Reports

B.10
在中国式现代化建设的进程中
推动引智工作高质量发展

鲍园琳*

摘　要：　引智工作是我国人才工作的战略组成，是推进中国式现代化的重要支撑，其核心是引进外国人才和智力资源。我国的引智工作起步较早，通过近50年的发展形成了较为成熟的体系，尤其是2017年外国人来华工作许可制度的实施，通过分类管理、精准施策、便利服务，更是加大了外国高端人才和专业人才的集聚力度。但随着国际形势的显著变化和不同贸易体之间的激烈竞争，外国人才和智力资源的争夺也日趋白热化。面对新问题新挑战，引智工作需紧跟中国式现代化建设的步伐，培育新优势和新动能，解决好不平衡不充分的问题，向着更高质量发展。本文将在分析对比国内外引智工作经验，尤其是外国高端人才引进做法的基础上，围绕工

---

* 鲍园琳，南京市科学技术局国际人才交流中心主任，主要研究方向为国际人才引进管理服务工作。

作体系构建、体制机制改革、发展路径选择和服务场景设计等方面，对如何促进引智工作高质量发展进行思考，并提出相应建议。

关键词： 中国式现代化建设　引智工作　高质量发展

引智即引进国外智力，是我国对外开放基本国策的重要内容，其核心是引进国外人才和智力资源，服务我国社会主义现代化建设。习近平总书记在党的二十大报告中提出："从现在起，中国共产党的中心任务就是团结带领全国各族人民全面建成社会主义现代化强国、实现第二个百年奋斗目标，以中国式现代化全面推进中华民族伟大复兴。"此外，他又特别强调："高质量发展是全面建设社会主义现代化国家的首要任务。"[①] 进一步明确了中国式现代化的路径选择。高质量发展作为中国式现代化的一个本质要求，必然包含着引智工作的高质量发展，而引智工作的高质量发展，离不开外国人才的参与和价值体现。

外国人才，从国际人才流动角度而言，又被称为高技能移民，是指离开本人祖籍国或常住国、跨越国家边界，以自身高技能为条件合法迁徙至另一国家的人。当前，涉及外国人才工作的部门较多，除组织、宣传等党的部门外，外交、公安、教育、科技、文化、侨务等政府部门都肩负部分外国人才管理服务工作职能，民主党派、工商联和侨联、科协、欧美同学会等群团组织也在参与引进外国人才工作。笔者从就职的科技部门的角度，来浅谈个人对引智工作高质量发展的几点思考。

一　引智工作发展及现状分析

我国的引智工作概念正式提出是在 20 世纪 80 年代，党的十一届三中全

---

① 《习近平：高举中国特色社会主义伟大旗帜　为全面建设社会主义现代化国家而团结奋斗——在中国共产党第二十次全国代表大会上的报告》，中国政府网，2022 年 10 月 25 日，https：//www. gov. cn/xinwen/2022-10/25/content_ 5721685. htm。

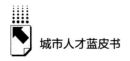

会以后。1983年邓小平同志发表重要讲话指出："要利用外国智力，请一些外国人来参加我们的重点建设以及各方面的建设。"① 同年中共中央和国务院联合发布了《关于引进国外智力以利四化建设的决定》，其成为引智工作开展的第一份政府指导文件。随着我国经济社会的发展和战略决策的变化，引智工作在机构设置、具体职能、作用体现上均发生了一系列的变化。从最早的外国专家接待，到后来的国外智力的引进、管理、服务和开发；从单纯的国外智力"引进来"，扩展到组织国内人才"走出去"。2008年国际金融危机爆发后，外国人才的跨域流动呈现了新的趋势，在这个契机下，中国政府加强对国外智力的引进工作，大批外国人才应邀来到中国，在前沿基础研究、核心技术攻关、科技创新、产业升级等领域中发挥了关键作用，有效解决了社会主义现代化建设中经验不足、知识不足和人力不足的问题，推动了社会进步和经济发展。其中不乏中外院士、诺奖和图灵奖获得者等世界顶尖科学家。2017年，外国人来华工作许可制度在全国启动实施，将原"外国专家证"和"外国人就业证"两证整合为"外国人来华工作许可证"，不仅解决了困扰外国专家和外国人就业之间的模糊概念问题，集成了政府各部门行政资源，更是通过可操作性强、明确具体的分类标准，为利用有限的资源服务引进"高精尖缺"外国人才提供了数据支撑和制度遵循。根据联合国经济社会事务部、《中国国际移民报告（2018）》相关数据，在华居住（3个月以上）的外国人才数量，从20世纪80年代末每年不足1万人，到2010年末达到了59.4万人，而根据2020年第七次全国人口普查结果，在我国境内居住的外国人已接近84.6万人，相较于2010年第六次全国人口普查结果增加了25.2万人，增长率为42.4%。从在华工作角度来看，2019年《解放日报》援引国家外国专家局统计显示，在沪工作的外国人数量为21.5万人，占全国的23.7%，居全国首位。按此估算，2019年在华工作的外国人数能达到90多万人。即使如此，从人口绝对值来看，中国的外国人数量

① 《坚持引进国外智力战略方针　促进经济社会又好又快发展》，光明网，2008年12月31日，https：//www.gmw.cn/01gmrb/2008-12/31/content_874435.htm。

占总人口比重仍较低（不足 0.1%），低于东亚平均水平的 0.5%，世界平均水平为 3.4%。

当然，在引智工作发展中，我们也不难发现，受国际形势变化、地缘经济发展不均衡以及人才迁徙规律的影响，我国引智工作也面临一定的新挑战。

一是外国人才的需求较大。在创新驱动引领发展的过程中，特别是"十四五"规划提出把科技自立自强作为国家发展战略支撑，具有国际化技术背景、拥有国际化视野、通晓国际准则的外国人才成为不可或缺的资源。根据猎聘《2021 中国中高端人才趋势报告》，进入 2021 年，全行业中高端人才紧缺指数持续上升，整体呈现供不应求态势，企业对中高端人才需求加大，硕士研究生学历需求同比增长 56.5%，而博士研究生学历需求占比已从 2019 年的 21.7% 攀升至 2021 年的 43.9%。以人工智能为例，中国存在严重的人工智能人才缺口，不得不大力引进海外留学生和人工智能人才，美国、英国、澳大利亚、新加坡和日本是中国海外人工智能人才的主要供给来源。领英人才数据库资料显示，中国的 AI 人才总数为 5 万人，而美国 AI 人才总数是中国的 16.5 倍之多。中国在智能交通、智能营销、硬件/GPU/智能芯片方面的需求比例要多于美国，但在算法、机器学习方面，美国人才总数是中国的 20 多倍。这说明，在我国，外国人才尤其是高端人才的需求存在较大的空间。根据笔者所在南京市 2022 年底持有效外国人来华工作许可数据分析来看，从事教育行业的占比 34.82%，集中在各类语言培训机构和学校等，制造业占比 33.26%，而排名第 3 的软件和信息技术服务业的占比不足 10%。

二是对人才的价值判断不够全面。用人单位主动性没得到充分体现。随着中国参与全球分工的程度加深，以及科技自立自强的需要，引智工作的重要性自上而下得到高度重视，各级政府加大了对外国人才引进的政策保障力度，但不难看出，大量的政策还集中在政府主导的层面。在外国人才的遴选上，以专家评判为主，未充分考虑到用人主体的价值判断。在条款设计上，惯用国内人的思维去理解外国人才的需求，对不同层次的外国人才的待遇无

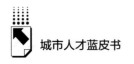
法兼顾差异化和公平性。在人才落地性上，未能做到精准甄别。

三是人才流入和流出不平衡。从 2004 年《外国人在中国永久居留审批管理办法》实施至 2016 年《〈外国人永久居留管理条例（草案）〉意见稿》制定（未正式列入法律），公安部共批准 10269 名外国人取得在华永居资格。而 2016 年，持工作类临时居留签证入境美国的中国人就达 87288 名，3.3 万名中国人获得美国永居资格或国籍。根据《中国国际移民报告 2020》，中国移民输出总量已位居世界第 3，年轻化趋势显著。外国人才引进的功效逐步被人才流失所抵消。

四是外国人才居留存在不确定性。尽管中国也实施了外国人在华永久居留政策，但因较为苛刻的门槛以及有限的权益，实施效果未达到预期。近年来，西方在人才流动上层层加码，尤其是《芯片和科学法案》出台，更是加剧了对流入中国的外国人才特别是从事高技术研发外国人才的限制，甚至不惜以威胁人身安全为筹码，导致不少已经居留中国的外国人才不得不终止正在开展的工作，返回母国。

二　国内外在引智工作方面的经验做法

近年来，随着国际形势的显著变化和不同贸易体之间的激烈竞争，越来越多的国家和地区体会到外国人才在本国和本地区发挥的重要作用。有资料显示，德国马普研究所的 270 位所长中，有 25% 来自国外，至 2022 年 1 月份，马普研究所的 4000 多名科学家中，有 26.4% 来自国外。2022 年美国的科学与工程劳动力统计，在学术和工业界具有博士学位并从事研究工作的外国人超过总人数的 25%。另据美国国际教育研究所（Institute of International Education，IIE）的统计，美国主要大学聘请的外国专家高达 8.3 万人。

为了提高国际竞争力并在激烈的人才争夺中立于不败之地，许多国家采取了一系列引才政策，吸引外国人才。美国强调人才就是金钱，采取各种手段，多次修改《移民法》，明确对学术、专业上有突出成就的外国人才可优先加入美国籍。通过实施工作签证和技术移民等人才引进制度，集聚世界各地的高素质创新创业人才，如给具有特殊专业才能的外国人 H-IB 签证，签发数量从 20 世纪 90 年代的 6.5 万人不断增加到 2022 年的 20 万人。以政府、产业界与基金会三驾马车为主体形成科技资助体系，尤其是基金会的运作方式，其多以捐赠和基金投资回报部分设立科技奖励。实施"星球大战"计划，同时通过实施留学优惠政策和"绿卡制"留住世界各地的优秀留学生并将其作为发展的主要人力资本。日本建立政府、民间团体和企业多主体、多层面、多元化的资助奖励体系，采用"日本版外国高级技术人才绿卡"和设立"外国人特别研究员制度"吸引世界顶尖人才。德国设立"洪堡教席奖"作为高端人才战略的重要举措，吸引全世界顶尖的科学家从事长期研究工作，并为理论研究或实验研究提供 350 万欧元或 500 万欧元的资助。英国加大对青年科技人才的资助力度，支持沃尔森基金会和英国皇家学会合作设立"高级人才奖学金项目"以资助杰出的科学家。移民署给高层次人才和高素质技能劳动力人员发放签证吸引人才。法国推出了"优秀人才居留证"吸引海外优秀人才，同时法国外交部与大企业集团联合培养外国留学生，如"蔡元培项目""法国科研创新人才计划"都吸引了来自中国的青年科技人才。芬兰将掌管先进技术的高收入外籍科研人员的税率降到当地人的 58%，以吸引和稳定外籍优秀人才；新加坡的引智政策核心是以顶级酬劳吸引顶尖人才。

国内城市在吸引外国人才方面也措施不断。北京依托《公安部支持北京创新发展的 20 项出入境政策举措》，为外籍高层次人才、外籍创业团队和外籍留学生留京创造便利。上海持续加大外籍人才和智力工作力度，对世界大学排名前 500 的毕业生放宽了落户条件，鼓励持永久居留身份证外籍高层次人才创办科技型企业，并落实境外和海外回流高端紧缺人才个人所得税优惠政策，2018~2020 年，在全球 20 座科技创新中心城市中，上海对全球青年科学家的吸引力排名第 4。深圳提出对在合作区工作的境内外高端人才和紧缺人才，对个人所得税已纳税额超过其应纳税额 15% 的部分，给予最高 500 万元的补贴。发力建设国家级海外人才离岸创新创业基地。杭州在引进外国人才方面，出台了杭州 12 条外国人出入境新政办事指南，放宽签证

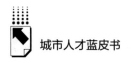
和居留许可办理条件，同时还根据外国人才的学术能力、技术水平、业绩贡献等，按顶尖人才（F1类）、领军人才（F2类）、特优人才（F3类）、高端人才（F4类）、高级人才（F5类）五个层次进行分类认定。

　　归纳上述国家和城市引才引智做法，可以发现：一是重视高端人才和领军人才，特别是学术带头人和创新型企业家的引进；二是重视市场选择对人才引进的作用，在广泛吸纳全球人才的同时，更加聚焦发挥人才的价值和创造力，尊重市场选择，特别是将雇主担保、人才收入积分、优渥的薪酬等作为判断人才价值的重要依据；三是更加重视以优越的综合环境吸引人才，而不是单一经济要素，发达国家和地区对全球人才更多强调自身成熟的科技创新环境、商业环境、生活环境和文化环境等优势；四是重视体制机制保障与政策、服务创新，通过特殊移民、签证等法规的支持，积极拓宽人才引进通道，通过发展事业平台、提供优质环境等针对性政策，增强对人才的吸引力。

三　引智工作高质量发展的对策思考

　　当前，在新发展格局下，中国的经济呈现新常态，正在从高速增长迈向高质量发展，从投资驱动转向要素和创新驱动，作为经济发展新引擎的引智工作亦是如此。根据前文对引智工作发展的历程、出现的挑战、国内外国家和城市引智工作对比的分析，笔者个人认为，引智工作高质量发展需要思考四个方面的问题：一是如何构建更加系统全面的引智工作体系，树立更高层次的人才战略观；二是如何有效应对新形势新格局下外国人才引进的新挑战；三是如何处理好政府与市场的关系，更好地完成国家、省、市对海外引智的新要求；四是如何通过后端服务强化外国人才的获得感。基于此，笔者结合自身工作经验，浅谈对促进引智工作高质量发展的几点思考。

（一）以更高的站位，深刻理解党对引智工作的全面领导

　　党的二十大报告旗帜鲜明地指出"中国式现代化，是中国共产党领导的社会主义现代化"，并把"坚持中国共产党领导"作为中国式现代化首要

要求。中国共产党是社会主义现代化事业的创造者、推动者、实践者，是实现中国式现代化的坚强领导核心。党的领导直接关系到中国式现代化的根本方向、前途命运、最终成败。置身于中国式现代化进程的宏大时代背景中，我们应将党的全面领导贯穿引智工作的全过程，促进引智工作更高质量发展。

党的领导为引智工作高质量发展提供正确的方向指引。党的十八大以来，党中央做出了"聚天下英才而用之"的重大部署。在党的全面领导下，引智工作取得历史性成就、发生历史性变革。外专队伍快速壮大，引智效能持续增强，外国专家对我国科技创新和经济社会发展的贡献显著。习近平总书记在中央人才工作会议上指出："必须坚持党管人才，坚持面向世界科技前沿、面向经济主战场、面向国家重大需求、面向人民生命健康，深入实施新时代人才强国战略，全方位培养、引进、用好人才，加快建设世界重要人才中心和创新高地。"① 为各地的现代化引智工作指明了方向、确定了目标。

党的领导为引智工作高质量发展构建了完善的格局。2021 年 5 月，《中国共产党组织工作条例》印发，这是党的历史上第一部关于组织工作的统领性、综合性、基础性主干法规，要求形成党委统一领导，组织部门牵头抓总，有关部门各司其职、密切配合，用人单位发挥主体作用，社会力量广泛参与的党管人才工作格局。在党对人才工作全面领导精神的贯彻上，南京一直紧跟要求，成立市委人才工作领导小组，强化领导干部抓人才工作职责，将人才工作实绩纳入年度党建工作述职评议专项内容等。

党的领导为引智工作高质量发展塑造了科学的成事之道。调查研究是做好各项工作的基本功。党的十八大以来，习近平总书记高度重视调查研究工作，要求全党要大兴调查研究之风。党的二十大报告更是对党员干部特别是领导干部带头深入调查研究提出明确要求。调查研究的目的是发现问题，分析问题，从而解决问题。引智工作要想高质量开展，就要经常深入引智一

---

① 《始终坚持人才引领发展的战略地位》，人民网，2022 年 4 月 11 日，http：//dangjian. people. com. cn/n1/2022/0411/c117092-32395745. html。

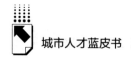

线，与用人主体和外国人才多交流，掌握情况，了解需求，听取建议，并在分析研判的基础上，将调研成果有效运用到引智工作实践中。

（二）以更强的决心，持续深化人才发展体制机制改革

党的二十大报告提出要"深化人才发展体制机制改革，真心爱才、悉心育才、倾心引才、精心用才，求贤若渴，不拘一格，把各方面优秀人才集聚到党和人民事业中来"。当前，全球新一轮科技革命和产业变革蓬勃兴起，对国际人才的争夺日趋白热化，在这一背景下，一个地区既要实现人才数量的指数级增长，又要保证人才以用为本，充分展现创造活力和聪明才智，就需要在人才发展体制机制改革上提速。

党的十八大以来，党中央将人才发展体制机制改革摆在了新时代人才工作的突出位置，2016 年 2 月印发了我国第一份针对人才发展体制机制改革的综合性文件——《关于深化人才发展体制机制改革的意见》（以下简称《意见》），习近平总书记就学习贯彻《意见》做出重要指示，强调："要着力破除体制机制障碍，向用人主体放权，为人才松绑，让人才创新创造活力充分迸发，使各方面人才各得其所、尽展其长。"①《意见》从管理体制、工作机制和组织领导等方面提出一系列改革措施。中央和国家相关部门随后配套出台 140 余项政策，各省（区、市）出台 700 多项改革政策，人才发展体制机制改革不断取得创新突破。2018 年，中共中央办公厅、国务院办公厅印发《关于深化项目评审、人才评价、机构评估改革的意见》，科技部、教育部等五部门联合开展清理"唯论文、唯职称、唯学历、唯奖项"专项行动。人才发展体制机制改革实现了与教育、科技、人事、社会管理等领域体制改革的协同推进，进一步优化了人才发展环境。

人才发展体制机制改革的核心是"授权、松绑"，解决的是人才评价、使用、激励机制不科学不完善，人才流动不顺畅，人才管理不规范等难点和

---

① 《我国人才发展体制机制改革不断深入——让人才创新创造活力充分迸发》，中国政府网，2021 年 9 月 30 日，https：//www.gov.cn/xinwen/2021-09/30/content_ 5640284.htm。

堵点。科技部等八部门印发的《关于开展科技人才评价改革试点的工作方案》，在 21 家科研院所、高校及附属机构和 6 个地方先行试点。其目的就是打破"一把尺子到底"的简单量化评价模式，对科技人才进行分类评价，在基础研究类、应用研究和技术开发类、社会公益研究类人才之外，重视对承担国家重大攻关任务的人才评价，从根本上扭转人才评价"指挥棒"。

南京是 6 个试点区域之一，笔者认为，这是南京引智工作高质量发展的一次契机，未来可在以下几方面有所推进。一是发挥用人单位价值判断作用。苏州的"海鸥计划"是同类政策中较为成熟的，根据人才薪酬等次制定不同扶持标准，突出了"高薪聘高人"特点，尊重外国人才流动规律，避免用国内"刚性引才"套用外国人才工作实际。放大柔性引才概念，用"项目制引才"替代"合同制引才"。二是加大重点领域人才引进力度。进一步向 STEM（Science，Technology，Engineering，Mathematics，泛指科学工程和理工类）基础领域国际留学生与海外中高端人才倾斜，尤其加大 STEM 基础研究领域人才的引进力度。将引智政策从宽泛的外国人才引进，聚焦到引进与产业相关的基础性研究人才、科技成果转移转化类人才。三是试点多元化评价机制。解决评价标准"一刀切"问题，根据引智对象的差异化和特点，以及参与不同创新活动类型来制定相应分类评价指标和评价方式。四是赋予人才更多支配权。以江苏省产研院的"项目经理制"模式为参考，在全球范围遴选国际一流领军人才担任项目经理，由项目经理组织产业重大技术攻关，自主组建项目团队、自主考察推荐优质项目，提高技术产业化的执行效率。五是建立市场化人才平台。目前浙江、山东等地均成立了国资背景的人才发展集团，以政府指导、园区主导、机构参与、公益共赢为原则，引导财政资金和社会资本共同对优质项目进行配置。六是争取改革试点。以落实国务院营商环境创新试点部署要求为契机，争取省部支持，借鉴北京、上海、重庆、杭州、广州、深圳 6 个试点城市经验，探索制定符合地方发展要求的外籍"高精尖缺"人才地方认定标准，进一步扩充外国高端人才（A 类）和外国专业人才（B 类）的认定范围。七是开展国际合作。围绕国际关切的公共领域，积极参与国际大科学计划，利用紫金山实验室、国家第三代半导体技术创新中心、国家集成电路自动化技术创新中心、生物育种钟山实验室、综合交通实验室等重大战略科技平台，建立国际合作联合实验室和研究中心等平台，多渠道、多形式、多层次开展国际合作，为引进高端外国人才和专业人才开辟路径。八是加强双招双引。充分认识招才引智在推动区域经济转型升级和形成新兴产业集聚中的关键性作用，实现招商引资与招才引智双轮驱动、融合发展。通过引进一批总部企业和首站企业，落地一批科技含量高、发展潜力大的项目，带动一批外国高端人才和创新团队的引进。

（三）以更宽的视野，长效构建开放合作的常态机制

开放合作是构建新发展格局、促进可持续发展的重要手段。随着经济全球化的深入发展，构建开放合作的长效机制、引进高质量的国外人才智力，成为各地融入全球创新网络、应对国际竞争挑战的重要内容。

发挥海外渠道"桥头堡"作用。近年来，受美西方持续打压影响叠加新冠疫情，尤其美国实施的《芯片和科学法案》和出国管制新规等手段的实施，政府官方"冲锋队"的角色已不再适合新形势下的引智工作，需要充分发挥各海外协会、学术团体、科技团体和校友会等群众组织在联络和团结国外人才方面的作用，支持各地政府引入第三方机构或与海外机构、创新主体合作，通过设立或共建海外联络站、海外协同创新中心、人才工作站等方式，将引才关口阵地前移，建立一批海外渠道"桥头堡"，实现政府引才手段由"行政化"向"市场化"和"资本化"的转换。南京这两年打造了30多家"海外协同创新中心"，以市场化的手段，坚持政府、园区和机构三位一体，差异化精准对接全球创新资源，加快融入全球创新网络，促成一批项目合作共赢。

促进开放平台与国际接轨。不断完善自由贸易试验区、自由贸易港、综合保税区、内陆开放型经济试验区等各类开放平台功能，加快与国际经贸规则的衔接，积极融入并引领高标准国际规则的制定，加快构建诸如知识产权保护、数字贸易、政府采购等体现国家战略需要、对外开放度高的相关领域制度体系，在投资贸易便利化、自由化等方面大胆创新、积极探索，重塑政府与市场权利义务关系，进一步强化市场对资源配置的决定性作用，为深度

参与全球市场分工、实现更高水平开放夯实基础。以上海自贸区临港新片区为例，2022年临港新片区与迪拜杰贝阿里自贸区签订了战略合作协议，将构建与国际接轨的开放型制度体系，推广世界物流护照，进一步扩大在投资、商贸和物流方面的商机，带动更多国际人才集聚。

放大活动品牌虹吸效应。瞄准城市定位，聚焦产业发展，顺应市场需求，组织各类专业化、特色化、精准导向的招才引智活动，是一个地区虹吸各类创新资源、打造优质人才项目蓄水池的重要手段，也是当地人才工作"金字招牌"。如国家层面的中国留学人员广州科技交流会、深圳中国国际人才交流大会等。地方层面的中国留学人员南京国际交流与合作大会、杭州人才国际交流大会、苏州国际精英创业周等，通过搭平台、抓对接，来展成果、聚英才、汇资源、落项目。近年来，各类人才活动更是顺应引智工作新形势，落实人才发展新要求，在现场呈现方式、项目对接模式上进一步创新，在活动目标设定、预期效果上进一步聚焦，在活动举办形式上更加灵活多样。有些还参与当地招商引资工作，国际友城建设融合开展，不断放大活动的品牌效应，提升城市国际影响力。

加速区域要素共享流动。推进跨界区域人才共享，建立区域间联系沟通的常态化机制。通过信息互通、管理互通，最终实现人才互通，形成区域人才合力。深圳市专门成立"一带一路"国际合作联盟，常态化整合"一带一路"相关信息向深圳乃至全国的企业发布，建立动态数据库及时统计企业及相关国家的需求，促进技术、贸易合作与交流。围绕地方产业布局，在有条件的园区建立国别合作园区或离岸孵化基地等。海南自由贸易港选择部分重点园区，布局建设海南国际离岸创新创业试验区，搭建吸引海外人才、技术转移、科研合作、成果转化、创业孵化等创新创业平台，并鼓励试验区在人才、资本、技术、信息等要素跨境自由流动等方面改革创新、政策先行先试、实现制度集成创新。

（四）以更实的举措，致力打造宜居宜业的营商环境

党的二十大报告提出，要"营造市场化、法治化、国际化一流营商环

境"。优化营商环境是党中央根据新形势新发展新要求做出的重大决策。过去十年，围绕营造市场化、法治化、国际化一流营商环境，党中央做出一系列重大部署，出台一系列重大举措。各地各部门按照党中央部署，紧紧围绕市场主体需求，因地制宜改革创新，政府履职理念、能力、行为及规则等都发生了重大转变，市场主体的活力和社会创造力得到了极大释放，营商环境的国际竞争力和影响力大幅提升。当下，我们在迈向全面建设社会主义现代化国家新征程上，要以习近平新时代中国特色社会主义思想为指导，把营造一流营商环境作为体现城市软实力、提升国际竞争力、促进引智工作高质量可持续发展的坚强保障。

营商政策制定应满足市场化需求。上海、北京先后在试点区域推行外籍高端人才申请中国永久居留身份证"直通车"服务、施行外国人才积分落户机制等出入境改革举措，为留住顶尖人才，引进"急需紧缺"人才提供了便利，增强"归属感"；让临近或已经退休的外国专家可通过一次性补缴的方式，享受中国现行的社保福利。对外国人才配偶子女，可参照北京、上海政策，纳入当地居民医保予以保障，强化"融入感"。在税收政策方面，深圳采取的是对在大湾区工作的境外人才按15%征收个税，内地和香港个税差由当地财政予以补贴。可有效减轻外国人才在中国税收负担，提高"获得感"。

营商场景开发应关注国际化特征。党的二十大报告强调"合理缩减外资准入负面清单，依法保护外商投资权益"。北京、上海等城市深入落实外资企业的国民待遇，率先试点允许外国人来华投资创业期间，可通过孵化器、众创空间直接申报工作许可；南京江北新区探索国际人才管理改革试点，出台了国际人才职业资格认定办法，推出首批57项国际职业资格比照认定目录；山东省允许用人单位为外籍高端人才聘请外籍家政服务人员；上海自贸区则积极探索外国人才服务的新经验新做法，着力构建具有国际化竞争力的外国人才服务体系，率先在全国建立了"外国人服务单一窗口"。

营商环境打造应提高法治化水平。国家层面应建立专门的引智法律保障体系，对各地加强政策指导和业务培训，支持各地自主配备或通过购买服务的方式引入熟悉境内外法律知识和环境的专业团队，为外国人才及其单位提供安全有效的法律服务保障。强化精准高效监管，深化部门联合开展"双随机、一公开"检查，规范外国人来华工作许可审批行为。出台外国人才信用审批管理制度，探索对外国人、用人单位的信用进行分类管理，提升外国人来华工作服务和监管水平。

参考文献

刘国福：《试论中国技术移民法立法》，《学习与实践》2012 年第 7 期。

《利用外国智力和扩大对外开放（一九八三年七月八日）》，《邓小平文选》第 3 卷，人民出版社，2001。

周灵灵：《国际移民和人才的流动分布及竞争态势》，《重庆理工大学学报》（社会科学）2019 年第 7 期。

刘国福：《引进外国人才政策：严峻形势、重大挑战和未来发展》，《国家行政学院学报》2018 年第 4 期。

何增科：《美国、新加坡、印度等国家在人才资源开发管理方面做法和经验的比较研究》，《马克思主义与现实》（双月刊）2004 年第 2 期。

B.11
从德国汉堡到中国青岛的
跨国科技合作之旅

李艺雯*

摘　要： 产业是基，人才为本。高质量发展的城市与彬彬济济的人才相互依托、相互成就。科技创新需要国际合作，外国专家来华开拓市场、创新创业，为中国相关行业带来国外先进技术和管理经验，技术创新成果的市场化也促进了创新发展与进步。

关键词： 外国专家　创新创业　跨国科技合作

Siegfried Ratzeburg，中文名字李汉青，生于1941年，硕士研究生学历，有50多年的轮胎行业工作经验，自1963年至2006年就职于法国米其林轮胎集团，先后从事过成型机设计及标准化工作、生产管理工作、密炼技术和设备管理工作、十多年的工厂管理以及欧洲市场营销工作。在生产工艺和流程诊断、产能优化和质量提升，尤其是密炼、压延和压出方面有着极其丰富的经验。

20世纪90年代，Siegfried身边不少欧洲同事已经来到中国发展，他们对他讲起中国快速发展的故事，触动了Siegfried对中国的向往。由于彼时中国的工厂设备、工艺相对落后，于是夫妻二人决定自己创业，把先进的技术带到中国。Siegfried陪李红卫回到她的家乡青岛，两人的轮胎事业就此开始

---

　　* 李艺雯，科学技术部国外人才研究中心《专家工作通讯》编辑部负责人，主要研究方向为中国城市外籍人才吸引力、外国人才政策等。

了新篇章。

来到中国后，Siegfried 就给自己取了个中文名字。由于他妻子姓李，他便也姓李，"汉"字则是代表德国汉堡，"青"字代表青岛。李汉青，一个名字融汇了两个国家、两座城市，开启了他与中国与青岛近 20 年的不解情缘。

一 开发低温一步法炼胶技术，掀起中国炼胶技术领域革命

2006 年，在李汉青来到中国时，国内的所有炼胶系统基本还停留在 20 世纪五六十年代的炼胶工艺基础上，炼胶工艺的落后导致了下道工序（压延、压出、挤出、成型、硫化等）各种工艺问题的出现和原材料成本的居高不下，严重制约了中国轮胎质量和性能的提升。国际轮胎巨头企业的炼胶技术早已进行了全面升级，尤其是米其林公司，其在欧洲的炼胶中心采用一步法炼胶工艺已多年，其炼胶质量、产量、节能程度、自动化水平已经取得突破性成就，这是米其林轮胎独步全球的主要技术根源之一。中国轮胎业在后工序赶超很快，但唯独在基础性的炼胶工艺上缺少根本性的进步，造成行业大而不强、产品量大质次、出口屡遭刁难的局面。虽然国内进行了一些低温减段炼胶技术方面的探索，但普遍存在建设成本高、性能不稳定、质量自动监控缺乏、智能化水平低、噪声和粉尘控制不理想等系统性问题。

为解决这些问题，李汉青根据多年在世界轮胎一流公司的从业经验，联合丰源轮胎公司、青岛科技大学进行了系统的研发。李汉青作为技术带头人，从整体项目技术指导、设备选型、工艺路线制定、厂房布局、设备调试等方面做了大量的工作。最终形成了全新的"基于高分子裂解机理的绿色智能化低温一次法混炼新技术"，并在丰源轮胎现场得到生产验证。该技术经中国化工学会组织鉴定，具有炼胶质量好、自动化程度高、生产效率高、能源消耗低、环境友好的特点，形成了配方、工艺与装备及产品应用的成套

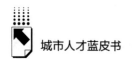

技术，创新性显著，达到了国际先进水平。

该技术填补了国内的空白，形成全新的炼胶技术，使国内炼胶技术进入了一个新阶段，使国内轮胎行业在混炼胶技术方面产生质的飞跃，与国外轮胎巨头站到同一高度上，在经济效益方面，使产能提升 60% 以上，可使轮胎厂新增销售收入 80014.19 万元，新增利润 1246.20 万元，新增税收 191.61 万元；在社会效益方面，通过该技术的应用除技能环保效果之外，还可通过实现高硅配方的胶料加工来达到轮胎节油、安全、低碳的效果，这主要是指该技术与传统工艺相比较更适应白炭黑胶料的加工，而白炭黑胶料的使用能使轮胎滚阻更低、湿滑性能更优、噪声更低，这是当前绿色轮胎标准的基本要求。

二　导入国际先进轮胎技术，推动中国轮胎行业技术进步

2006 年，国外轮胎品牌占据中国轮胎行业的中高端市场，尤其是配套轮胎市场，以米其林、固特异、韩泰、锦湖等国外品牌为主。国内轮胎民族品牌主要在中低端市场，产品技术含量和附加值较低导致市场竞争力不足，同规格产品价格不及国外一流品牌的一半。轮胎出口遭遇反倾销以及技术壁垒和贸易壁垒。李汉青看到中国轮胎行业这样的困境，就下定决心，利用自己丰富的轮胎技术经验，帮助国内轮胎民族品牌提高技术水平，打造中国轮胎品牌，缩小与世界先进技术的差距。他先后为双星集团有限责任公司、青岛森麒麟轮胎股份有限公司、东营市方兴橡胶有限责任公司、山东能源集团下属子公司丰源轮胎、浦林成山轮胎、江苏通用科技等 10 多家轮胎公司提供技术服务，共开发设计 300 余款花纹系列、2000 多个规格、5000 多个产品，打造出"双星""千里马""赤兔马""路航""远路"等中国品牌。这些产品都含有特拓轮胎技术的基因，销往全球 30 多个国家和地区。其中开发的欧盟标准最高等级 AA 轮胎、赛车胎、RFT 缺气保用安全轮胎、超静音轮胎等，达到世界顶级水平。此外与通用股份

联合开发的 GA5 轿车胎荣获 2019 年"奚仲奖"。通过产品设计上取得的重大突破，缩小了中国轮胎技术与世界轮胎先进技术间的差距，为中国轮胎占领国际市场提供有利的技术保障。

三　自主研发轮胎数字化设计和管理平台，助力中国轮胎信息化发展

发达国家从 2013 年开始，陆续提出发展高端制造业的计划。如 2013 年，德国提出的工业 4.0 战略、英国提出的 2050 战略等。2015 年 3 月，时任国务院总理李克强首次提出中国制造 2025。2016 年 12 月，工信部首次发布了智能制造发展规划，提出到 2020 年，中国重点领域要基本实现数字化制造，到 2025 年，重点产业初步实现智能转型。其次中国轮胎企业的市场环境面临很大的压力。市场饱和、产能过剩；近几年轮胎原材料价格升高，引起轮胎成本的提高；世界各国纷纷加征关税，形成贸易壁垒。在这样的形势下，中国轮胎企业就必须应用科学的设计方法，建设规范的研发体系和与之相匹配的技术管理信息平台。例如，世界著名的轮胎企业米其林、邓禄普、普利司通等，都是通过新产品研发和新技术应用来提高产品的附加值。通过先进的数字化研发工具及研发数据管理系统来帮助轮胎企业实现智能制造。国内目前常用到的系统有 PLM、ERP、MES 等，但没有专门针对轮胎行业在研发方面的数字化设计和管理平台。对此，李汉青结合自身经验，自 2013 年开始，投入人力与物力，开展针对轮胎行业的产品数字化设计与数字化管理平台的自主研发。截至 2020 年，已经初步完成平台主体功能的开发，不仅将两大平台应用于自主轿车轮胎业务开发过程中轮胎客户，而且该平台现在已在双星集团和三角集团成功实施，为客户解决了轮胎设计和管理难题，促进国内轮胎行业整体技术发展与提升。该系统具备 100% 自主研发能力，将数字化产品设计与管理作为产品研发的技术保障，保证开发轮胎产品的性能，同时可以实现轮胎产品开发标准化、体系化，能够帮助国内轮胎企业打破国际技术壁垒。从而推动轮胎行业的信息化、智能化。这也是公司

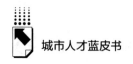

在大数据和智能化方面的提前布局，与国家的《新一代人工智能发展规划》相呼应。在研发过程中，2019 年公司获得了 CMMMI 软件成熟度等级三级认证和工业和信息化部组织制定的信息技术服务标准成熟度三级证书。

四　促进国际交流，人才推动企业发展

李汉青积极为中国轮胎企业培养专业人才，利用自身资源，多次引进外国技术专家，为中国轮胎企业及大学提供服务。如 2011 年引进德国能源专家到青岛科技大学为学生进行培训，培养具有中德两国文化背景、中德两种语言能力的国际化、复合型高级工程技术及管理人才，为中德两国的经贸、科技文化交流与合作提供人力资源；2016 年引进德国轮胎质量专家到山东丰源轮胎工厂现场审核，为工厂解决生产难题；2017 年邀请德国技术专家到公司进行软件开发培训，解决软件系统建设问题；2018 年搭建国际化合作平台——青岛市蓝色经济引智示范基地。

多年来，公司先后培养了轮胎行业尖端技术人才超过百余人。先后培养泰山学者海外特聘专家、青岛市创业创新领军人才等专业人才，同时设立专家工作站，与成山合作建设山东省多尺度轮胎全生命周期制造创新中心，搭建人才培养的平台。如今，公司建立健全了组织管理体系，形成了一支专业化、年轻化的技术服务团队，研发团队核心人员均来自世界一流的跨国轮胎公司，为国内外诸多轮胎公司提供先进的轮胎技术服务。公司先后被认定为高新技术企业、青岛市企业技术中心、青岛市高性能轮胎技术专家工作站和轮胎全生命周期管理系统引智成果示范基地，并与山东丰源轮胎制造股份有限公司、青岛科技大学共建山东省绿色安全轮胎工程技术研究中心，与成山集团联合成立了山东省多尺度轮胎全生命周期制造创新中心。先后承担了枣庄市协同创新中心项目、青岛市蓝色经济区引智成果示范基地、工信部多尺度绿色轮胎全生命周期设计中心等国家、省、市级重点项目建设。目前，公司共获得自主知识产权 100 余项，其中获得授权发明专利 27 项、实用新型专利 54 项、软件著作权 15 项，发表行业技术论文 80 余篇。"中心分流式高

效低温炼胶工艺与装备研究应用"项目、"基于高分子裂解机理的绿色智能化低温一次法混炼新技术与应用"项目分别于 2016 年和 2019 年获得山东省科技进步奖。

五 以情留才，人才发展融入城市血脉

李汉青的妻子、总经理兼总工程师李红卫博士为 2015 年"泰山学者海外特聘专家"、2015 年"青岛创业创新领军人才"。在法国米其林轮胎公司研发中心（东京）工作，负责亚洲区轿车子午胎的研发、工艺设计和质量控制工作。其中的超高性能轮胎 Pilot Preceda、MXV8 等 4 款产品被成功地认证为宝马、奔驰、奥迪等高档车的原配轮胎。2007~2009 年担任赛轮股份有限公司轿车轮胎项目总工程师。她服务于 10 多家轮胎上市公司，成功开发了欧盟标准最高等级 AA 轮胎、RFT 缺气保用安全轮胎等高附加值产品。

李汉青和李红卫的爱情故事始于日本。1996 年，李红卫在米其林亚洲日本研发中心工作，正巧李汉青也在米其林日本生产工厂工作，李红卫赴日本早，教李汉青日语，李汉青则教李红卫英语，两个人的"东京爱情故事"就此展开。回国后，两人携手在轮胎行业打出一片天地。青岛的山山水水见证了这对伉俪的漫漫情深。

李汉青对青岛这座城市有着深厚的热爱。他坦言，时时感受到青岛的人文关怀，以及城市高质量发展取得的高质量民生成果。他曾经因为生病，多次在青岛医院完成手术并恢复良好。在他看来，青岛的就医环境好，外国人的就医渠道通畅，医疗团队专业细致。

2020 年初，新冠疫情形势严峻，李汉青勇担社会责任。他了解到山东济南西藏中学师生（全省唯一一所寄宿制藏族初中，生源全部来自西藏，是山东省重要的教育援藏项目）在校封闭学习和生活，他就利用自己有限的资源筹集物资，为学校捐赠抗疫物资，共克时艰。在疫情期间，李汉青居住在中国，西方某些国家抹黑论盛行，他坚持在德国家人和朋友微信群里传

递中国真实信息，为中国疫情防控点赞。赞扬中国政府及时采取防控措施，中国民众也积极响应政府号召，遵守防疫规则，使中国疫情防控成为世界的榜样。他将自己的体会和感触与朋友和家人分享，宣传中国政府和人民为疫情防控做出的表率和贡献。

附录一 部分国家吸引外籍人才政策文件摘要

一 美国吸引外籍人才做法及政策

（一）实施杰出人才移民政策和外籍创业者特殊工作许可规定①

实施杰出人才移民政策。根据美国《移民法》第 203（b）款（1）条（A）项的定义，"杰出人才"（Alien of Extraordinary Ability，简称 EB-1A），又称特殊技能人才，是"具有卓越专业能力，在其领域中少数的顶尖人物之一"。该政策旨在吸引世界各地在自己领域取得突出成就的申请人，不需要投资，对年龄、英语能力和受教育水平没有要求，申请成功后，全家可以一步到位拿到美国永久绿卡。实施外籍创业者特殊工作许可规定。该项政策于 2021 年拜登上任后恢复实施，民间也称 EB-6 创业工卡，首次申请外籍创业者特殊工作许可，申请人及其家属可获得 30 个月的合法留美身份，符合要求的申请人还可申请一次时长为 30 个月的延期，这样外籍创业者特殊工作许可最长有效期可达 5 年。

（二）持续加大对海外留学生的吸引力度

2022 年，美国对海外留学生放宽了留学签证限制，简化签证申请流程，部分学生可免签。同时，凡持有科学、技术、工程以及数学这四类学位的外国留学生，实习工作期（OPT）将由 12 个月延长至 29 个月②。

---

① 美国公民及移民服务局。
② 美国公民及移民服务局。

（三）降低对 STEM 人才引进门槛

2022 年 1 月，拜登政府通过《2022 年美国竞争法案》，大幅降低对 STEM 人才的引进门槛[①]，具体举措包括以下方面。

（1）新将 22 个专业划入 STEM 专业领域，包含生物能源、云计算、数据分析等，使更多学生可以享受到 STEM 专业领域的优惠政策，变相扩大了人才的引进范围。

（2）缩短对 STEM 专业领域博士批准国家利益豁免（NIW）绿卡的时间，使其可跳过烦琐的劳工应聘程序直接开始工作。

（3）降低美国杰出人才 O-1A 签证门槛。对此目前法律上虽无明文变化，但美国公民及移民服务局更新的文件将审核标准降低不少。例如，符合条件的人才无须通过雇主出具证明，即可自己直接申请；又如，原先不算"奖项"的优秀博士学位论文奖，现在或可成为符合条件等。

（4）J-1 签证中 STEM 专业领域本科生、硕士的实习期由 18 个月延长到 36 个月。

二　英国吸引外籍人才做法及政策

（一）实施计分体制

英国签证制度设计主要借鉴澳大利亚的计分体制，实施五级计分，一级杰出人才签证旨在吸引科学、人文、工程以及艺术领域的国际杰出人才赴英发展。2018 年英国政府公布的《移民法（修改案）》在一级杰出人才签证中新增了对于时尚、设计领域的移民申请认可，一级杰出人才签证的数量也由过去每年 1000 名增加至 2000 名。2020 年，英国实施"全球人才签证"

---

① America COMPETES Act of 2022，https：//docs. house. gov/billsthisweek/20220131/BILLS－117HR4521RH-RCP117-31. pdf，2022 年 1 月。

以弥补英国脱欧后造成的科研人员流失，大力吸引世界上顶尖的高层次技术人才等赴英工作，而且申请名额不设上限①。

（二）实施高潜力人才（HPI）签证

英国政府于 2022 年 5 月 30 日为世界 Top50 大学的毕业生开放一项具有"高度选择性"的签证计划，作为其创新战略的一部分，旨在"向顶尖人才开放（英国的）边境"。

即使申请人没在英国读大学，也有机会在英国工作。另外，HPI 签证持有者，在满足特定条件的前提下还可延期，申请在英国永居。并且，在签证有效期内，申请人也可以学习符合学生签证要求的课程，如果申请人有伴侣或子女，他们也可以通过此途径申请到英国居住。最重要的是，申请人不需要英国雇主的担保，即在递交此签证申请前不需要一定在英国找到工作。

（三）首相府下设"人才办公室"

2020 年 7 月，英国政府发布英国研发路线图（UK Research and Development Roadmap），表示将通过加大科学基础设施投入、吸引人才来提升英国科研实力。路线图中最引人注目的是宣布在首相府下成立"人才办公室"（Office for Talent）（专注于人才引进）。

这份路线图涉及的主要举措包括：政府将投入 3 亿英镑升级本国的科学基础设施，使科研机构和大学能为研究人员提供最好的设备和其他资源用于科研开发；成立一个新的机构专注于人才引进，吸引更多顶尖人才来英国从事科研工作；同时政府也会鼓励更多的国际科研合作；等等②。

---

① 《国研中心｜借鉴科技强国技术移民经验，加快引进高层次人才》，澎湃新闻，2022 年 3 月 28 日，https：//www.thepaper.cn/newsDetail_ forward_ 17259264。

② UK Research and Development Roadmap，https：//www.gov.uk/government/publications/uk - research-and-development-roadmap/uk-research-and-development-roadmap，2021 年 1 月。

三 德国吸引外籍人才做法及政策

（一）实施技术移民政策

2020 年德国正式实施《技术人才移民法》①，保障留学生在学习期间可工作 120 个全天或 240 个半天，毕业后其居留许可允许延长至 18 个月。找到工作后，他们仅需缴付养老保险两年即可申请定居许可。德国对外国毕业生申请创业类居留许可的审核更加宽松，前提是其创业与其大学专业或研究活动密切相关。该政策还规定已经从高等院校毕业的留学生，可以颁发一个有效期为一年的居留许可②。

（二）加大外籍高层次人才资金支持力度

德国设立高额奖金，以吸引外籍高层次人才为德国发挥其所长。"索菲娅·柯瓦列夫斯卡娅奖"设立于 2002 年，是德国奖金很高的科研奖项（获奖者可获得最高 165 万欧元资助），旨在支持和吸引来自全球 35 岁以下的优秀青年科学家在德国开展长达 5 年的前沿课题研究，创立并领导自己的研究团队和实验室。"洪堡教席奖"于 2008 年启动，是目前为止德国政府资助金额最高、最具价值的国际研究奖项，被誉为"德国的诺贝尔奖"，该奖旨在帮助德国大学和研究机构引进国外的世界顶尖研究人才，构建一流学术团队，提升科研国际化水平和影响力③。

---

① Fachkräfteeinwanderungsgesetz als Gesetzestext，https：//fachkraefteeinwanderungsgesetz. de/gesetzestext/，2020 年 3 月。

② 《国研中心丨借鉴科技强国技术移民经验，加快引进高层次人才》，澎湃新闻，2022 年 3 月 28 日，https：//www. thepaper. cn/newsDetail_ forward_ 17259264。

③ 赵正国：《德国"洪堡教席奖"招揽世界顶尖人才》，《中国人才》2021 年第 5 期。

四　日本吸引外籍人才做法及政策

（一）降低高端人才永久居留权申请门槛

2016 年 11 月，日本政府公布了《日本再兴战略 2016（草案）》，提出了要加快创设"日本版高端外国人才绿卡"制度，大幅缩短申请定居许可需要在日本居留的时间，积极降低高端人才永久居留权申请门槛。日本计划出台"世界上最低门槛"的永久居留权申请制度，拟缩短包括拥有专业知识的高端人才、外国经营者和技术人员等在内的科技人力资源获得日本永久居留权的最短滞留时间（由 5 年减少至 1 年）[①]。

（二）完善对外籍人才的配套服务

2020 年 7 月，日本在"外国人才接纳与共生相关阁僚会议"上进一步修改了《外国人才接纳与共生综合政策》，为确保外国劳动者的劳动条件、雇佣条件以及支持外国人在日工作等，提出了包含"各都道府县增设外国劳动者咨询窗口、实现多语种对应，确保外国人在日安心工作"等在内的多项政策；为解决外国劳动者就医难的问题，提出了"各都道府县的相关人员联合设立协议会，确保外籍患者安心就诊""各地区的主要医疗机构应该配置医疗翻译及协调人员"等提案，还将制定面向外籍患者的多语种资料，开设医疗翻译人才的培养课程[②]。

（三）调整积分制度，鼓励外籍人才定居

"高级人才积分制度"是将年收入、学历、工作经验等项目换算成分数，分数高的外籍人才可以在在留资格方面享受到优惠待遇。主要是由申请人的年收入、学历、工作经验、地位和额外奖励这五个部分组成的打分制

---

① 赵杳加：《日本吸引人才的路径探析》，《中国人才》2021 年第 8 期。
② 张楠、刘树良：《日本外国人才新政效果待检验》，《中国社会科学报》2019 年 6 月 3 日，第 6 版。

度。当申请人的总积分达到 70 分时就能获得高度专业人才的在留资格，持有这一在留资格获取日本永居权只需要 3 年。而总积分达到 80 分时，同样的在留资格只需要在日本居住 1 年即可以申请日本永居权，还允许携带父母和家佣，配偶也可以在日本正常就业。另外，持高级人才签证还有一个优势，那就是申请家族签证的滞在时间可以延长，特别是有孩子的家庭，只要孩子是 7 岁以下都可以申请长签。

为了鼓励更多的优秀外籍人才来日本工作和生活，日本政府于 2022 年度内修改了"高级人才积分制度"。此次修改内容是在项目中增加"在地方政府支持的企业就业"，使外籍人才更容易获得加分（10 分）。

五 韩国吸引外籍人才做法及政策

（一）大力推进吸引海外留学生，确保海外人才的来源广泛[①]

2014 年韩国政府为了确保海外人才的来源广泛，设立"在韩研究奖学金"（Korea Research Fellowship，KRF），向那些与韩国交流逐渐扩大的发展中国家、发达国家的年轻人才，以及海外同胞中优秀硕、博士及薪金研究者提供资助。另外，韩国教育部设立"全球人才在韩奖学金"（Global Korea Scholarship，GKS)[②]，旨在发掘有发展潜力的优秀人才，选拔国家战略领域的青年人才。韩国外交部下设的在外同胞财团为鼓励在外同胞到韩国留学，设立了"在外同胞奖学金"，主要面向在韩留学攻读硕、博士课程的在外同胞留学生。此外，各大学、研究机构以及财团也设立各种奖学金和研究基金，鼓励外国留学生和学者专家分别到韩国留学和进行研究。

2021 年，韩国教育部在国家政策调整会议上公布了《战略性外国留学生招生及政府支援方案》，将进一步加强对外国留学生的各方面支援，包

---

① 외국인 체류관리，https：//www. immigration. go. kr/immigration/1515/subview. do，2014 年 1 月。

② 李秀珍、孙钰：《韩国海外人才引进政策的特征与启示》，《教育学术月刊》2017 年第 6 期。

括：简化外国留学生签证发放审核程序；通过降低入学 TOPIK 成绩等措施进一步加强对外国留学生的学业支援；将外国留学生的医疗保险义务化；创造亲和的文化环境；进一步加强就业支援。

（二）修订《国籍法》，实施双重国籍政策

2011 年以前，韩国一直保持着单一国籍政策，韩国人一旦加入外国国籍就自动丧失韩国国籍，外国人加入韩国国籍也必须放弃本国国籍。这种国籍政策对韩国吸引海外人才、结婚移民者来韩国定居、愿意恢复韩国国籍的在外同胞等造成制度上的障碍。韩国政府为吸引更多海外人才、防止国内精英流失、解决国内人口结构不均衡等诸多问题，修改了《国籍法》，有条件地承认双重国籍。2011 年 1 月 1 日起韩国正式实施新的《国籍法》。

关于对外国优秀人才的界定，韩国总统直属的国家竞争力强化委员会从其"引进世界高级人才"的角度制定的标准是：在韩国投资 200 万美元以上或雇用 5 名以上韩国人的外国人才，学历达到博士研究生并有一定收入的外国人才，在科学、经营、教育、文化、艺术、体育领域有突出贡献的外国人才，在韩国生活两年后允许入籍，并可以拥有双重国籍。但是，在拥有韩国国籍的同时，不能同时获取中国等不允许拥有双重国籍的国家的国籍。

（三）实施专业人才签证优惠政策，完善配套机制

除了出台有关海外人才法律和制订相关计划外，韩国为吸引海外优秀人才实施签证优惠政策。

第一，作为专业人才在韩国滞留五年以上并有一定的收入、通过韩语水平考试后，可以申请永久（F-5）或居住（F-2）签证。大学教授、科研人员、高端信息产业技术人员，可以取得最长滞留五年的多次签证。

第二，对具有一定条件的高额投资者，高端技术专业领域的博士学位取得者，科学、经营、教育、文化、艺术、体育等特定领域优秀者，对韩国有特殊功劳并受法务部长官认可的外国人，不管在韩国滞留时间多长，均可以申请永久签证。

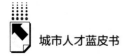

　　第三，实施海外专业人士的评分制。对从事专业领域职业的外国人按照年龄、学历、韩语水平、收入等条件计分，总分 120 分中获得 80 分以上的外国人，可以申请变更居住签证（包括配偶），并且三年后可以申请永久签证。

　　第四，为引进和留住海外优秀人才给予求职（D-10）签证。其对象为拥有"世界 500 强"企业工作经验者、世界前 200 所大学应届毕业生、在韩国国内完成学业课程并取得本科以上学历者。一次给六个月的求职签证，硕、博士学位可延期至两年，本科以下学历可延期到一年。

　　第五，为了使外国熟练技术工人继续留在韩国做出贡献，向他们提供专业就业签证。申请条件是最近十年内在制造业、建筑业、农畜产业从事四年以上合法工作，35 岁以下并取得专科以上的学历，取得从事领域有关技师资格证或者最近一年的工资高于同行业工作人员的平均工资，取得三级以上的韩语水平或者完成社会融合课程项目。

附录二 2021年度"魅力中国——外籍人才眼中最具吸引力的中国城市"主题活动调查问卷

一 基本信息 BASIC INFORMATION

1. 您目前居住/工作在哪个城市?【填空】Which city are you currently residing /working in?【Fill in the blank】

2. 您在目前所在的城市居住/工作多少年了?【填空】How long have you resided/worked in this city?【Fill in the blank】

3. 您的国籍是?【填空】What is your nationality?【Fill in the blank】

4. 您的年龄在以下哪个区间?【单选】Which age group are you a member of?【Multiple choice】

    A. 18~30 岁 From 18 to 30　　　　　　B. 31~40 岁 From 31 to 40

    C. 41~50 岁 From 41 to 50　　　　　　D. 50 岁以上 Over 50

5. 您的最高学历是?【单选】Your highest level of education is?【Multiple choice】

    A. 高中或高等技校及以下 Senior high school or senior technical school and below

    B. 大学专科 College

    C. 大学本科 Bachelor

    D. 研究生(硕士) Master

E. 研究生（博士）Ph. D.

F. 其他，请注明 Others，please specify

6. 您在工作中使用最多的是哪种语言？【单选】Which language do you speak most frequently at work?【Multiple choice】

   A. 中文普通话 Mandarin

   B. 英语 English

   C. 广东话 Cantonese

   D. 本国母语，请注明 My local language，please specify

   E. 其他，请注明 Others，please specify

7. 您的中文水平如何？【单选】How proficient are you in Chinese?【Multiple choice】

   A. 熟练使用 Proficient

   B. 能进行日常交流 Communicate effectively

   C. 基本能听懂 Fundamentally comprehend

   D. 只会简单的单词 Only simple words

   E. 完全不会 I have no idea how to speak Chinese at all

二　工作便利度 EASE OF DOING BUSINESS

8. 您最近一次在华的工作证件和居留手续是如何办理的？【单选】How did you handle your most recent work authorizations and residency permit applications in China?【Multiple choice】

   A. 自己办理 By myself

   B. 猎头公司代办 Agent of headhunting company

   C. 所在工作单位工作人员代办 Personnel agent in my company

   D. 所在城市外专局工作人员协助办理 Assisted by personnel of the Foreign Affairs Bureau in my city

9. 与一年前相比，您认为现在办理相关工作许可和居留许可手续的便捷程度如何?【单选】How convenient do you believe it is now, compared to a year ago, to go through the necessary work permit and residency permit procedures?【Multiple choice】

A. 更方便了 More convenient

B. 没有变化 Same

C. 更不方便了 Less convenient

D. 不清楚 I don't know

10. 您这次来中国工作是从哪里获得工作需求信息的?【单选】Where did you learn about the employment vacancy in China this time?【Multiple choice】

A. 政府组织的海外招聘 Overseas recruitment organized by the government

B. 人才中介机构招聘 Recruitment organized by employment agencies

C. 用人单位赴海外招聘 Overseas recruitment of employers

D. 行业协会或同行交流时推荐 Recommended by industry associations or peer exchanges

E. 用人单位在网站上发布的招聘信息 Recruitment information released by employers on the website

F. 熟人、亲戚、朋友等推荐 Recommendation of acquaintances, relatives, friends, etc.

G. 用人单位在国外报纸、电视、广播等媒体上发布的招聘信息 Recruitment information released by employers in foreign newspapers, TV, radio and other media

H. 海外机构派驻 Overseas organization dispatch

I. 其他,请注明 Others, please specify

11. 请您对以下几个维度进行重要性排序（1表示最重要）。To what extent do you agree with your personal assessment of the importance of the following factors (Please sort it from 1 to 9, 1 means the most important one).

1	
2	
3	
4	
5	
6	
7	
8	
9	

工作环境 Working environment　　工作内容 Job content

工作方式 Working mode　　工作压力 Working pressure

培训机会 Training opportunities　　薪资待遇 Salary

升迁机会 Chance of promotion　　劳动保护 Labor protection

人际关系 Interpersonal relationship

12. 请您结合自身情况，对目前的工作环境进行评价。【单选】How satisfied are you with your employment in China about your working environment. 【Multiple choice】

　　A. 非常满意 Very satisfied　　　　B. 比较满意 Relatively satisfied

　　C. 一般 Fair　　　　　　　　　　D. 不是非常满意 Not so satisfied

　　E. 非常不满意 Very unsatisfied　　F. 不确定 No idea

13. 请您结合自身情况，对目前的工作内容进行评价。【单选】How satisfied are you with your employment in China about your job content. 【Multiple choice】

　　A. 非常满意 Very satisfied　　　　B. 比较满意 Relatively satisfied

　　C. 一般 Fair　　　　　　　　　　D. 不是非常满意 Not so satisfied

　　E. 非常不满意 Very unsatisfied　　F. 不确定 No idea

14. 请您结合自身情况，对目前的工作方式进行评价。【单选】How satisfied are you with your employment in China about your working mode. 【Multiple choice】

A. 非常满意 Very satisfied

B. 比较满意 Relatively satisfied

C. 一般 Fair

D. 不是非常满意 Not so satisfied

E. 非常不满意 Very unsatisfied

F. 不确定 No idea

15. 请您结合自身情况，对目前的工作压力进行评价。【单选】How satisfied are you with your employment in China about your working pressure. 【Multiple choice】

A. 非常满意 Very satisfied

B. 比较满意 Relatively satisfied

C. 一般 Fair

D. 不是非常满意 Not so satisfied

E. 非常不满意 Very unsatisfied

F. 不确定 No idea

16. 请您结合自身情况，对目前的培训机会进行评价。【单选】How satisfied are you with your employment in China about your training opportunity. 【Multiple choice】

A. 非常满意 Very satisfied

B. 比较满意 Relatively satisfied

C. 一般 Fair

D. 不是非常满意 Not so satisfied

E. 非常不满意 Very unsatisfied

F. 不确定 No idea

17. 请您结合自身情况，对目前的薪资进行评价。【单选】How satisfied are you with your employment in China about your salary. 【Multiple choice】

A. 非常满意 Very satisfied

B. 比较满意 Relatively satisfied

C. 一般 Fair

D. 不是非常满意 Not so satisfied

E. 非常不满意 Very unsatisfied

F. 不确定 No idea

18. 请您结合自身情况，对目前的职业晋升机会进行评价。【单选】How satisfied are you with your employment in China about your chance of promotion. 【Multiple choice】

A. 非常满意 Very satisfied

B. 比较满意 Relatively satisfied

C. 一般 Fair

D. 不是非常满意 Not so satisfied

E. 非常不满意 Very unsatisfied

F. 不确定 No idea

19. 请您结合自身情况，对目前所在城市的劳动者保护情况进行评价。【单选】How satisfied are you with your employment in China about your labor

protection. 【Multiple choice】

A. 非常满意 Very satisfied   B. 比较满意 Relatively satisfied

C. 一般 Fair   D. 不是非常满意 Not so satisfied

E. 非常不满意 Very unsatisfied   F. 不确定 No idea

20. 请您结合自身情况，对目前工作环境中的人际关系进行评价。【单选】
How satisfied are you with your employment in China about your interpersonal relationship. 【Multiple choice】

A. 非常满意 Very satisfied   B. 比较满意 Relatively satisfied

C. 一般 Fair   D. 不是非常满意 Not so satisfied

E. 非常不满意 Very unsatisfied   F. 不确定 No idea

21. 请您结合自身情况，对目前工作的总体满意度进行评价。【单选】 How satisfied are you with your employment in China in general. 【Multiple choice】

A. 非常满意 Very satisfied   B. 比较满意 Relatively satisfied

C. 一般 Fair   D. 不是非常满意 Not so satisfied

E. 非常不满意 Very unsatisfied   F. 不确定 No idea

22. 吸引您来中国工作生活的原因是什么？【限选 3 项】 What is it about China that entices you? 【Choose no more than 3】

A. 中国的引才政策优惠更多 More preferential talent introduction policy in China

B. 中国自然生态环境优越 China's superior natural ecological environment

C. 中国经济发展前景好 Good prospects for China's economic development

D. 中国国际交通便利 China's convenient international transportation

E. 中国就业机会多 More job opportunities in China

F. 对中国的历史文化环境感兴趣 Interest in China's historical and cultural environment

G. 中国有适合我的工作 There are jobs for me in China

H. 我的家人在中国 My family is in China

I. 中国国际化程度高 China's high degree of internationalization

J. 其他，请注明 Others，please specify

23. 选择中国城市工作生活时，您主要考虑哪些因素？【限选 3 项】What elements are most important to you when deciding which Chinese cities to work and reside in?【Choose no more than 3】

   A. 历史文化底蕴 Historical and cultural deposits

   B. 生活便利程度 Living here is convenient

   C. 城市自然生态环境 Urban natural ecological environment

   D. 教育环境 Education environment

   E. 城市经济现状和发展前景 Current economic situation and economic development prospect

   F. 医疗环境 Medical environment

   G. 城市引才政策优惠程度 Preferential degree of talent introduction policy

   H. 就业机会和前景 Employment opportunities and prospects

   I. 出入境便利程度 Convenience of entry and exit（cross boarder）

   J. 个人对城市的喜爱程度 Personal preference

   K. 居留便利程度 Residence convenience level

   L. 城市科技水平和发展前景 Science and technology level and development prospect

   M. 城市治安状况 Urban public security

   N. 家人是否在这个城市 Whether or not my family is in

   O. 其他，请注明 Others，please specify

24. 您是否有换汇的需求？【单选】Are you in need of currency exchange in China?【Multiple choice】

   A. 有持续需求 I have a continuous demand for currency exchange

   B. 偶尔需要换汇 I need to get money-exchanging occasionally

   C. 没有这个需求 I don't have to get money-exchanging in China

25. 您所在城市是否有换汇服务网点或在线换汇服务？【单选】Is there a bank with money-exchanging service or an online currency exchange service in

the Chinese city you've lived? 【Multiple choice】

A. 有 Yes   B. 没有 No   C. 不知道 No idea

26. 您觉得在办理换汇业务时有哪些不便利的问题?【限选 3 项】What, in your opinion, are the drawbacks to currency exchange service in China? 【Choose no more than 3】

A. 审核周期较长 Exam and audit cycles are lengthy

B. 限额无法满足换汇需求 The currency constraints are insufficient to suit my currency exchange requirements

C. 办理业务时语言沟通不畅 Language communication is challenging throughout the process

D. 换汇网点距离较远 Distance between the currency exchange location and myself

E. 手续费用较高 High service charges

F. 审核文件较繁杂 The documentation required for examination and audit are complicated

G. 其他,请注明 Others, please specify

27. 您目前的工作机构属于以下哪一类?【单选】Which classification does your present employer fall under? 【Multiple choice】

A. 中资企业 Chinese-funded enterprise

B. 外资企业 Foreign-funded enterprise

C. 合资企业 Joint venture

D. 高校或科研院所 University or research institute

E. 其他,请注明 Others, please specify

28. 您目前的职业属于以下哪一类?【单选】Which classification does your present occupation fall under? 【Multiple choice】

A. 科研机构或高校工作者 Research institutions or university professionals

B. 企业技术专家 Enterprise technology expert

C. 创业者及企业家 Entrepreneurs

D. 外企员工 Employees of foreign-funded enterprise

E. 中国企业雇员 Employees of Chinese-funded enterprises

F. 教育机构教师（非高校）Teachers in educational institutions（non-university）

G. 自由职业者 Freelancers

H. 其他，请注明 Others，please specify

29. 从现在算起，您打算继续在中国工作生活多长时间？【单选】How long do you intend to continue working and living in China?【Multiple choice】

A. _____年_____ years

B. 没有明确计划 No specific plan

C. 越长越好 As long as possible

D. 不打算继续留在中国 I plan to leave China

30. 您目前主要负责什么类型的工作？【单选】What type of employment do you currently have?【Multiple choice】

A. 科技研发 Research and development（R&D）

B. 技术应用 Engineering

C. 教学（高校）Teaching（University）

D. 商务拓展及市场营销 Business and marketing

E. 管理 Management

F. 教学（教育机构）Teaching（Educational institution）

G. 其他，请注明 Others，please specify

31. 请您结合自身情况，对所在研究平台经费宽裕程度进行满意度评价。【单选】Please rate the adequacy of R&D funds of your research team on a scale based on your level of satisfaction.【Multiple choice】

A. 非常满意 Very satisfied   B. 比较满意 Relatively satisfied

C. 一般 Fair   D. 不是非常满意 Not so satisfied

E. 非常不满意 Very unsatisfied   F. 不确定 No idea

32. 请您结合自身情况，对所在科研团队是否具备规范的科技人才引进及培养机制进行满意度评价。【单选】Please rate that whether the research platform you've worked for in China has the standardized introduction and training mechanism of scientific and technological talents. 【Multiple choice】

    A. 非常满意 Very satisfied   B. 比较满意 Relatively satisfied

    C. 一般 Fair   D. 不是非常满意 Not so satisfied

    E. 非常不满意 Very unsatisfied   F. 不确定 No idea

33. 请您结合自身情况，对所在城市对人才的考核评价体系和激励模式方面进行满意度评价。【单选】According to your work experience in China, please rate the evaluation and stimulation system of talents on a scale based on your level of satisfaction. 【Multiple choice】

    A. 非常满意 Very satisfied   B. 比较满意 Relatively satisfied

    C. 一般 Fair   D. 不是非常满意 Not so satisfied

    E. 非常不满意 Very unsatisfied   F. 不确定 No idea

34. 请您结合自身情况，对所在城市科研平台的试验环境和仪器设备方面进行满意度评价。【单选】Please rate the experiment environment and equipment of your research team on a scale based on your level of satisfaction. 【Multiple choice】

    A. 非常满意 Very satisfied   B. 比较满意 Relatively satisfied

    C. 一般 Fair   D. 不是非常满意 Not so satisfied

    E. 非常不满意 Very unsatisfied   F. 不确定 No idea

35. 请您结合自身情况，对所在城市对科技成果和知识产权保护的重视程度方面进行满意度评价。【单选】Please rate the awareness on protecting intellectual property rights of the Chinese city you've worked in on a scale based on your level of satisfaction. 【Multiple choice】

    A. 非常满意 Very satisfied   B. 比较满意 Relatively satisfied

    C. 一般 Fair   D. 不是非常满意 Not so satisfied

E. 非常不满意 Very unsatisfied   F. 不确定 No idea

36. 请您结合自身情况，对所在城市对提供丰富的科研成果转化推广机会方面进行满意度评价。【单选】Please rate that whether the Chinese city you've worked in is able to supply opportunities for transformation and promotion of scientific research achievements on a scale based on your level of satisfaction. 【Multiple choice】

　　A. 非常满意 Very satisfied   B. 比较满意 Relatively satisfied

　　C. 一般 Fair   D. 不是非常满意 Not so satisfied

　　E. 非常不满意 Very unsatisfied   F. 不确定 No idea

37. 请您结合自身情况，对所工作的中国城市的科研平台关于项目流程和时间的制度方面进行满意度评价。【单选】According to Chinese research platform you've worked with, please rate the rationality of the process arrangement and the time schedule for research projects on a scale based on your level of satisfaction. 【Multiple choice】

　　A. 非常满意 Very satisfied   B. 比较满意 Relatively satisfied

　　C. 一般 Fair   D. 不是非常满意 Not so satisfied

　　E. 非常不满意 Very unsatisfied   F. 不确定 No idea

38. 请您结合自身情况，对所在城市良好的学术风气和创新氛围方面进行满意度评价。【单选】Please rate the academic and innovation atmosphere of the city you've worked in on a scale based on your level of satisfaction. 【Multiple choice】

　　A. 非常满意 Very satisfied   B. 比较满意 Relatively satisfied

　　C. 一般 Fair   D. 不是非常满意 Not so satisfied

　　E. 非常不满意 Very unsatisfied   F. 不确定 No idea

39. 请您结合自身情况，对所在城市学术研讨、合作交流机会方面进行满意度评价。【单选】Please rate the opportunities for academic seminars and cooperation of science and technology of the city you've worked in on a scale based on your level of satisfaction. 【Multiple choice】

A. 非常满意 Very satisfied

B. 比较满意 Relatively satisfied

C. 一般 Fair

D. 不是非常满意 Not so satisfied

E. 非常不满意 Very unsatisfied

F. 不确定 No idea

40. 您认为您在中国的工作中才能是否得到了充分施展？请根据自己的感受进行满意度评价。【单选】Do you think you have made full use of your talents in your work in China? Please evaluate your satisfaction according to your feelings. 【Multiple choice】

A. 非常满意 Very satisfied

B. 比较满意 Relatively satisfied

C. 一般 Fair

D. 不是非常满意 Not so satisfied

E. 非常不满意 Very unsatisfied

F. 不确定 No idea

41. 请您对所在城市本地企业具备现代化的组织管理模式方面进行满意度评价。【单选】Please rate that to what extent the local enterprises in the Chinese city you've worked in has modernized organizing system and management mode on a scale based on your level of satisfaction. 【Multiple choice】

A. 非常满意 Very satisfied

B. 比较满意 Relatively satisfied

C. 一般 Fair

D. 不是非常满意 Not so satisfied

E. 非常不满意 Very unsatisfied

F. 不确定 No idea

42. 请您对所在城市规范的科技人才引进及培养机制方面进行满意度评价。【单选】Please rate that to what extent the Chinese city you've worked in has the standardized introduction and training mechanism of scientific and technological talents on a scale based on your level of satisfaction. 【Multiple choice】

A. 非常满意 Very satisfied

B. 比较满意 Relatively satisfied

C. 一般 Fair

D. 不是非常满意 Not so satisfied

E. 非常不满意 Very unsatisfied

F. 不确定 No idea

43. 请您对所在城市公平公正的营商环境方面进行满意度评价。【单选】Please rate that to what extent the Chinese city you've worked in has a fair and

just business environment on a scale based on your level of satisfaction.
【Multiple choice】

A. 非常满意 Very satisfied   B. 比较满意 Relatively satisfied

C. 一般 Fair   D. 不是非常满意 Not so satisfied

E. 非常不满意 Very unsatisfied   F. 不确定 No idea

44. 请您对所在城市公平透明的海外人才升迁发展机会方面进行满意度评价。【单选】Please rate that to what extent the Chinese city you've worked in supplies abundant promotion and development opportunities for overseas talents on a scale based on your level of satisfaction. 【Multiple choice】

A. 非常满意 Very satisfied   B. 比较满意 Relatively satisfied

C. 一般 Fair   D. 不是非常满意 Not so satisfied

E. 非常不满意 Very unsatisfied   F. 不确定 No idea

45. 请您对所在城市具有竞争力的海外人才薪资待遇方面进行满意度评价。【单选】Please rate that to what extent the Chinese city you've worked in is able to provide competitive salary for overseas talents on a scale based on your level of satisfaction. 【Multiple choice】

A. 非常满意 Very satisfied   B. 比较满意 Relatively satisfied

C. 一般 Fair   D. 不是非常满意 Not so satisfied

E. 非常不满意 Very unsatisfied   F. 不确定 No idea

46. 请您对所在城市完备的海外人才劳动保护和劳动申诉机制方面进行满意度评价。【单选】Please rate that to what extent the Chinese city you've worked in has perfect labor protection system for overseas talents on a scale based on your level of satisfaction. 【Multiple choice】

A. 非常满意 Very satisfied   B. 比较满意 Relatively satisfied

C. 一般 Fair   D. 不是非常满意 Not so satisfied

E. 非常不满意 Very unsatisfied   F. 不确定 No idea

47. 请您对所在城市丰富的会展活动、合作交流机会方面进行满意度评价。【单选】Please rate that to what extent the Chinese city you've worked in has

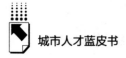

abundant exhibition activities, cooperation and exchange opportunities on a scale based on your level of satisfaction. 【Multiple choice】

A. 非常满意 Very satisfied　　　　B. 比较满意 Relatively satisfied

C. 一般 Fair　　　　D. 不是非常满意 Not so satisfied

E. 非常不满意 Very unsatisfied　　　　F. 不确定 No idea

48. 如果继续在中国生活，您希望哪些方面的政策和服务得到改善？【限选3项】If you stay in China, what parts of government policies and services would you like to see improved? 【Choose no more than 3】

   A. 长期居留政策加快实施 Speed up the implementation of long term residence policy

   B. 提供更好的教育医疗环境 Provide better education and medical environment

   C. 提供在华长期发展机会 Provide long term development opportunities in China

   D. 营造良好的在华生活环境 Create a good living environment in China

   E. 提高薪资待遇 Raise salary

   F. 提供社会融入对接服务 Provide docking services for social integration

   G. 增加培训机会 Increase training opportunities

   H. 加大在华政策宣传力度 Increase publicity of policies for foreigners in China

   I. 完善劳动合同保护 Improve the protection of labor contract

   J. 其他，请注明 Others, please specify

49. 请您依照完成以下五项外国人才招引政策的难易度从难到易进行排序，即最难以达成的为1，最容易达成的为5。

   Please sort the following measures taken to recruit foreign talents according to the amount of effort required to complete them, prioritize the alternative that demands the most effort (1st) and the alternative that requires the least effort (5th).

1	
2	
3	
4	
5	

大幅提高对多样性、公平和包容性的重视程度 Significantly increased emphasis on diversity, equity, and inclusion

提高外国人才对工作场所的适应性 Enhance workplace adaptability

拓展招聘范围 Extend the recruitment area geographically

更加强调增强工作体验 Increased emphasis on enhancing the experience

加强与学校和学院的合作以招引人才 Increased collaboration with schools and colleges to recruit individuals for positions

50. 请您依照达成以下三项外国人才留育政策的难易度从难到易进行排序，即最难以达成的为 1，最容易达成的为 3。

Please sort the following strategies used to retain foreign talents according to the amount of effort required to complete them, prioritize the alternative that demands the most effort（1st）and the alternative that requires the least effort（3th）.

1	
2	
3	

培训机会 Training opportunity

允许某些职位的员工进行远程工作 Allow employees in some positions to work remotely

增加破格晋升机会 Promotions during the off-cycle（with an increase）

三 生活便利度 LIFE CONVENIENCE

51. 您觉得在中国生活是否便利?【单选】Do you believe that living in China is convenient?【Multiple choice】

    A. 是 Yes   B. 否 No

52. 请您根据自身的需求对以下几个维度进行重要性排序。(1 表示最重要)
    To what extent with your personal assessment of the importance of the following factors. (Please sort it from 1 to 8, with 1 being the most important one)

1	
2	
3	
4	
5	
6	
7	
8	

    社区生活 Community life

    医疗卫生 Medical hygiene

    子女教育 Children's education

    休闲娱乐 Recreation & entertainment

    网络通信 Internet communication

    交通出行 Transportation

    物价水平 Price level

    文化包容度 Cultural tolerance

53. 请您对所在城市社区生活便利度进行满意度评价。【单选】Please rate the convenience of community life in the Chinese city you've lived, on a scale based on your level of satisfaction.【Multiple choice】

A. 非常满意 Very satisfied   B. 比较满意 Relatively satisfied

C. 一般 Fair   D. 不是非常满意 Not so satisfied

E. 非常不满意 Very unsatisfied   F. 不确定 No idea

54. 请您对所在城市医疗卫生便利度进行满意度评价。【单选】Please rate the convenience of medical hygiene in the Chinese city you've lived, on a scale based on your level of satisfaction. 【Multiple choice】

A. 非常满意 Very satisfied   B. 比较满意 Relatively satisfied

C. 一般 Fair   D. 不是非常满意 Not so satisfied

E. 非常不满意 Very unsatisfied   F. 不确定 No idea

55. 请您对所在城市子女教育便利度进行满意度评价。【单选】Please rate the convenience of children's education in the Chinese city you've lived, on a scale based on your level of satisfaction. 【Multiple choice】

A. 非常满意 Very satisfied   B. 比较满意 Relatively satisfied

C. 一般 Fair   D. 不是非常满意 Not so satisfied

E. 非常不满意 Very unsatisfied   F. 不确定 No idea

56. 请您对所在城市休闲娱乐便利度进行满意度评价。【单选】Please rate the convenience of recreation and entertainment in the Chinese city you've lived, on a scale based on your level of satisfaction. 【Multiple choice】

A. 非常满意 Very satisfied   B. 比较满意 Relatively satisfied

C. 一般 Fair   D. 不是非常满意 Not so satisfied

E. 非常不满意 Very unsatisfied   F. 不确定 No idea

57. 请您对所在城市网络通信便利度进行满意度评价。【单选】Please rate the convenience of internet communication in the Chinese city you've lived, on a scale based on your level of satisfaction. 【Multiple choice】

A. 非常满意 Very satisfied   B. 比较满意 Relatively satisfied

C. 一般 Fair   D. 不是非常满意 Not so satisfied

E. 非常不满意 Very unsatisfied   F. 不确定 No idea

58. 请您对所在城市交通出行便利度进行满意度评价。【单选】Please rate

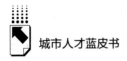

the convenience of transportation in the Chinese city you've lived，on a scale based on your level of satisfaction.【Multiple choice】

    A. 非常满意 Very satisfied   B. 比较满意 Relatively satisfied

    C. 一般 Fair   D. 不是非常满意 Not so satisfied

    E. 非常不满意 Very unsatisfied   F. 不确定 No idea

59. 请您对所在城市物价水平便利度进行满意度评价。【单选】Please rate the convenience of price level in the Chinese city you've lived，on a scale based on your level of satisfaction.【Multiple choice】

    A. 非常满意 Very satisfied   B. 比较满意 Relatively satisfied

    C. 一般 Fair   D. 不是非常满意 Not so satisfied

    E. 非常不满意 Very unsatisfied   F. 不确定 No idea

60. 请您对所在城市文化包容度进行满意度评价。【单选】Please rate that whether the Chinese city you've lived in has perfect cultural tolerance atmosphere，on a scale based on your level of satisfaction.【Multiple choice】

    A. 非常满意 Very satisfied   B. 比较满意 Relatively satisfied

    C. 一般 Fair   D. 不是非常满意 Not so satisfied

    E. 非常不满意 Very unsatisfied   F. 不确定 No idea

61. 请您对所在城市生活便利进行总体满意度评价。【单选】Please rate the overall life convenience of your city，on a scale based on your level of satisfaction.【Multiple choice】

    A. 非常满意 Very satisfied   B. 比较满意 Relatively satisfied

    C. 一般 Fair   D. 不是非常满意 Not so satisfied

    E. 非常不满意 Very unsatisfied   F. 不确定 No idea

四 社会环境 SOCIAL ENVIRONMENT

62. 您都有哪些家人在中国生活？【限选 3 项】Which members of your family currently reside in China?【Choose no more than 3】

A. 配偶 Spouse

B. 子女 Children

C. 父母及其他家人 Parents or other family members

D. 没有家人在中国生活 None of them lives in China

63. 您的配偶在中国如何解决就业问题?【单选】How did your spouse obtain employment in China?【Multiple choice】

A. 我的工作单位协助 Assisted by my working institution

B. 自谋职业 By himself/herself

C. 其他,请注明 Others, please specify

D. 不适用 At present, I have no spouse who working in China

64. 您的配偶在中国使用何种保险?【单选】What types of insurance does your spouse have in China?【Multiple choice】

A. 中国社保 Chinese social insurance

B. 工作单位提供的商业保险 Commercial insurance provided by the working institution

C. 自己购买的中国商业保险 Bought commercial insurance by himself/herself

D. 没有保险 Does not have any insurance

E. 使用本国保险 Use insurance purchased in his/her own country

F. 不清楚 I don't know

G. 不适用 At present, my spouse doesn't need to use insurance in China

65. 您的子女在中国就读于什么类型的学校?【单选】Which kind of school do your children attend in China?【Multiple choice】

A. 公立学校 Public school

B. 普通私立学校 Private school

C. 国际学校 International school

D. 其他,请注明 Others, please specify

E. 不适用 At present, I have no children who need to be educated in China

66. 您的家人在中国通常选择什么医疗机构就医?【单选】In China, which

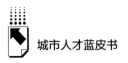

medical facility does your family typically choose?【Multiple choice】

    A. 公立医院 Public hospital

    B. 私立医院 Private hospital

    C. 专科诊所 Clinic

    D. 回国就医 Go back to home country for medical treatments

67. 您的家人遇到过哪些就医困难问题?【填空】What challenges did your family members face as a result of their experience?【Fill in the blank】

68. 您在目前居住/工作的城市是否拥有朋友?【单选】Are you acquainted with somebody who resides/works in the same city as you?【Multiple choice】

    A. 是 Yes   B. 否 No

69. 您在目前居住/工作的城市的朋友更多属于以下哪种类型?【单选】As a follow-up to the previous question, what kind of buddy does your friend fall into?【Multiple choice】

    A. 与您具有相同国籍 Having the same nationality as you

    B. 外国人（非中国国籍）Foreigner（Non-Chinese nationality）

    C. 中国人 Chinese citizens

70. 您与您的朋友是怎样认识的? 【单选】How did you become acquainted with your friends?【Multiple choice】

    A. 同事 Colleague

    B. 同乡会 Association of fellow citizenship

    C. 同一个教会 Same church or other religious units

    D. 拥有共同的兴趣爱好 Having same hobbies

    E. 其他，请注明 Others，please specify

71. 您与您的朋友在日常生活中喜欢一起做什么消遣活动?【限选3项】What do you do in your spare time with your friends?【Choose no more than 3】

    A. 吃饭聚会 Having a meal or a party

    B. 参加文体活动 Participating in cultural / sport activities

    C. 社交娱乐 Social activities

D. 其他，请注明 Others，please specify

72. 您是否加入了本地的活动团体？【单选】Do you join any local social clubs/
activities in China？【Multiple choice】

    A. 是 Yes   B. 否 No

73. 您加入的活动团体属于以下哪种类型？【限选3项】Which kind of social
clubs/ activities do you attended？【Choose no more than 3】

    A. 邻里活动 Neighborhood activities   B. 宗教 Religious

    C. 艺术、体育 Art or sports   D. 公益 Charity

    E. 其他，请注明 Others，please specify

74. 您平均一个月花多长时间在社团活动上？【单选】How many hours do you
spend each month participating in association activities？【Multiple choice】

    A. 1~3 小时 1 to 3 hours   B. 4~10 小时 4 to 10 hours

    C. 10 小时以上 Over 10 hours

75. 您是通过什么方式找到目前的住所的？【单选】How did you find in your
current dwelling in China？【Multiple choice】

    A. 工作单位分配/协助 Distributed Assisted by my working institution

    B. 自己寻找 By myself

76. 您目前居住的社区更符合以下哪种类型？【单选】Which response best
describes the community in which you live？【Multiple choice】

    A. 中国人居多 Chinese majority

    B. 国际化社区 International community

    C. 有许多跟我相同国籍的邻居 Many neighbors have the same nationality
        as me

    D. 不清楚 I don't know

77. 您在业余时间更喜欢从事何种类型的活动？【单选】What type of things
do you enjoy to do in your spare time？【Multiple choice】

    A. 居家活动 Indoor activities   B. 外出活动 Outdoor activities

78. 具体包括以下哪几种居家活动？【限选3项】Please select the most

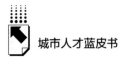

precise answer that describes your indoor activities?【Choose no more than 3】

    A. 做手工 Doing handcraft

    B. 看书 Reading

    C. 与家人视频 Having video calls with family

    D. 其他，请说明 Others, please specify

79. 具体包括以下哪几种外出活动?【限选 3 项】Kindly select the most accurate response that best characterizes your outdoor activities?【Choose no more than 3】

    A. 购物 Shopping

    B. 观看文艺演出、体育赛事、展览 Go to art performance, sports events or other exhibitions

    C. 参加体育运动 Exercising

    D. 游览城市风光 Sightviewing

    E. 去酒吧、咖啡厅 Going to bars or cafe

    F. 其他，请说明 Others, please specify

80. 您在目前居住/工作的城市是否曾受到歧视对待?【单选】Have you ever encountered any discrimination in the Chinese city you've resided in or the place you've worked in?【Multiple choice】

    A. 是，请具体说明 If yes, please describe the detail that you want to disclose

    B. 否 No

81. 您在目前居住/工作的城市是否曾感受到敌意?【单选】Have you ever encountered animosity in the city where you reside or work in China?【Multiple choice】

    A. 是，请具体说明 If yes, please describe the detail that you want to disclose

    B. 否 No

82. 您对目前居住/工作的城市的公共场所中的外文语言标识的易理解程度是否满意?【单选】Are you satisfied with the readability of foreign language signage in public spaces in the Chinese city you've resided in or the place

you've worked in?【Multiple choice】

A. 是 Yes

B. 否，请具体说明 If no，please describe the detail

83. 您在目前生活的城市是否感受到自己的宗教信仰、文化习俗受到尊重？
【单选】Do you experience complete respect for your religion and culture in the Chinese city you've resided?【Multiple choice】

A. 是 Yes

B. 否，请具体说明 If no，please describe the detail

84. 与您生活过的国外城市相比，目前生活的城市在以下哪些方面表现较好？【限选 3 项】In comparison to other non-Chinese cities in which you have previously resided，which sectors do better than the Chinese city you've reside?【Choose no more than 3】

A. 社会治安 Public order/security

B. 日常生活便利度 Convenience

C. 城市基础设施建设 Urban infrastructure

D. 环境 Environment

E. 文化多样性 Culture diversity

F. 交通 Traffic condition

85. 与您生活过的国外城市相比，您认为中国城市的社区环境还有哪些方面需要改善？【填空】In comparison to other non-Chinese cities in which you have previously resided，which sectors do you believe that the Chinese city you've resided should be improved?【Fill in the blank】

86. 您预计在未来 3~5 年里，您目前所在的中国城市会有怎样的发展？【单选】In the next three to five years，how do the future development possibilities for the Chinese cities in which you reside and work?【Multiple choice】

A. 会变好 Might be better

B. 会变差 Might be worse

C. 变化不大 Might stay the same

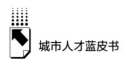
五 城市吸引力 CITY ATTRACTION

87. 在我们给定的候选城市名单中, 您去过其中的几个城市? 【单选】How many cities have you ever been to in the follow list of candidate cities? 【Multiple choice】

City Code:

序号/No.	城市	City	序号/No.	城市	City
1	北京	Beijing	22	南通	Nantong
2	常州	Changzhou	23	宁波	Ningbo/Ningpo
3	长春	Changchun	24	青岛	Qingdao/Tsingtao
4	长沙	Changsha	25	泉州	Quanzhou
5	成都	Chengdu	26	上海	Shanghai
6	重庆	Chongqing/Chungking	27	绍兴	Shaoxing
7	大连	Dalian	28	深圳	Shenzhen
8	东莞	Dongguan/Tungkun	29	沈阳	Shenyang
9	佛山	Foshan/Fatshan	30	石家庄	Shijiazhuang
10	福州	Fuzhou/Hockchew	31	苏州	Suzhou/Soochow
11	广州	Guangzhou/Kwangchow	32	天津	Tianjin/Tientsin
12	哈尔滨	Harbin	33	武汉	Wuhan
13	海口	Haikou	34	无锡	Wuxi
14	杭州	Hangzhou	35	西安	Xi'an/Si'an
15	合肥	Hefei/Ho-fei	36	厦门	Xiamen/Amoy
16	济南	Jinan/Tsinan	37	徐州	Xuzhou/Hsuchow
17	昆明	Kunming	38	烟台	Yantai
18	临沂	Linyi	39	盐城	Yancheng
19	南昌	Nanchang	40	扬州	Yangzhou/Yangchow
20	南京	Nanjing/Nanking	41	郑州	Zhengzhou
21	南宁	Nanning			

A. 我一个都没有去过 None

B. 我去过其中的 1~2 个城市 I've been to one or two of them

C. 我去过其中的 3 个及以上城市 I've been to three or more of those cities

88. 在我们给定的候选城市名单中，请您推选出您最熟悉的排名前 3 的城市。Please select the top three famous cities from our list of candidate cities.

89. 在我们给定的候选城市名单中，请您推选出交流语言顺畅度排名前 3 的城市。Please select the top three cities with the smoothest language communication from our list of candidate cities.

90. 在我们给定的候选城市名单中，请您推选出科技创新活跃度排名前 3 的城市。Please select the top three cities with the most active science and technology innovation atmosphere from our list of candidate cities.

91. 在我们给定的候选城市名单中，请您推选出气候环境舒适度排名前 3 的城市。Please select the top three cities with the most pleasant climate from our list of candidate cities.

92. 在我们给定的候选城市名单中，请您推选出休闲娱乐氛围排名前 3 的城市。Please select the top three cities with abundant leisure and entertainment places from our list of candidate cities.

93. 在我们给定的候选城市名单中，请您推选出消费水平适宜度排名前 3 的城市。Please select the top three cities with the most appropriate consumption level from our list of candidate cities.

94. 在我们给定的候选城市名单中，请您推选出居民友善度排名前 3 的城市。Please select the top three cities with the most friendly local residents from our list of candidate cities.

95. 在我们给定的候选城市名单中，请您推选出城市风貌美观度排名前 3 的城市。Please select the top three cities with the most beautiful urban landscape from our list of candidate cities.

96. 在我们给定的候选城市名单中，请您推选出商旅设施完善度排名前 3 的城市。Please select the top three cities with the most convenience business

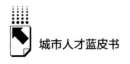

and tourism facilities from our list of candidate cities.

97. 您是否听说过中国的粤港澳、长三角、京津冀三个区域？【单选】

Have you ever heard of Guangdong-Hong Kong-Macao Greater Bay Area, Yangtze River Delta Urban Agglomeration, and Beijing-Tianjin-Hebei Urban Agglomeration？【Multiple choice】

A. 我知道三个区域的大概位置 I know the approximate location of these three areas

B. 我听说过，但不知道具体在哪个位置 I've heard of it, but I don't know where it is

C. 我没听说过这三个区域 I haven't heard of these three areas

98. 从城市发展角度看，中国的粤港澳、长三角、京津冀三个区域您更看好哪一个的发展潜力？【单选】From the perspective of urban development, which region do you prefer？【Multiple choice】

A. 京津冀 Beijing-Tianjin-Hebei Urban Agglomeration

B. 粤港澳 Guangdong-Hong Kong-Macao Greater Bay Area

C. 长三角 Yangtze River Delta Urban Agglomeration

99. 您对所在城市改善外国人工作生活环境方面有何建议？【填空】Do you have any recommendations for the Chinese city you've resided regarding the working and living conditions of foreigners？【Fill in the blank】

100. 当前出入境政策是否给您工作或生活带来不便？【填空】

Are the Chinese current exit-entry policies causing inconvenience in your work/life？【Fill in the blank】

101. 您的 Email 地址是？【填空】Please fill in your email adress？【Fill in the blank】

Abstract

This report is based on the data of the survey entitled 2021 "Amazing China—The Most Attractive Chinese Cities in the Eyes of Foreign Experts", It mainly analyzes the factors of attractiveness of 41 cities in China to foreign talents, studies concerns and demands of foreign talents for working and living in China, and proposes policy suggestions about attracting foreign talents to innovate and start businesses in China.

This study adopts methods such as questionnaire survey and quantitative analysis, and obtains the scores of each candidate city in primary indicators such as work convenience, life convenience, and social environment through weighted scoring and standardized processing, finally, the total score of each city is obtained, with which quantitative analysis of cities' attractiveness is made. According to this study, the attractiveness of Chinese cities to foreign experts presents the following characteristics: the distribution of the most attractive cities in 2021 is highly in line with China's strategic layout of building world hubs for talent and innovation; the level of economic development and talent introduction policies are the two main factors that attract foreign experts to China; the willingness of foreign experts to integrate into China is constantly increasing.

This report analyzes the attractiveness of five cities to foreign talents, including Hangzhou, Qingdao, Suzhou, and Xi'an, in the form of a city report, It analyzes the evaluation of foreign talents on the cities, proposes the advantages and disadvantages of the five cities in terms of work convenience, life convenience, and social environment, and elaborates in detail on the scientific and technological innovation environment, industrial environment, talent system environment, and living environment of each city, this provides reference for Chinese cities to

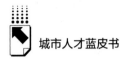
improve foreigner-related policies and service to foreign experts, and enhance cities' attractiveness to foreign.

This report analyzes the issues that the interviewed foreign experts are focusing on and looking forward to improvement, such as the inconvenience caused by the separation of work and residence permits, suggestions are also made on corresponding issues. Through research on the attractiveness of cities to foreign talents, the report aims to facilitate the establishment of sound policy system and guarantee measures for foreign talents in Chinese cities, attract more high-end talents to China for innovation and entrepreneurship, provide policy basis and work tools, serve and promote the construction of important talent centers and innovation highlands in the world, and gather talents from all over the world for use.

Keywords: Attractiveness of Cities; Foreign Talents; Work Convenience; Life Convenience

Contents

I General Report

Abstract: "Amazing China—The Most Attractive Chinese Cities in the Eyes of Foreign Experts" is an annual survey and evaluation conducted by the Foreign Talent Research Center of the Ministry of Science and Technology, which is an important channel for foreign talents to understand China and express their opinions on China, and a crucial grasp to improve their work. This report is based on the organization and final evaluation results of 2021 "Amazing China—The Most Attractive Chinese Cities in the Eyes of Foreign Experts", introducing the index system and main measurement methods used in the activity, summarizing the characteristics of the attractiveness of Chinese cities for foreign experts, analyzing the performance of each city in five dimensions and the reasons behind, and focusing on the 1-10 most attractive cities and the 11-20 most promising cities to give a comprehensive analysis of foreign talents' concerns and provide a reference for Chinese cities to attract foreign talents. According to the evaluation, Beijing, Shanghai, Hangzhou, Suzhou, Nanjing and other cities in Yangtze River Delta,

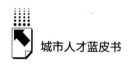

as this paperll as Shenzhen, Guangzhou and other cities in Guangdong-Hong Kong-Macao Greater Bay Area, are the most attractive Chinese cities in the eyes of foreign talents, which are highly compatible with the strategic deployment of building China into a world center of professional talent and innovation. The economic development level of cities, talent introduction policies and supporting service measures are the two main factors affecting the evaluation of foreign talents, while foreign talents also pay more attention to government services, public services, living and social services, work and entrepreneurship environment, city construction, etc. , and put forward more expectations and suggestions for improvement.

Keywords: Amazing China; Foreign Experts; Talent Introduction Policy

II City Reports

B. 2 Research Report on Hangzhou Attractiveness for Foreign Talents in 2021

Zhang Xiao, Song Yao, Liu Jing and Wang Chunxiao / 079

Abstract: This paper is based on the evaluation results of Hangzhou in the 2021 "Amazing China—The Most Attractive Chinese Cities in the Eyes of Foreign Experts". By analyzing Hangzhou's performance in the 2021 "Amazing China Cities", this paper explores the effective measures to create an international talent development environment in Hangzhou, provides a reference for Hangzhou to further promote foreign talent policies in the future, and offers experience for other cities to improve the attractiveness for foreign talents. The survey shows that Hangzhou ranked third among 41 candidate cities in China in terms of the attractiveness for foreign talents in 2021. The five dimensions of working environment, living environment, city mutual evaluation, city externality and social environment are all highly recognized by foreign talents. The reason behind this is that Hangzhou has a superior innovation environment, a good entrepreneurial atmosphere, a leading position in the development of new digital economy, a number of policies for attracting, nurturing, retaining and utilizing foreign talents. The intertwining of an international smart city and traditional oriental culture also helps Hangzhou become the most attractive Chinese city in the eyes of foreign talents. At the same time, along with the increasing willingness of foreign talents to have a long-term development in Hangzhou, foreign talents in Hangzhou also put forward more demands and expectations for a higher level of working environment, innovation and entrepreneurship environment and living environment in the city.

Keywords: Foreign Talents; Smart City; Hangzhou

B.3 Research Report on Qingdao Attractiveness for Foreign Talents in 2021

Li Yiwen, Qu Zijian, Yang Yan and Zhang Weibin / 104

Abstract: This paper is based on the evaluation results of Qingdao in the 2021 "Amazing China—The Most Attractive Chinese Cities in the Eyes of Foreign Experts". By analyzing Qingdao's performance in the 2021 "Amazing China Cities", this paper sorts out the advantages and effective initiatives in accelerating the construction of an international metropolis and attracting foreign talents in the opening year of the 14th Five-Year Plan, and provides a reference for building Qingdao into an international innovative city. The survey shows that Qingdao ranked fifth among 41 candidate cities in China in terms of attractiveness for foreign talents in 2021, with mutual city evaluation and work environment highly recognized by foreign talents, while the performance of social environment, convenience of living and city externality needs to be improved. The reasons for Qingdao's overall good performance in the ranking of attractiveness for foreign talents are that Qingdao has a strong source of science and technology innovation, a whole chain of science and technology entrepreneurship service system, a competitive layout of advantageous industries and emerging industries, a number of

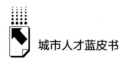
城市人才蓝皮书

policies and measures of introducing, retaining and servicing talents, and a high level of "international style" business service ecology and international cooperation platform. Shaping the modern Bay Area city into the one good for living, working, traveling and studying helps Qingdao become a desirable place for foreign talents. At the same time, foreign talents in Qingdao raise new expectations for a better quality of life, a more convenient policy system and an open and inclusive society.

Keywords: Foreign Talents; Bay Area City with a High Quality; Qingdao

B.4 Research Report on Suzhou Attractiveness for Foreign Talents in 2021

Xu Ke, Liu Jing, Yuan Shuoping and Shen Ben / 124

Abstract: This paper is based on the evaluation results of Suzhou in the 2021 "Amazing China—The Most Attractive Chinese Cities in the Eyes of Foreign Experts". By analyzing Suzhou's performance in the 2021 "Amazing Chinese Cities", this paper digs into the advantages and effective measures in attracting foreign talents, analyzes Suzhou's focus on foreign talents in terms of living and working, and provides a reference for Suzhou to further promote foreign talents in the future. The survey shows that Suzhou ranked seventh among 41 candidate cities in China in terms of attractiveness for foreign talents in 2021, with three major dimensions of social environment, city mutual evaluation and city externality recognized by foreign talents, and convenience of living and work needed to be improved. The reasons for Suzhou's high ranking of attractiveness for foreign talents are its strong manufacturing base, excellent entrepreneurial environment and deep integration into the Yangtze River Delta development. In addition, the Suzhou culture with a history of thousands of year goes abroad; the policy of "attracting, nurturing, retaining and utilizing" foreign talents is introduced. All above actions help Suzhou gain the attention of a large number of foreign talents. At the same time, foreign talents in Suzhou also raise further improvement in long-term residence, labor protection and diversified cultural exchange activities.

Keywords: Foreign Talents; Innovation and Entrepreneurship; Suzhou

B.5 Research Report on Xi'an Attractiveness for Foreign Talents in 2021

Xu Qingqun, Li Hao, Feng Jie and Zhang Heyan / 148

Abstract: Xi'an is a city where the ancient and the modern intertwines and eastern and western culture integrates. Living in Xi'an is like being in a multicultural center. Xi'an has been officially approved as a comprehensive national science center and a regional science and technology innovation center with national influence, becoming the fourth city in China to be approved as a "double center" after Beijing, Shanghai, and Shenzhen in the Guangdong-Hong Kong-Macao Bay Area. Considering the opportunities of deepening the implementation of the strategy of rejuvenating the country through science and education, the strategy of strengthening the country through talent, and the strategy of innovation driven development, as well as accelerating the construction of a world science and technology power, and implementing high-level decision-making deployment for self-reliance and self-improvement, the report analyzes the development potential of Xi'an from the perspective of attractiveness of foreign talents, including convenience of work, convenience of living, city externality and social environment. It also explains the current situation of the international talent environment through the progress of innovation-driven Qin Chuang Yuan Platform and Xi'an metropolitan area, and presents Xi'an's heritage in three dimensions, providing a reference for further introducing talents and wisdom.

Keywords: Qin Chuang Yuan; Introducing Talents and Wisdom; Xi'an

城市人才蓝皮书

Ⅲ　Case Reports

B.6　Zhongguancun Demonstration Zone: Aiming for
International Excellence and Promoting Original
Innovation　　　　　　　　　　　　　　　*Shi Huiyang* / 166

Abstract: Zhongguancun insists on strengthening the national strategic
mission, deeply implements the innovation-driven development strategy,
accelerates the construction of the world leading sci-tech park, and takes a new
path with Chinese characteristics of science and technology innovation to lead high-
quality economic development. It has become the source of China's original
innovation, the main site of independent innovation and the starting point of high-
tech enterprises. This paper systematically sorts out the overall situation of
innovation development in Zhongguancun since the 18th National Congress of the
Communist Party of China, and summarizes the main achievements, experiences
and practices in six aspects, including early and pilot implementation, sci-tech self-
reliance and self-strengthening at higher levels, innovative industrial clusters,
cultivation of scientific and technological enterprises, ecological development of
innovation and entrepreneurship, regional collaboration and international
cooperation. This paper provides a reference for decision making to better play the
leading and exemplary role of innovation in Zhongguancun and promote the high-
quality development of national high-tech zones.

Keywords: Zhongguancun; World Leading Sci-tech Park; Strategy of
Innovation-driven Development

Abstract: At the new development stage where talent is the first resource for innovation and development, foreign talent is a necessary component of talent and an important object to be introduced. As Shanghai is the city with the highest internationalization and concentration of foreign talents, it is of strategic importance to introduce and utilize foreign talents to promote Shanghai to build a high-level talent highland. In recent years, Shanghai has been breaking new ground and taking the lead in the country in introducing many new policies to promote the development of foreign talents, providing strong and sustainable talent security and intellectual support for Shanghai's economic and social development needs. At the new development stage of promoting higher level of openness and cooperation and building a new development pattern, it is especially important to identify the problems and challenges faced by foreign talents working in Shanghai under the new situation in order to give full play to the value of foreign talents' role. Based on the experience of management and service of foreigners working in China and in Shanghai, this paper analyzes the current situation of the development environment of foreign talents working in Shanghai through research talks and online questionnaires with foreign talents and employers, and studies the ways to create a more suitable working and living environment for foreign talents by optimizing the language environment, increasing policy efforts and guiding public opinion, so as to give full play to the advantages of foreign intelligence and implement the talent-led development strategy.

Keywords: Foreign Talents; New Development Stage; Shanghai

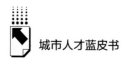
B.8   Demonstration Zone of Green and Integrated Ecological

Development of the Yangtze River Delta: Deeply

Promoting Work Permit Facilitation System Innovation for

Foreign Top-level Talents   *Ji Chaojie* / 195

Abstract: The Yangtze River Delta region holds a crucial strategic position in China's modernization construction and all-round opening up pattern. In order to explore a practical and feasible new path for the integrated development of the Yangtze River Delta, on October 25, 2019, the State Council approved the establishment of the Yangtze River Delta Ecological Green Integration Development Demonstration Zone, as a starting point and breakthrough point for implementing the integrated development strategy of the Yangtze River Delta, and explored the creation of a "test field" and "model room" for the integrated development of the Yangtze River Delta. Institutional innovation is an important task assigned by the Party and the state to the integrated demonstration zone. In recent years, the integrated demonstration zone has focused on actively exploring, piloting, and proactively breaking through foreign work permits in China. By expanding the scope of policy benefits, implementing unified mutual recognition measures, and standardizing the "single window" service standards, it has innovatively optimized policy measures to attract, flow, and use foreign talents well, providing effective samples and valuable experience for institutional improvement and innovation in related fields.

Keywords: Demonstration Zone of Green and Integrated Ecological Development of the Yangtze River Delta; Foreigners' Work Permit in China; Convenience

B. 9 Tongji University: Introduction to International

Cooperation Experience and Deeply Cultivating

High-level International Talent Cooperation and

Exchange, Further Promoting High-quality Sci-tech

Innovation *Zhang Chuan, Zhou Qing and Li Jing* / 203

Abstract: Nowadays, the profound adjustment of international political and economic, cultural and scientific strategic patterns has brought new challenges to international cooperation in higher education. Institutions of higher education are the main field of education, and high-level international cooperation is also an important connotation of first-class talent cultivation and innovation ecosystem. Under the current international situation, cultivating, introducing and utilizing top innovative talents through high-level cooperation becomes an important path to be invincible in the international competition. In this regard, this paper comprehensively sorts out the international talent exchange work of Tongji University from the perspectives of the achievements, practices, experience, and work outlook. Education cultivates innovative talents, sci-tech activities produce innovative results, and talent work accumulates innovative intelligence. Continuously constructing a world-class international academic atmosphere and international academic ecology of Tongji University promotes to support the construction of a first-class university with a world-class talent team.

Keywords: International Talent Cooperation; Discipline Development; Sci-tech Innovation; International Academic Ecology

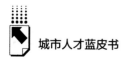

IV Special Reports

B . 10 Reflections on Countermeasures to Promote High-quality
Development of Intelligence Introduction in the Process of
Chinese Path to Modernization　　　　*Bao Yuanlin* / 212

Abstract: Intelligence introduction is a strategic component of China's talent
work and an important support for promoting Chinese path to modernization,
which core is to introduce foreign talents and intellectual resources. China's
intelligence introduction work started early and has formed a relatively mature work
system through nearly 50 years of development. Especially in 2017, the
implementation of the foreign work permit system in China accelerated the
gathering of high-end foreign talents and professionals through classified
management, precise implementation of policies, and convenient services. But
with significant changes in the international situation and fierce competition among
different trading entities, the competition for foreign talent and intellectual
resources is becoming increasingly intense. In the face of new problems and
challenges, how does the talent introduction work follow the pace of Chinese path
to modernization, cultivate new advantages and new drivers, solve the problem of
imbalance and inadequacy, and develop towards higher quality. Based on the
analysis and comparison of domestic and foreign experience in talent introduction,
especially the introduction of foreign high-end talents, this article will focus on the
construction of work systems, institutional reform, development path selection,
and service scenario design, and propose corresponding suggestions on how to
promote the high-quality development of talent introduction work.

Keywords: Chinese Path to Modernization; Intelligence Introduction;
High-quality Development

Abstract: Industry is the base; talent is the foundation. Cities with high quality development and superior talents rely on each other and fulfill each other. Foreign talents come to China to explore the market and innovate and start their own business, bringing advanced technology and management experience from abroad to the relevant industries in China, and the marketization of technological innovation achievements also promotes innovation development and progress.

Keywords: Foreign Experts; Innovation and Entrepreneurship; A Transnational Sci-tech Cooperation

社会科学文献出版社

皮书

智库成果出版与传播平台

❖ 皮书定义 ❖

皮书是对中国与世界发展状况和热点问题进行年度监测，以专业的角度、专家的视野和实证研究方法，针对某一领域或区域现状与发展态势展开分析和预测，具备前沿性、原创性、实证性、连续性、时效性等特点的公开出版物，由一系列权威研究报告组成。

❖ 皮书作者 ❖

皮书系列报告作者以国内外一流研究机构、知名高校等重点智库的研究人员为主，多为相关领域一流专家学者，他们的观点代表了当下学界对中国与世界的现实和未来最高水平的解读与分析。截至2022年底，皮书研创机构逾千家，报告作者累计超过10万人。

❖ 皮书荣誉 ❖

皮书作为中国社会科学院基础理论研究与应用对策研究融合发展的代表性成果，不仅是哲学社会科学工作者服务中国特色社会主义现代化建设的重要成果，更是助力中国特色新型智库建设、构建中国特色哲学社会科学"三大体系"的重要平台。皮书系列先后被列入"十二五""十三五""十四五"时期国家重点出版物出版专项规划项目；2013~2023年，重点皮书列入中国社会科学院国家哲学社会科学创新工程项目。

权威报告·连续出版·独家资源

皮书数据库
ANNUAL REPORT(YEARBOOK)
DATABASE

分析解读当下中国发展变迁的高端智库平台

所获荣誉

- 2020年，入选全国新闻出版深度融合发展创新案例
- 2019年，入选国家新闻出版署数字出版精品遴选推荐计划
- 2016年，入选"十三五"国家重点电子出版物出版规划骨干工程
- 2013年，荣获"中国出版政府奖·网络出版物奖"提名奖
- 连续多年荣获中国数字出版博览会"数字出版·优秀品牌"奖

皮书数据库

"社科数托邦"
微信公众号

成为用户

　　登录网址www.pishu.com.cn访问皮书数据库网站或下载皮书数据库APP，通过手机号码验证或邮箱验证即可成为皮书数据库用户。

用户福利

- 已注册用户购书后可免费获赠100元皮书数据库充值卡。刮开充值卡涂层获取充值密码，登录并进入"会员中心"—"在线充值"—"充值卡充值"，充值成功即可购买和查看数据库内容。
- 用户福利最终解释权归社会科学文献出版社所有。

数据库服务热线：400-008-6695
数据库服务QQ：2475522410
数据库服务邮箱：database@ssap.cn
图书销售热线：010-59367070/7028
图书服务QQ：1265056568
图书服务邮箱：duzhe@ssap.cn

社会科学文献出版社 皮书系列
SOCIAL SCIENCES ACADEMIC PRESS (CHINA)

卡号：465342577923
密码：

基本子库
SUB DATABASE

中国社会发展数据库（下设 12 个专题子库）

紧扣人口、政治、外交、法律、教育、医疗卫生、资源环境等 12 个社会发展领域的前沿和热点，全面整合专业著作、智库报告、学术资讯、调研数据等类型资源，帮助用户追踪中国社会发展动态、研究社会发展战略与政策、了解社会热点问题、分析社会发展趋势。

中国经济发展数据库（下设 12 专题子库）

内容涵盖宏观经济、产业经济、工业经济、农业经济、财政金融、房地产经济、城市经济、商业贸易等 12 个重点经济领域，为把握经济运行态势、洞察经济发展规律、研判经济发展趋势、进行经济调控决策提供参考和依据。

中国行业发展数据库（下设 17 个专题子库）

以中国国民经济行业分类为依据，覆盖金融业、旅游业、交通运输业、能源矿产业、制造业等 100 多个行业，跟踪分析国民经济相关行业市场运行状况和政策导向，汇集行业发展前沿资讯，为投资、从业及各种经济决策提供理论支撑和实践指导。

中国区域发展数据库（下设 4 个专题子库）

对中国特定区域内的经济、社会、文化等领域现状与发展情况进行深度分析和预测，涉及省级行政区、城市群、城市、农村等不同维度，研究层级至县及县以下行政区，为学者研究地方经济社会宏观态势、经验模式、发展案例提供支撑，为地方政府决策提供参考。

中国文化传媒数据库（下设 18 个专题子库）

内容覆盖文化产业、新闻传播、电影娱乐、文学艺术、群众文化、图书情报等 18 个重点研究领域，聚焦文化传媒领域发展前沿、热点话题、行业实践，服务用户的教学科研、文化投资、企业规划等需要。

世界经济与国际关系数据库（下设 6 个专题子库）

整合世界经济、国际政治、世界文化与科技、全球性问题、国际组织与国际法、区域研究 6 大领域研究成果，对世界经济形势、国际形势进行连续性深度分析，对年度热点问题进行专题解读，为研判全球发展趋势提供事实和数据支持。

法律声明